Nachdenken in Schlesien

NACHDENKEN
IN
SCHLESIEN

Deutsch-polnisches Symposion
51 Jahre nach Ende des Zweiten Weltkriegs
Jelenia Gora (Hirschberg)
13.-18. Juli 1996

Dokumentation

Herausgegeben
von
Friedhelm Solms

Radius

Editorische Notiz:
Die auf dem Symposium gehaltenen Referate wurden für die vorliegende Publikation überarbeitet. Der Herausgeber dankt Frau D. Dr. Ilse Tödt und Frau Eva von Tilinsky für die kompetente Hilfe bei der Erstellung der Druckvorlage und der Gerta-Scharffenorth-Stiftung für einen großzügigen Druckkostenzuschuß.

Die Deutsche Bibliothek – CIP-Einheitsaufnahme

Nachdenken in Schlesien /
hrsg. von Friedhelm Solms. –
Stuttgart : Radius, 1998
ISBN 3-87173-152-8

ISBN 3-87173-152-8

Umschlag: André Baumeister
Gesamtherstellung: Clausen & Bosse, Leck
Printed in Germany

Inhalt

Kurt Senne
Vorwort

Am Rande einer Sitzung des Stiftungsrats der Internationalen Jugendbegegnungsstätte in Auschwitz kam die Sprache auf die verdienstvolle Arbeit der Namenspatronin der Gerta-Scharffenorth-Stiftung zur Förderung gemeinsamer Friedensaufgaben und zur Bewahrung der Lebenswelt in deutsch-polnischen Begegnungen. Direktor Andrzej Wójtowicz vom Polnischen Ökumenischen Rat regte dabei ein Symposion für und mit Gerta Scharffenorth in Schlesien an. Der Vorstand der Stiftung griff diese Idee auf und plante eine solche wissenschaftliche Zusammenkunft gemeinsam mit dem Polnischen Ökumenischen Rat.

Vom 13. bis zum 20. Juli 1996 fand das Polnisch-deutsche Symposion zu Ehren von Frau Dr. Gerta Scharffenorth in Jelenia Gora-Cieplice (Hirschberg-Bad Warmbrunn) statt mit dem Thema »51 Jahre nach dem Ende des Zweiten Weltkrieges: Nachdenken in Schlesien«.

Gerta Scharffenorth und ihr Lebenswerk zu ehren, war das zentrale Anliegen des Sympsions. Das zeigen die Thematik und die Wahl des Veranstaltungsorts. Die zu Ehrende stammt aus Schlesien. Sie hat dort ihre Wurzeln. Vor Kriegsende lebte sie in Bunzlau und Gellenau (Grafschaft Glatz). Frühe Lebenserfahrungen haben ihre Einstellungen zum Verhältnis von Polen und Deutschen geprägt. Der Tagungsort, das Haus der Orthodoxen Kirche in Polen, stellte zudem einen direkten Bezug zur jahrzehntelangen Praxis einer politischen evangelischen Christin in der ökumenischen Bewegung her.

Neben der inhaltlichen Arbeit bot das Symposion viele Gelegenheiten zu Begegnungen von Polen und Deutschen. Zudem ermöglichten die Kontakte mit evangelischen Gemeinden sowie Fahrten nach Hirschberg und in das schöne Riesengebirge, einen Eindruck von Land und Leuten zu gewinnen. Eine besonders wichtige Begegnung brachte uns die Fahrt nach Duzniki Szdroj (Bad Reinerz) und Gellenau in der ehemaligen Grafschaft Glatz. ein Stück der Lebensgeschichte von Gerta Scharffenorth in ihrer engeren Heimat erschloß sich den deutschen Teilnehmern.

Die Gerta-Scharffenorth-Stiftung will mit dieser Veröffentlichung einen Beitrag zum weiteren positiven Ausbau des deutsch-polnischen Verhältnisses leisten. Sie ehrt damit zugleich Gerta Scharffenorth für ihre unermüdliche Friedensarbeit, ihre Energie, ihre Tatkraft und ihr Verantwortungsbewußtsein, die vorbildlich sind für jeden, der das Privileg hat, mit ihr zusammenzuarbeiten.

Friedhelm Solms
Einführung

Das Jahr 1945 und die Epochenschwelle 1989/90 markieren die zeithistorischen Eckpunkte für jeden Versuch einer vorläufigen Bilanz des bis heute wechselhaften deutsch-polnischen Verhältnisses. Vergleicht man nach sieben Jahren den Ausbau der Beziehungen zwischen den beiden Ländern mit deren Stand im Jahr der deutschen Vereingung, dann ist, vor allem auf der Ebene der jeweiligen Regierungspolitik, das Profil einer expandierenden Nachbarschaftspolitik erkennbar geworden. Bis 1989 galten die (west)deutsche und die polnische Staatsräson schon wegen der deutschen Zweistaatlichkeit als inkompatibel. Heute prägt Interdependenz zunehmend das Verhältnis beider Länder. Der historische und politische Ausgleich des vereinten Deutschland mit Polen, der sich wie eine Erfolgsgeschichte liest und heute gern als die gelungene Erfüllung eines in der Präambel des Grundgesetzes angelegten Auftrags dargestellt wird, hatte während der Adenauer-Ära keine Chance. Deshalb vor allem blieb der Verweis auf eine gemeinsame europäische Friedensordnung, wie ihn die Präambel des Grundgesetzes der Bundesrepublik Deutschland enthält, gegenüber Polen bloßes Postulat, obwohl er seiner Intention nach ein Verständigungs- und Versöhnungsangebot an das polnische Volk hätte einschließen müssen. Daß sich in den Gründerjahren der Bundesrepublik Deutschland kaum Ansätze einer daran ausgerichteten Polenpolitik identifizieren lassen, lag aber nicht allein an der Alternativlosigkeit unter dem Statut der Siegermächte des Zweiten Weltkriegs. Es war auch die logische Konsequenz aus der Dogmatik des bundesrepublikanischen Alleinvertretungsanspruchs (»Hallstein-Doktrin«) und der Rechtspositionen im Kontext des Friedensvertragsvorbehalts, mit denen sich die regierungsamtliche deutsche Ostpolitik – soweit sie überhaupt formuliert wurde – über das damals notwendige Maß hinaus selbst gefesselt hatte.

Zu erinnern ist darüber hinaus aber vor allem daran, daß seit den Anfängen der Bundesrepublik Deutschland die Beschäftigung mit den Folgen von Flucht und Vertreibung bis auf wenige Ausnahmen den Betroffenen allein überlassen blieb. Bei aller Verschiedenheit der ideologisch unterschiedlich legitimierten Integrationsmodelle fanden in diesem Zusammenhang in beiden deutschen Staaten parallele, in sich komplexe Prozesse kollektiver Verdrängung statt. Die Mehrheit der Bevölkerung in West- und Ostdeutschland verhielt sich zum dramatischen Verlust von jahrhundertealten Teilen deutscher Geschichte und Kultur gleichgültig oder gar abwehrend. Sie nahm – vor allem in Westdeutschland – nur die Folgewirkungen wahr, und zwar in der Regel als Belastungen durch die Integration der Vertriebenen und die ihnen zugesprochenen Entschädigungen aufgrund des gesetzlichen Lastenausgleichs. Mehr noch: oft war der Vertriebene als Nachbar lediglich ein unerwünschter Konkurrent beim eigenen wirtschaftlichen Wiederaufstieg.

Dazu kam, daß selbst in den konservativen und liberalen Segmenten der sich formierenden westdeutschen Gesellschaft die Beschäftigung mit den Gründen für wie den Folgen von Flucht und Vertreibung als unzeitgemäß galt und häufig als antiquiert-nationalistisch diffamiert wurde. Die Atlantische Allianz und die Einigung Europas – notabene West-Europas – waren quer durch die politischen Parteien die entscheidenden politischen Prioritäten, nicht der »verlorene Osten«. Fast schon mit Erleichterung überließ man deshalb nahezu ausschließlich den Landsmannschaften und ihren hauptamtlichen Funktionären auch das »ceterum censeo« im Hinblick auf die politischen und völkerrechtlichen Dimensionen des Problems der Oder-Neiße-Grenze mit der Folge, daß sich deren Sprecher allmählich an den Rändern der großen Volksparteien wiederfanden, auch wenn es jene legendären »Sonntagsreden« von führenden Politikern auf Treffen der Vertriebenenverbände bis in die Spätphase der Ära Kohl hinein gegeben hat.

In der damaligen DDR verlief dieser Prozeß anders, hatte aber vergleichbare Konsequenzen. Die Staats- und Parteiführung verweigerte aus ideologischen Gründen kategorisch jede weitergehende Verantwortung für die deutsche Geschichte vor 1945 und sah mit der frühen Anerkennung der Oder-Neiße-Grenze im Görlitzer Vertrag von 1950 ihr Verhältnis zum polnischen Nachbarn als abschließend geregelt an. Seither wurde die »sozialistische Freundschaft« zwischen der DDR und der Volksrepublik Polen von beiden Seiten konsequent nur noch zur je eigenen machtpolitischen Stabilisierung instrumentalisiert. Im übrigen war »Solidarität« von der jeweiligen politischen Großwetterlage abhängig und konnte bei Bedarf auch zur Disposition gestellt werden.

Trotz der immer noch weitgehend unaufgearbeiteten Verdrängungsgeschichte in den beiden deutschen Staaten kommt jedoch jede vorurteilsfreie Analyse und Bilanz der damaligen politischen Verhältnisse nicht um das Eingeständnis herum, daß einer aktiven Polenpolitik der Bundesrepublik Deutschland nicht nur aus den beschriebenen innenpolitischen Gründen enge Grenzen gezogen blieben. Es war die Dominanz der »deutschen Frage«, die in den beiden ersten Nachkriegsjahrzehnten das Verhältnis zu Polen belastete und, zusammen mit dem erwähnten Dogmatismus von Rechtsvorbehalten, auf beiden Seiten jede praktische Initiative lähmte, weil bis 1990 bei jedem westdeutsch-polnischen Kontakt und bei jeder Verhandlung mit polnischen Regierungsvertretern die DDR als unsichtbarer Dritter präsent war.

Die immer wieder beklagte historische Asymetrie in den Beziehungen zwischen Polen und Deutschen, die sich nach 1945 zunehmend noch verstärkte und schließlich alle Bereiche von Politik über Kultur und Wissenschaft bis hin zur Wirtschaft einschloß, war deshalb für diejenigen, die sich damit nicht abfinden wollten, Motiv und Anlaß, nach Wegen für Verständigung und Aussöhnung mit Polen auf anderen als den offiziellen Ebenen zu suchen. In diesem Zusammenhang ist es an der Zeit, nachdrücklich daran zu erinnern, daß für die sukzessive Veränderung der wegen formaljuristischer Vorbehalte und außen- wie innenpolitischer Opportunitätskalküle festgefahrenenen Beziehungen zwischen der Bundesrepublik Deutschland und der Volksrepublik Polen den beiden christlichen Kirchen eine Schlüsselrolle zukommt. Das gilt, wenn man die Rezeptionsgeschichte der kirchlichen Initiativen in beiden Ländern als Maßstab nimmt, ganz besonders für die – damals noch gesamtdeutsch organisierte – Evangelische Kirche in Deutschland (EKD). 1965 publizierte sie eine Denkschrift zu dem damals politisch wie gesellschaftlich weiterhin tabuisierten Thema: »Die Lage der Vertriebenen und das Verhältnis des deutschen Volkes zu seinen östlichen Nachbarn«. Diese Denkschrift, die der Veröffentlichung des Briefwechsels zwischen den Bischofskonferenzen des deutschen und des polnischen katholischen Episkopats zeitlich ebenso voranging wie dem »Memorandum« der im »Bensberger Kreis« vereinten katholischen Laien, hat damals zu einer heftigen innenpolitischen Kontroverse in der Bundesrepublik Deutschland geführt, deren Unversöhnlichkeit sich nur noch mit dem Streit um die westdeutsche Wiederbewaffnung vergleichen läßt. Denn sie konfrontierte die deutsche Öffentlichkeit in unmißverständlichen Formulierungen mit etwas, was die offizielle Regierungspolitik damals nicht öffentlich gemacht haben wollte: der ebenso harten wie unausweichlich gewordenen Einsicht, daß »weder von der öffentlichen Meinung noch von den Regierungen der westlichen Länder... Unterstützung für eine Revision der im Potsdamer Abkommen gezogenen Grenzen zu erwarten« sei. Damit aber war zugleich auch der Bann gebrochen: die gesellschaftlichen Eliten und die einflußreichen überregionalen Wochenzeitschriften in der Bundesrepublik Deutschland schlossen sich in der Sache nach und nach dem Plädoyer der Denkschrift der EKD an und unterstützten unter dem Postulat einer »Anerkennung der Realitäten« jene »neue Ostpolitik«, die von der seit 1969 regierenden sozialliberalen Koalition unter Bundeskanzler Willy Brandt dann entschlossen operativ umgesetzt und am Ende auch von der Mehrheit der bundesrepublikanischen Gesellschaft politisch akzeptiert wurde.

Seit dem Abschluß des sog. »Grenzvertrags« vom November 1990 und dem deutsch-polnischen Freundschafts- und Nachbarschaftsvertrag vom Juni 1991 hat sich in beiden Ländern die Diskussion über die dunklen Schatten der Vergangenheit kontinuierlich intensiviert, ist die Thematik der Vertreibung und der Prozeß der Integration der Vertriebenen im geteilten Deutschland, zunehmend auch international, zum Gegenstand von Wissenschaft und Forschung geworden und hat nach einer Reihe von Tagungen bereits zu zahlreichen Publikationen geführt. Unübersehbar aber bleibt, daß das Trauma von »Flucht und Vertreibung« das deutsch-polnische Verhältnis vor allem psychologisch auch fünfzig Jahre nach Kriegsende nach wie vor belastet. Noch immer werden auf deutscher Seite die vom nationalsozialistischen Regime in Osteuropa verübten Verbrechen verdrängt, wie die Debatte über die »Wehrmachtsausstellung« erneut gezeigt hat, oder sie werden mit Hilfe einer Variante des »Historikerstreits« mit dem den Deutschen bei der Vertreibung zugefügten Unrecht sozusagen »verrechnet«. Umgekehrt gibt es in Polen weiterhin Stimmen, die das während der Vertreibung erlittene Leid als so etwas wie die »verdiente Srafe« für die während des Zweiten Weltkriegs von Deutschen begangenen Morde, Übergriffe und Demütigungn betrachten. Vor dem Hintergrund dieser traumatischen Erfahrungen, gegenseitigen Verletzungen und seelischen Verhärtungen kann deshalb die auf beiden Seiten aus den Tiefenschichten des historischen Bewußtseins immer wieder aufsteigende gegenseitige Abneigung kaum überraschen.

Dabei darf es nicht bleiben. Deshalb legt sich ein ansonsten eher problematischer Vergleich mit dem deutsch-französischen Aussöhnungsprozeß nahe. Er wurde in den fünfziger Jahren von beiden Seiten aus nüchternen nationalen Interessenabwägungen begonnen, ohne die auch in diesem Fall fortwirkenden historisch-moralischen Dimensionen zu entwerten. Ähnlich wie mit Frankreich kann sich deshalb auch der Aussöhnungsprozeß mit Polen nicht mit einem exklusiven Bilateralismus begnügen, sondern muß in die Multilateralität einer gesamteuropäischen Friedenspolitik integriert werden. Die gemeinsame Erklärung der Außenminister von Frankreich, Deutschland und Polen vom August 1991 ist die Formulierung einer geeigneten Basis für eine deutsche Nachbarschaftspolitik, wie sie sich zuvor im Verhältnis zu Frankreich gefestigt hat, selbst wenn die Menschen auf beiden Seiten des Rheins bis heute

»fremde Freunde« geblieben sind. Nur wenn auch im deutsch-polnischen Verhältnis die beiden Gesellschaften den auf staatlicher Ebene etablierten Rahmen mit ihren je eigenen Interessen und Aktivitäten kontinuierlich und nachhaltig ausfüllen, werden die Schatten der Vergangenheit endgültig und dauerhaft weichen und deren Wiederholung immer weniger wahrscheinlich machen. So sieht alles danach aus, als sei erst jetzt die Zeit gekommen für eine reflektierte Erinnerung und Darstellung dessen, »was und wie es gewesen ist«, und daß diese Aufarbeitung nur im Rahmen einer umfassenden Diskursgemeinschaft zwischen Polen und Deutschen geleistet werden kann.

»Der gemeinsame Weg in die Zukunft erfordert ein klares Wort zur Vergangenheit«, heißt es in der deutsch-tschechischen Erklärung vom Januar 1997. Das hier vorgelegte Buch versteht sich als ein Beitrag dazu, diese Einsicht als Maxime auch für die deutsch-polnischen Beziehungen plausibel zu machen.

Mieczyslaw Tomala

Zum polnischen Deutschlandbild im Zweiten Weltkrieg und in der frühen Nachkriegszeit

Die Beziehungen zum westlichen Nachbarn haben stets im Mittelpunkt des Interesses der polnischen Öffentlichkeit gestanden. In der politischen Literatur Polens wurde dieses Problem schon zur Zeit der Fremdherrschaft aufgegriffen. Bereits 1908 veröffentlichte der polnische Politiker Roman Dmowski die Arbeit »Niemcy, Rosja a sprawa Polska« (Deutschland, Rußland und die polnische Frage), in der er seinen Landsleuten bewußt machte, daß Polen zwischen Deutschland und Rußland liege und daß Deutschland als der Hauptfeind Polens anzusehen sei. Dieser Politiker wurde in der Zeit zwischen dem Ersten und dem Zweiten Weltkrieg der geistige Führer des rechtsgerichteten Lagers, das die Deutschfeindlichkeit auf seine Fahnen geschrieben hatte.

Heute erscheint in Polen eine umfangreiche politische Literatur, in der die Beziehungen zu Deutschland besprochen werden. In den meisten Publikationen wird die Geschichte der deutsch-polnischen Beziehungen aber von einer Position aus dargestellt, die Friedrich Nietzsche als »a posteriori« bezeichnet hat: Die Beziehungen werden nicht so dargestellt, wie sie gewesen sind, sondern so, wie die Verfasser der Arbeiten sie sehen möchten. In der Gemeinschaftsarbeit »Feinde werden Freunde« (polnisch »Od nienawisci do przyjazni«) schreiben 1993 die polnischen und deutschen Autoren zum Beispiel ausführlich über die Freundschaft seit 1965, erwähnen aber mit keinem Wort die Welle des Hasses nach 1945.

Um die in den deutsch-polnischen Beziehungen eingetretene bedeutungsvolle Wende besser verstehen und beurteilen zu können, scheint es mir aber angebracht zu sein, auch die Ereignisse nach 1945 objektiv zu betrachten. Wie hat damals die polnische Bevölkerung reagiert? Hatte die Regierung in Warschau bei ihrer antideutschen Haltung die Unterstützung der Bevölkerung? Wie verhielt sich die katholische Kirche? Erblickte sie in den deutschen Katholiken ihre Brüder in Christo oder nur Deutsche, Angehörige jenes Volkes, das die Ausrottung der Polen angestrebt hatte? Einige dieser Probleme möchte ich hier – selbstverständlich gekürzt – erläutern.

Vom 1. September 1939 an bezweifelten die Polen keinen Augenblick, daß Deutschland den Krieg verlieren werde. Sie waren der Ansicht, daß das nach dem gewonnenen Krieg entstehende Polen anders, mächtiger sein werde. Auch das bezwungene Deutschland werde anders sein; ihrer Meinung nach sollte es schwach sein.

Diese Feststellungen schlossen aber nicht aus, daß Deutschland unabhängig von seiner neuen politischen Form für Polen und seine Bewohner weiterhin ein Nachbar bleiben werde. Die deutsche Frage, die für die einen die endlose Folge der Auseinandersetzungen des 19. Jahrhunderts bedeutet hatte und von anderen mit den langen Zeiträumen friedlicher Zusammenarbeit und sogar Freundschaft in Verbindung gebracht worden war, zeichnete sich nach dem Kriege in völlig neuer Form ab.

1945 unterschied sich die Lage aber von der, die sich nach dem Ersten Weltkrieg in Europa herausgebildet hatte. Deutschland war restlos besiegt und mußte sich – zum ersten Mal in der Geschichte dieses Staates – mit der bedingungslosen militärischen und politischen Kapitulation abfinden.

Der grundlegende Unterschied scheint darin zu bestehen, daß man es, anstelle des geschwächten und von Krämpfen geschüttelten Rußlands der Jahre 1917–1918, nach dem Zweiten Weltkrieg mit dem Sowjetstaat zu tun hatte, der einen bedeutenden Beitrag zum Bezwingen der deutschen Aggressoren geleistet hatte. Für Polen bedeutete der Umstand, daß sein bis dahin von den Deutschen besetztes Territorium durch die Truppen des Sowjetstaates von den deutschen Okkupanten befreit worden war, daß es nolens volens – schon vor Jalta – zur sowjetischen Einflußsphäre gehörte; und das bedingte, daß Moskau entscheidenden Einfluß sowohl auf die Regierung in Warschau als auch auf deren Charakter hatte. Mit Rücksicht auf die Tatsache, daß eben Polen das erste Opfer des bewaffneten Überfalls des nazistischen Staates gewesen war, konnte es aber in der Politik gegenüber Deutschland und den Deutschen gewisse Akzente setzen, die in den anderen, ebenfalls in den Bereich der Sowjetherrschaft geratenen osteuropäischen Ländern unbekannt waren.

Im Laufe des Zweiten Weltkriegs konzentrierte sich die Tätigkeit der zuerst in Frankreich und später in London amtierenden polnischen Exilregierung vor allem auf den bewaffneten Kampf gegen die hitlerfaschistischen Okkupanten an der Seite der Alliierten und dann auf diplomatische Maßnahmen, die Polen neue sichere Grenzen – bei beträchtlicher Ausweitung nach Westen – gewährleisten sollten.

Im Ergebnis der Bemühungen der polnischen Exilregierung wurden die polnischen bewaffneten Streitkräfte im Westen ins Leben gerufen, die hinsichtlich ihrer Mannschaftsstärke in der Endphase des Zweiten Weltkriegs die viertgrößte Armee der Verbündeten ausmachten. Sie trugen viele Schlachten aus; sie waren unter anderem an der Luftschlacht um England, am Nordafrikafeldzug und an den Kämpfen in Italien beteiligt und halfen bei der Befreiung Westeuropas.

In den Kampf gegen die Naziokkupanten schaltete sich die an der Seite der Roten Armee kämpfende Polnische Volksarmee ein. Die Polen strebten also auf verschiedenen Wegen ihrer Heimat zu, nicht aber nur auf dem einen, dem kürzesten Wege, wie es 1945 in einem weitverbreiteten Lied hieß.

Die zweite Aufgabe der polnischen Regierung in London war äußerst kompliziert. Die westlichen Alliierten, die seit dem Überfall der Nazis auf die UdSSR Verbündete dieses Staates waren, akzeptierten das ihnen von der Sowjetunion aufgezwungene Diktat bezüglich des Verbleibens der im September 1939 besetzten Ostgebiete der Republik Polen bei der UdSSR. Weil der Kampf zum Bezwingen Hitlers die Hauptaufgabe der Alliierten war, war die Frage Polens und der polnischen Grenzen, auch wenn London und Washington sie vielleicht als wichtig erachtete, eine zweitrangige Angelegenheit für sie.

Auf der Konferenz 1943 in Teheran erzielten die Regierungschefs der drei verbündeten Großmächte (Winston L. S. Churchill, Großbritannien; Franklin D. Roosevelt, USA; Josef W. Stalin, UdSSR) eine erste Übereinstimmung über die Grenzen Polens. Sie sprachen sich dafür aus, die im September 1939 von der Sowjetunion besetzten Ostgebiete Polens bei der UdSSR zu belassen. Der polnischen Regierung wurden im Austausch dafür die westlich und nördlich Polens gelegenen Gebiete als Rekompensation des besiegten Deutschlands versprochen. Die polnische Regierung in London erklärte sich mit einer solchen Lösung nicht einverstanden, denn sie hätte bedeutet, daß Polen als einziger verbündeter Staat der Alliierten mit erheblich verkleinertem Territorium aus dem siegreichen Krieg hervorgegangen wäre.

Kein anderer Mitgliedsstaat der antifaschistischen Koalition hat auch nur einen einzigen Quadratkilometer seines Territoriums eingebüßt. Ein ungewöhnliches Phänomen war auch die Tatsache, daß Polen die Gebiete zugunsten eines anderen Staates einbüßte, der ebenso wie es selbst Mitglied der antifaschistischen Koalition war. Die Sowjetunion bekam jene Gebiete, die sie zur Zeit der Verschwörung mit Hitler gegen Polen im August und September 1939 erlangt hatte.

Selbstverständlich ging es nicht nur um das Territorium. In diesen Gebieten wohnten Millionen von Polen, die seit Jahrhunderten einen untrennbaren Bestandteil des polnischen Staatswesens und der polnischen Kultur ausgemacht hatten. Obwohl sich Großbritannien und Frankreich für die Achtung und den Schutz der Unabhängigkeit Polens aussprachen, zeigte sich ziemlich schnell, daß die Politiker dieser Staaten Unabhängigkeit und Integrität als zwei verschiedene Fragen betrachteten. In dieser schwierigen Situation begann man die polnische Regierung in London zu bedrängen, sie solle jene Ostgrenze bestätigen, die Hitler und Stalin im September 1939 im deutsch-sowjetischen Freundschafts- und Zusammenarbeitsvertrag festgelegt hatten.

1943 entstand in der Sowjetunion der von polnischen Kommunisten und linksorientierten Funktionären gegründete Verband Polnischer Patrioten ZPP. Er vereinigte Personen, die die UdSSR 1942 nicht zusammen mit der Armee von General Wladyslaw Anders verlassen hatten. Als der Sowjetunion unterstehende Organisation akzeptierte der Verband Polnischer Patrioten die Ostgrenze Polens auf der Basis der von den Sowjetbehörden erhobenen Forderungen. Um den Schock abzuschwächen, den diese Entscheidung des Verbands bei der polnischen Bevölkerung ausgelöst hatte, unter der weder er selbst noch die 1942 gegründete Polnische Arbeiterpartei PPR größeren Einfluß hatte, forderte man als Gegenleistung eine Verschiebung Polens nach Westen und verlangte beträchtliche Gebiete des besiegten Deutschlands. Man forderte die Eingliederung ganz Ostpreußens (einschließlich Königsbergs) und eine auf der Oder basierende Westgrenze; später wurde die Neiße hinzugefügt, doch ohne zu präzisieren, um welche Neiße es sich handle. Aber sogar der Vorschlag, eventuell so beträchtliche Gebiete zu bekommen, vermochte das Streben des sowohl im Inland wie in der Fremde kämpfenden polnischen Volkes nicht zu schwächen, unbedingt die Ostgrenze vom 17. September 1939 beizubehalten. Die Zugewinne im Westen sollten ein Ausgleich für die Beteiligung am Krieg gegen Deutschland und die von den Deutschen verursachten Zerstörungen sein, nicht aber der Preis für die Abtrennung der Ostgebiete.

Tomasz Arciszewski, Premier der polnischen Regierung in London, stellte in einem Interview für die britische »Sunday Times« fest, daß Polen weder Breslau noch Stettin haben wolle, allerdings verlange es am Westabschnitt der Grenze die Eingliederung von ganz Ostpreußen und Oberschlesien in Polen sowie gewisse Korrekturen in Pommern. Nachdrücklich sprach sich der Premier aber – und das verschwieg die Lubliner Regierung – für die Beibehaltung der alten Ostgrenze der Republik Polen aus.

Wladyslaw Gomulka, der damalige Sekretär der Polnischen Arbeiterpartei PPR, schrieb am 7. März 1944 in einer Depesche an Georgii Dimitroff: »Sogar wenn die Bruderschaft des Heiligen Antonius in Polen auf dem Boden einer Revision der Ostgrenze stünde, würde auch sie von der Reaktion als Moskauer Agentur verschrien.«

Zur selben Zeit, als die Diskussion über die Veränderung der polnischen Westgrenze im Gange war, wurde die Aussiedlung der in den Ostgebieten Deutschlands wohnhaften deutschen Bevölkerung sowie der auf dem Boden des ehemaligen polnischen Staates wohnhaften Deutschen verlangt.

Alle Alliierten waren sich einig, daß eine drastische Operation mit schmerzhaften Folgen durchgeführt werden müsse, um die deutsche Bevölkerung in das Gebiet Restdeutschlands auszusiedeln. Am 15. Dezember 1944 erklärte Winston Churchill bei einer Debatte im Unterhaus, daß eine Situation, bei der sogar zwölf Millionen Deutsche umgesiedelt werden müßten, ihn nicht in Schrecken versetze.

Die Haltung Polens gegenüber Deutschland und den Deutschen fand auch bei den jetzt durch den Krieg über die ganze Welt verstreuten Auslandspolen volle Unterstützung. Obwohl die polnischen Emigranten weit verstreut waren, stimmten sie bei der Befürwortung der neuen deutsch-polnischen Grenze an Oder und Neiße völlig überein und unterstützten sie ohne jeden Vorbehalt. Sie hielten es ebenso für notwendig, daß die deutsche Bevölkerung aus Polen ausgesiedelt werden müsse. Ihr Standpunkt erschüttert in gewissem Sinne die These, daß die Regierung in Warschau die deutsche Frage benutzte, um die Bevölkerung für sich einzunehmen. Diese Absicht hatte sie zweifellos, aber das Negieren der Grenze durch die westlichen Politiker, besonders die westdeutschen Politiker, erweckte schließlich Furcht bei den Polen, für die diese Grenze jetzt, nach der Annexion der Ostgebiete, nicht nur zu einer Grenze der nationalen Sicherheit, sondern auch zu einer Grenze der nationalen Existenz geworden war.

Jede neue polnische Regierung, die nach dem Bezwingen des Deutschen Reiches die Macht in Polen übernahm, hatte also zwei den deutschen Nachbarn betreffende Probleme zu lösen. Es ging um die Frage der deutsch-polnischen Grenze und um die Umsiedlung der deutschen Bevölkerung in das besetzte Deutschland sowie die damit verbundene Besiedlung der polnischen Westgebiete.

Die Haltung der polnischen Regierung in London wurde als Ausdruck eines fundamentalistischen Protestes gegen die Verschiebung der Ostgrenze betrachtet. In den Ostgebieten wurde die polnische Bevölkerung dezimiert. Viele Polen wurden zwangsweise ins Innere Rußlands umgesiedelt; andere hatten ihren Platz in der Armee von General Anders gefunden, die an der Seite der verbündeten Staaten in Westeuropa beziehungsweise auf der Apenninhalbinsel kämpfte. Der restliche Teil der Polen wurde der in der UdSSR aufgestellten Polnischen Armee eingegliedert, die vollkommen unter der Kontrolle der Roten Armee stand. Die in den polnischen Ostgebieten kämpfenden Einheiten der Landesarmee AK wurden vom sowjetischen NKWD systematisch und hinterhältig entwaffnet und ihre Soldaten in Lager deportiert. All das bewirkte, daß die polnischen Streitkräfte im eigenen Land im entscheidenden Augenblick schwach und zersplittert waren.

Gleichzeitig wurde im Programm des Verbandes Polnischer Patrioten ZPP und der unter der Schirmherrschaft der Komintern in Polen gegründeten Polnischen Arbeiterpartei PPR sowie des Landesvolksrates KRN als Rekompensation für die Verluste im Osten die Festlegung einer neuen Grenze an Oder und Lausitzer Neiße verlangt. Trotz der tiefen Abneigung der polnischen Bevölkerung hinsichtlich der Akzeptanz der politischen Linie der neuen, eng mit der Roten Armee zusammenarbeitenden Machtorgane in Polen erlangte die Vision territorialer Neuerwerbungen ziemlich viele Anhänger.

Zugleich bezog die Warschauer Regierung einen ausgesprochen antideutschen Standpunkt und weitete die Frage von Schuld oder Verbrechen auf das ganze deutsche Volk aus. Das fiel ihr natürlich nicht schwer, denn die polnische Bevölkerung erinnerte sich nur zu gut an das Feuer der Krematorien, an die Salven der Hinrichtungskommandos und an die moralische Entwürdigung des Volkes, dem die nazistischen Behörden nur die Rolle versklavter Handlanger zubestimmt hatten. Das antideutsche Element sollte in Polen mindestens das ganze nächste Jahrhundert hindurch Gültigkeit haben.

Kampf gegen die faschistischen Eroberer und antideutsche Einstellung, das waren Losungen, die bei der polnischen Bevölkerung Widerhall finden konnten. Sie bildeten die Grundlage für alle politischen Erklärungen des Polnischen Komitees der Nationalen Befreiung, das in seinem am 22. Juli 1944 in Chelm verkündeten Manifest an das polnische Volk den »verstärkten Kampf zur Vernichtung Nazideutschlands« zur Hauptaufgabe erklärte und »zum Kampf um die Freiheit Polens, um die Rückkehr der alten polnischen Provinzen Pommern, Oppelner Schlesien und Ostpreußen zum Mutterland sowie zum Kampf um den breiten Zugang zum Meer und um polnische Grenzpfosten an der Oder« aufrief. Im Manifest hieß es, daß für Deutschland die Stunde der Vergeltung für das Unrecht und Leid des Krieges geschlagen habe. Dieser Teil des Manifestes appellierte an die Phantasie der Polen, denn er schwächte in ihrem Bewußtsein – in gewissem Grade – das Bewußtsein der territorialen Einbußen im

Osten ab. Die neue deutsch-polnische Grenze sollte also nicht nur ein Ausgleich für die Kriegsverluste sein, sondern auch eine Schranke zur Verhinderung einer etwaigen deutschen Aggression bilden. Man bemühte sich, der polnischen Bevölkerung bewußt zu machen, daß die Anwesenheit der Polen in den West- und Nordgebieten nicht nur ein Akt der Rache oder der Vergeltung für das erlittene Unrecht sei, sondern auch vorbeugenden Charakter trage und somit über den Rahmen der künftigen bilateralen deutsch-polnischen Beziehungen hinausgehe.

Dazu schrieb Wojciech Wieczorek: »Die Verschiebung der polnischen Westgrenze an die Linie von Oder und Lausitzer Neiße wurde vom weitaus größten Teil der polnischen Bevölkerung, wenngleich nicht ohne gemischte Gefühle und nicht ohne Skepsis bezüglich der Beständigkeit der Entscheidung, akzeptiert. Mit der Zeit wurde die neue Grenze zu einem dauerhaften Bestandteil des politischen Bewußtseins der Polen... Sie enthielt auch eine starke gefühlsmäßige Komponente, so das Verlangen nach Wiedergutmachung des erlittenen Unrechts durch Deutschland... Diese Überzeugung verlieh der Idee von der »Rückkehr in die alten Piasten-Gebiete an Oder und Neiße einen neuen Inhalt.«

Ein weiterer Faktor der Absicherung Polens gegen eine erneute deutsche Gefahr sollte die »Errichtung eines großen slawischen Dammes« sein, zu dessen Grundlage ein polnisch-tschechoslowakisch-sowjetisches Übereinkommen werden sollte. Über dieses Übereinkommen sprach der damalige Vizepremier der polnischen Regierung und PPR-Generalsekretär Wladyslaw Gomulka auf einer am 3. April 1945 für die Einwohner Warschaus veranstalteten Kundgebung aus Anlaß der Eingliederung Danzigs in den polnischen Staat: »Daher müssen wir Polen und die anderen slawischen Völker nicht nur unsere Sicherung vor einer deutschen Aggression durch Beseitigung des Industriepotentials Deutschlands verlangen, sondern wir müssen auch eine Politik der engsten Zusammenarbeit und des Bündnisses aller slawischen Staaten verfolgen. Die vereinten, einmütig handelnden Kräfte der slawischen Völker werden die dauerhafteste Grundlage für den Frieden aller Völker der Welt und das beste Mittel zur Sicherung der slawischen Völker vor jedweder Aggression und zur Gewährleistung unseres Friedens sein.« Das war aber nur noch ein Nachhall der während des Krieges in der Sowjetunion verkündeten These, als Moskau die slawischen Völker zur aktiven Beteiligung am Kampf gegen das Dritte Reich aufgerufen hatte. Damals war es ein zeitweiliges Ziel gewesen. In Moskau hatte man sich seinerzeit zum Beispiel sogar an die Existenz der russisch-orthodoxen Kirche erinnert, damit sie die Notwendigkeit des Kampfes gegen den Hitlerfaschismus verkünde.

Auch politische Kreise der Landesarmee AK hatten Polen schon während der Besatzungszeit als führenden Staat des gesamten slawischen Raumes betrachtet: »Von der Oder, von Sachsen und den Sudeten bis zum Dnepr und zur Beresina, vom Schwarzen Meer bis zur Ostsee!«

Vom Frühjahr 1945 an übernahm die provisorische Regierung in Warschau die Oberhoheit über die West- und Nordgebiete, sie übernahm die militärische Überwachung der Oder und der Lausitzer Neiße und verhinderte die Rückkehr jener Deutschen in ihr Vaterland, die auf der Flucht vor der Roten Armee ihre Wohnorte verlassen hatten, als wollten sie auf diese Weise die Aktion ihrer Umsiedlung vorwegnehmen. In Wirklichkeit aber wurde die Amtsgewalt dort von den sowjetischen Militärkommandanten ausgeübt, die die Aktion der Demontage der Industrie, der Eisenbahnstrecken und dergleichen organisierten.

Im März 1945 richtete die provisorische Regierung in jenen Teilen der Westgebiete, in denen sich noch deutsche Truppen aufhielten, die vier Verwaltungsbezirke Masuren, Westpommern, Niederschlesien und Oppelner Schlesien ein. Nach der Befreiung Allensteins wurde die Wojewodschaft Olsztyn und am 30. März 1945, als die – wie der polnische Nationaldichter sagte – »einst unsere« Stadt Danzig zum Mutterland Polen zurückgekehrt war, die Wojewodschaft Gdansk gebildet.

Diese Maßnahmen waren dem Empfinden der polnischen Bevölkerung nach ganz natürliche Handlungen. Man erblickte darin die Erfüllung der Forderungen der Polen nach Rückkehr dieser Gebiete zu Polen. Im ganzen Land war dagegen eine starke antideutsche Aktion im Gange. Man mußte sie nicht besonders anheizen, weil die verbrecherischen Taten der Okkupanten dazu geführt hatten, daß man allein schon beim Wort »Deutscher« an Krimineller oder gar Henker dachte. Übrigens sah die Einstellung der Bevölkerung in den anderen vom Dritten Reich besetzten Ländern Europas zu dem in den letzten Zügen liegenden »Tausendjährigen Reich« ganz ähnlich aus.

Bei einer Rede am 18. Februar 1945 in Lodz sagte Wladyslaw Gomulka: »Die Deutschen müssen streng bestraft werden. Die Verantwortung muß das ganze deutsche Volk tragen, das in seiner Masse dem Kommando des Hitlerfaschismus gefolgt ist und die Naziregierung toleriert hat.«

Das waren damals gängige politische Dogmen, denn die polnische Bevölkerung kannte eigentlich keine Differenzierung innerhalb der deutschen Bevölkerung. Die rücksichtslose Eroberungspolitik des Dritten Reiches gegenüber den Polen hatte die negativen Einzelheiten des herkömmlichen Stereotyps verschärft und bestätigt. Die wenigen polnischen Äußerungen über positive Merkmale des deutschen Nationalcharakters traten zurück hinter dem blinden Deutschenhaß, der die polnische Bevölkerung ergriff. Diese Haltung nahm fast die ganze polnische Bevölkerung ein. Lediglich in einigen Einheiten der Landesarmee und der Volksarmee war man bemüht, das Feindbild zu differenzieren. Dort wurde den jungen Leuten gesagt, sie kämpften gegen deutsche Faschisten, nicht aber gegen die Deutschen als solche. Im Standpunkt der Polnischen Arbeiterpartei PPR war ebenfalls eine veränderte Einstellung den Deutschen gegenüber zu verzeichnen. Man erkannte das vom Hitlerterror regierte deutsche Volk. In der Endphase der Kampfhandlungen begannen die Einheiten des polnischen Heeres Befehle zu bekommen, in denen angewiesen wurde, zwischen den Deutschen als Kriegsverbrechern und Naziwürdenträgern einerseits und als nominellen Mitgliedern der NS-Partei zu unterscheiden.

Am 31. Mai 1945 brachte die »Rzeczpospolita« einen Artikel Marian Zulawskis; darin warnte der Verfasser vor »blinder Vergeltung, denn eine solche Haltung kann nur blinden Haß und den Wunsch nach Vergeltung hervorrufen«. Dennoch waren die polnischen Soldaten in diesem Geiste erzogen worden. In dem Eid, den die I. Infanteriedivision »Tadeusz Kosciuszko« abgelegt hatte, hieß es: »Ich schwöre der polnischen Erde und dem polnischen Volke, daß ich den Feind – den Deutschen, der Polen verwüstet hat – bis zum letzten Blutstropfen und bis zum letzten Atemzug hassen werde.« Nach Direktiven der Militärverwaltung war es verboten, deutschen Männern und Frauen die Hand zu geben oder sich mit ihnen an einen Tisch zu setzen, weil das eine Schande für die Polen gewesen wäre. Es galt das Verbot, Volksdeutsche auf Höfen und in Haushalten ehemaliger Mitarbeiter der Bürgermiliz MO und des Sicherheitsdienstes SB zu beschäftigen.

In dieser Atmosphäre des Hasses auf die Deutschen hatte es die damalige polnische Regierung, die keine Legitimierung ihrer Macht besaß, nicht schwer, die Bevölkerung zu terrorisieren. Das fiel ihr um so leichter, als die alliierten Mächte im Kampf gegen den Hitlerfaschismus, nicht aber gegen den Stalinismus standen.

Doch die polnische Bevölkerung wurde von Zweifeln und Apathie ergriffen. Es wurde offensichtlich, daß der Sieg vom Mai 1945 anders aussah, als man ihn sich vorgestellt hatte. Schon damals begann man, gegenüber den Führungsorganen und Soldaten der Landesarmee AK Terror anzuwenden. Diese aufopferungsvoll gegen die nazistischen Okkupanten kämpfende Organisation wurde als »bespuckter Krüppel der Reaktion« bezeichnet. Man bezichtigte sie der Zusammenarbeit mit den deutschen Eroberern.

Obwohl man sich über die Niederlage Deutschlands unsagbar freute, wurden die Militärparaden mit Schweigen aufgenommen. In Krakau demonstrierten am 3. Mai 1945 Studenten unter der Losung: »Lemberg und Wilna gehören uns!« Die sowjetischen Truppen, die den deutschen Feind bezwungen hatten, wurden voller Sympathie begrüßt, aber die Gesellschaftsordnung, die zusammen mit ihnen in Form der Machtorgane polnischer Kommunisten Einzug hielt, wurde von der Mehrheit des Volkes nicht akzeptiert. Selbst der gemeinsame Haß auf die faschistischen Okkupanten, den sowohl die an der Macht befindlichen politischen Kräfte als auch die restliche Bevölkerung hegten, war nicht imstande, sie zu versöhnen, denn jeder hatte eine andere Vorstellung von der künftigen Ordnung des polnischen Staates.

Die Regierung in Warschau erkannte die fehlende Unterstützung des ganzen Volkes und betonte in ihrer Politik daher so stark die antideutschen Elemente, wobei sie damit rechnete, daß sie die Bevölkerung auf diese Weise, wenn schon nicht für sich einnehmen, so doch zumindest neutralisieren könne. Sie begann sogar mit der Verwirklichung des Programms der polnischen Regierung in London, die schließlich nicht danach strebte, die Regierung von vor dem September 1939 wiederherzustellen, die aber die Ursachen der Septemberniederlage erkannt hatte und ein umfangreiches Programm wirtschaftlicher, sozialer, kultureller und bildungsmäßiger Reformen ankündigte.

Die eigentliche Macht übte jedoch die Warschauer Regierung aus. Durch die Verschiebung der Grenzen Polens um mehrere hundert Kilometer westlich des Verlaufs von 1939, verbunden mit der Zwangsumsiedlung der seit Jahrhunderten dort seßhaften deutschen Bevölkerung, standen die polnischen Behörden vor dem Problem der wirtschaftlichen Erschließung dieser Gebiete. Obwohl die dort verbliebene deutsche Bevölkerung vorwiegend aus Alten, Kranken, Frauen und Kindern bestand, beschränkte sich die Frage der Erschließung nicht nur auf den materiellen Bereich. Diese Gebiete sollten mit Polen aus den übervölkerten oder zerstörten Gegenden Zentralpolens beziehungsweise aus den Ostgebieten besiedelt werden. Die eintreffenden Polen stammten aus den verschiedensten Heimatgegenden, die ein untrennbarer Bestandteil der Geschichte Polens waren. Wer sollte demnach die neuen Gebiete integrieren und unter welchen Losungen?

Im ganzen Land gab es keinen funktionsfähigen Verwaltungsapparat. Die Vorkriegsverwaltung war zerstört, viele Fachleute blieben in der Emigration, viele, besonders die polnische Intelligenz, waren von den Besatzern ermordet worden. Die sogenannten Repatriierungsämter in den neuen Gebieten, die die riesige Bevölkerungsbewegung zu organisieren hatten, beschränkten sich eher auf eine einfache, oft unbeholfene Administration.

Wer sollte also den sich dort ansiedelnden Polen aus dem Raum Wilna, aus Podolien oder Wolhynien das Bewußtsein vermitteln, daß sie in Gebiete kämen, die früher einmal polnisch gewesen waren? Wer sollte sie von der Losung überzeugen, daß »wir in diesen Gebieten waren, sind und sein werden«? Das tat in hohem Maße die katholische Kirche.

Zu einem wesentlichen Element der Politik der Staatsorgane hinsichtlich der Westgebiete wurde die Haltung der Hierarchie der katholischen Kirche in Polen. Die Verschiebung der Grenzen nach Westen, die Zwangsumsiedlung der dortigen deutschen Bevölkerung und die an ihrer Stelle erfolgende Ansiedlung von Polen aus den ehemaligen Ostgebieten des polnischen Staates boten der Kirche die große Chance, diese Gebiete erneut zu katholisieren. Nach einer mehrhundertjährigen Herrschaft der Reformation (ausgenommen Schlesien und Ermland) kehrten diese Gebiete in den Schoß der katholischen Kirche zurück.

Der Primas von Polen, Kardinal August Hlond, erblickte im Germanismus Heidentum und setzte Hitlerfaschismus und Atheismus einander gleich. Er bezeichnete den Krieg Hitlers und Deutschlands als Krieg gegen Gott und das Christentum. Im Oktober 1945 sagte er bei einer Predigt in Poznan: »Wir haben die entsetzliche Realität der Verkörperung von Gottlosigkeit erblickt, als die hitlerfaschistische Militärmacht im Namen des rassischen Materialismus zur Unterwerfung der Welt aufbrach. Sie beabsichtigte, das Christentum abzuschaffen und es durch einen Kult der Stärke zu ersetzen. Auf den Altären des siegreichen Nazismus sollten das blanke Schwert und das Abtrünnigkeitsevangelium des »Mein Kampf« Gott vertreten. Alles, was christlich war, wurde niederträchtig behandelt und in den Schmutz gezogen. Außer in perverser Grausamkeit kam die Ekelhaftigkeit des Atheismus in keiner anderen Erscheinungsform des hitlerfaschistischen Wahns so zynisch zum Ausdruck wie in der teuflischen Verlockung, den christlichen Geist Europas durch einen entsetzlichen Angriff der Lüge zu brechen. Das nahm Züge eines apokalyptischen Kampfes des Sohnes der Lüge mit dem Gott der Wahrheit an.«

Nach einer solchen Predigt gab es keinen Zweifel mehr darüber, welchen Standpunkt die katholische Kirche zu den Deutschen einnahm und was sie den sich in den West- und Nordgebieten niederlassenden Brüdern und Schwestern zu tun heiße. Wie Winfried Lipscher in der 1993 erschienenen Gemeinschaftsarbeit »Feinde werden Freunde« geschrieben hat, waren die nach dem Krieg von den Polen aus Ostpreußen vertriebenen Deutschen vor allem Protestanten. Die katholische Kirche rühme sich vor allem, daß sie die ehemals protestantischen deutschen Gebiete wieder katholisiert habe. In Deutschland sei man noch heute ziemlich oft überzeugt, daß in diese Gebiete Kommunisten gekommen seien, die das Land ausgeplündert und die Deutschen vertrieben hätten. Sie könnten nicht begreifen, daß früher schon polnische Katholiken in diesem Gebiet gewirkt hätten. Dagegen wären sie eine Minderheit gewesen, die sich dort niedergelassen hätte.

Natürlich spielte nicht nur der Aspekt der Rekatholisierung, der Kirchengebiete also, eine wesentliche Rolle. Das Auftauchen von Würdenträgern der katholischen Kirche in diesem Raum wurde zu einem politischen Faktor; denn unter den Bedingungen der schwachen Verwaltungsorgane, der mangelnden Sicherheit und der häufig von zahlreichen Marodeuren der Roten Armee und Überresten des Werwolfs verübten Überfälle auf Ansiedler führten eben die Priester Ordnungs- und Verwaltungshandlungen aus, mit denen sich eigentlich eine leistungsfähige Verwaltung hätte befassen müssen. Oft überzeugte die Anwesenheit der katholischen Kirche in diesen Gebieten die Neusiedler von der polnischen Zukunft dieses Raumes. 1948 sagte Kardinal August Hlond in einer Predigt über diese Gebiete: »Geliebte Brüder und Schwestern, die Kirche war mit euch, als die Stunde der Abrechnung des Jahrhunderts schlug und als ihr von allen Enden Polens und aus dem Ausland aufbracht, um euch auf dem Boden der Piasten und an der Oder, an der pommerellischen Küste, im grünen Ermland und an den Masurischen Seen anzusiedeln. Heute sind die gemeinsam von der umgesiedelten Bevölkerung und den bodenständigen polnischen Bewohnern dieser Gebiete erzielten Leistungen ein großer und hauptsächlicher Erfolg des Volkes.«

Die Unterstützung der katholischen Kirche für die damaligen polnischen Behörden kam nicht nur darin zum Ausdruck, daß sie sich an der sozusagen moralischen Erschließung dieses Raumes beteiligte, sondern sie strahlte auf ihrem Gebiet auch auf internationaler Ebene aus. Während man sich in der polnischen Außenpolitik um die internationale Anerkennung der deutsch-polnischen Grenze in ihrer neuen Form bemühte, war die Kirchenhierarchie bestrebt, im Vatikan die vollen Rechte für die Kirchenverwaltung zu erwirken. Schon am 15. August 1945 setzte Kardinal Hlond aufgrund einer vom Papst erlangten Vollmacht die Kirchenverwaltungen der polnischen West- und Nordgebiete ein.

Es tauchten aber auch Stimmen auf, die eine weitere Verschiebung der in Potsdam festgelegten Grenze bis kurz vor Berlin forderten und die Gründung eines sorbisch-lausitzer Staates verlangten. Diese Forderungen erwiesen sich jedoch rasch als politische Blindgänger. Die Bevölkerung jener Jahre betonte unablässig ihre enge Verbundenheit mit dem polnischen Charakter dieser Gebiete, und das sowohl in den gedrehten Filmen und der herausgegebenen Literatur als auch in zahlreichen Artikeln. Bereits am 30. Oktober 1946 wurde bei der Premiere von »Die Krakauer und die Goralen« in der Regie von Leon Schiller in einem der Couplets gesungen: »Wir bekräftigen unsere Grenze an Oder und Neiße. Wir bebauen diesen uralten, freigebigen Boden.« Das Volk war bestrebt, die durch die Erniedrigung während der Besatzungsjahre erlittenen Verluste wettzumachen. Die polnische Bevölkerung war damals überzeugt, für die hitlerfaschistischen Verbrechen seien nicht nur die NS-Partei und die SS-Einheiten verantwortlich, sondern die Schuld habe das ganze deutsche Volk zu tragen, das Hitler und seine Bewegung unterstützt hatte, vor allem aber diejenigen, die Nutzen aus den Verbrechen gezogen hatten. Die in den ersten Monaten nach der Flucht der Deutschen in polnischen Zeitungen veröffentlichten Artikel waren von Haß auf dieses Volk erfüllt und verbreiteten geradezu die Überzeugung, daß jeder Deutsche an dem verbrecherischen Krieg schuld sei. Nur ganz selten erschienen Beiträge, die von dieser Einstellung abwichen. Die polnische Elite – Schriftsteller, Politiker und Wissenschaftler – brachte öffentlich ihre Abneigung gegenüber dem Volke Goethes und Schillers zum Ausdruck.

Der Deutschenhaß verband nicht nur die ganze polnische Bevölkerung, sondern verknüpfte sie in dieser Hinsicht auch mit der neuen Staatsmacht. Dennoch ist anzumerken, daß einige führende Vertreter der Macht eine abweichende Haltung gegenüber den Deutschen vertraten. Eine gewisse Widerspiegelung dieser Einstellung war, wie schon gesagt, der Versuch, zwischen Kriegsverbrechern und Nazi-Bonzen einerseits und einfachen Parteimitgliedern andererseits zu unterscheiden.

Das Wort »Deutscher« wurde aber zu einem Schimpfwort. In einem Schreiben an die Redakteure der Tagespresse und den Minister für Information und Propaganda vom 3. März 1945 schrieb der Präsident des Landesvolksrates KRN Boleslaw Bierut das Wort »Niemiec« (der Deutsche) mehrfach mit kleinem Anfangsbuchstaben. Das sollte die Verachtung für dieses Volk zum Ausdruck bringen.

Ähnlich gestaltete sich die Einstellung zur deutschen Sprache. Auf dem ersten Nachkriegskongreß für Volksbildung, der im Juni 1945 in Lodz stattfand, wurde – unter Berücksichtigung von Stimmen der Öffentlichkeit – erwogen, den Deutschunterricht an den Schulen abzuschaffen. Charakteristisch ist, daß sich die kommunistische Funktionärin Zanna Kormanowa gegen ein solches Verbot aussprach. Sie sagte, daß die Behörden das nicht tun würden, weil sie nicht ebenso handeln wollten wie die hitlerfaschistischen Barbaren. »Wir sind nicht der Meinung«, stellte sie fest, »daß das deutsche Volk für immer untergegangen ist und daß die deutsche Sprache für den Hitlerfaschismus bestraft werden muß.«

Wenn man zu jener Zeit in Polen, besonders auf der Straße, deutsch sprach, konnte man mit Steinen beworfen werden. Noch mehrere Jahre nach dem Krieg, als ich mit einem deutschen Bekannten in der Straßenbahn fuhr, mußte ich laut und vernehmlich verkünden, daß er Österreicher sei, um an uns gerichtete unangenehme Äußerungen zu vermeiden.

Der erste Film, der dem polnischen Publikum schon im Herbst 1944 im Raum Lublin gezeigt wurde, war »Majdanek, der Friedhof Europas«. Die Filmmusik stammte vom sowjetischen Komponisten Sergej Potocki. Die als Leitmotiv der musikalischen Untermalung verwendeten Auszüge aus dem polnischen Schwurlied »Rota« wurden auf Russisch gesungen. Der nächste, direkt nach der Kapitulation des Dritten Reiches aufgeführte Film war die Premiere des Dokumentarfilms »Kolberg«.

Die nach polnischen Filmen lechzenden Zuschauer bekamen nur polnische Vorkriegsfilme zu sehen und von der Gegenwartsproduktion nur sowjetische Filme mit antideutscher Thematik, in denen meist die faschistische Kriegsmaschinerie lächerlich gemacht wurde, so zum Beispiel den Streifen »der Rejkom-Sekretär,« in dem Hitler bei einem Tobsuchtsanfall Gardinen von den Fenstern riß und in den Teppich biß.

Auf das Schreiben einer Monographie über Deutschland und die deutsch-polnischen Beziehungen sollte man noch warten müssen. 1945 wurden unter anderem die lange Jahre hindurch geschriebenen Romane »Die silbernen Adler« von Teodor Parnicki und »Boleslaus der Tapfere« von Antoni Golubiew veröffentlicht. Es waren Arbeiten, in denen die Epoche der ersten Piasten-Herrscher beschrieben wurde, im Hinblick auf den Handlungsfaden also äußerst aktuell. Dagegen wurden Arbeiten, in denen die Leser sich selbst oder ihre faschistischen Peiniger zu sehen bekommen hätten, nicht veröffentlicht.

Oft schrieb hingegen die Presse über diese Fragen. Ihr Lieblingsthema war Hitler. Das in Lodz erscheinende Boulevardblatt »Expres« brachte einen schier endlosen kitschigen Fortsetzungsroman von mehreren Hundert Folgen unter dem Titel »Eva und Adolf«. Allein schon die Vornamen ermöglichten es, zweifelsfrei festzustellen, daß es sich um die Geschicke Hitlers und seiner Freundin Eva Braun handle, die er am Vorabend ihres gemeinsamen Selbstmordes geheiratet hatte. Hitler wurde zum Helden von Witzen und Epigrammen. Die satirische Wochenschrift »Szpilki« und die politischen Kabaretts stellten den toten Führer des

Dritten Reiches manchmal als Schergen und dann wieder als Schuft, Halunken oder unbeholfenen Liebhaber dar. Die schärfsten Karikaturen zeigten ihn zugleich als Dämon des Bösen. Hitler erschien als Clown oder auch als Kerl mit Schnurrbart und ins Gesicht fallender Haarsträhne.

Die polnischen Leser, für die die Worte »Für Polen verboten!« während der Besatzungszeit der Inbegriff ihrer Erniedrigung gewesen waren, bekamen demnach ihre private Genugtuung und ihre private Rache. Sie konnten über die Tragödie des Clowns lachen, der den Tod von Millionen Menschen verursacht hatte.

Wie sehr dieses Thema die Polen faszinierte, belegt die Tatsache, daß noch fast 50 Jahre nach Beendigung des Zweiten Weltkriegs in einer so angesehenen Zeitschrift wie »Tworczosc« Krzysztof Bieleckis Erzählung »Der Schlüpfer der Eva Braun« erscheinen konnte, in der sexuelle Annäherungsversuche Adis (Hitlers) bei Eva Braun beschrieben werden.

Der erste nach 1944 wieder in Polen aufgelegte Roman waren die »Kreuzritter« von Henryk Sienkiewicz. Die früheren Ausgaben hatten, wie Kazimierz Kozniewski schrieb, auch die polnischen Freiwilligen im Frühjahr 1940 in Frankreich gelesen. Der Roman hatte gewissermaßen zur Stärkung der Herzen dienen sollen. Wie Kozniewski feststellt, bestand »für die damalige polnische Literatur und ihre polnischen Leser eine absolute Bedeutungsgleichheit zwischen Rittern aus der Mark Brandenburg, Kreuzrittern, Habsburgern, Friedrich dem Großen, kleineren Friedrichs und Wilhelms, Bismarck, den Hakatisten, den Generälen, die 1914 Kalisz bombardiert hatten, und schließlich den Truppen Hitlers und den Gestapo-Beamten«. Die Geschichte bestimmt die Literatur, obwohl solche geschichtlichen Gleichheitszeichen und Vermischungen es den Schriftstellern nicht leichter machen, sich mit dem zu beschäftigen, was wir als deutsche Frage bezeichnen würden. Wenn man 1945 plötzlich anfing, das Wort »Deutscher« klein zu schreiben, wie es dann viele Jahre lang geschrieben wurde, wenn die auf der Straße vernommene deutsche Sprache hysterische Reaktionen auslöste – und all das war psychologisch und moralisch verständlich, ja sogar überaus begründet –, dann sollte man sich nicht wundern, daß die polnische literarische Prosa, die sich mit der Problematik der von den Deutschen verfolgten Polen befaßte, sich fast überhaupt nicht für die Problematik der die Polen verfolgenden Deutschen interessierte.

Die durch die Untaten der Deutschen während der Besatzungszeit hervorgerufene Atmosphäre bewirkte, daß die Forderung nach Bestrafung der Naziverbrecher bei der Bevölkerung volle Unterstützung fand. Es lohnt sich, daran zu erinnern, daß der erste Prozeß derjenige der Lagermannschaft von Majdanek im November 1944 in Lublin war. Bei den öffentlichen Hinrichtungen bedeutender NS-Führer, die im besetzten Polen gewirkt hatten, so zum Beispiel von Arthur Greiser in Poznan und Albert Forster in Gdansk sowie von Mitgliedern der Lagermannschaft des KZ Stutthof, begannen jedoch Zweifel aufzutauchen, ob diese Exekutionen eine zweckmäßige Bildungsmaßnahme seien. Einerseits konnte man nämlich weder verzeihen noch vergessen, doch andererseits konnte diese Form von Repressalien zu einer Entstellung der Psyche der Bevölkerung führen, weil sie Rache-, Vergeltungs- und Grausamkeitsgefühle nährte. Äußerungen polnischer Intellektueller, zum Beispiel von Jan Kott, der Schriftstellerin Ewa Szelburg-Zarebina beziehungsweise dem Justizminister Henryk Swiatkowski, führten dazu, daß man diese Praktiken einstellte. Man darf aber nicht vergessen, daß alle in Polen wirkenden Gauleiter Hitlers ihre Strafe bekamen und daß Generalgouverneur Hans Frank beim Hauptkriegsverbrecherprozeß in Nürnberg zur Höchststrafe verurteilt wurde. Die öffentliche Diskussion über die Bestrafung aller Naziverbrecher und die vollständige Entnazifizierung Deutschlands hörte dennoch nicht auf. Der Politologe Andrzej J. Kaminski aus Poznan verlangte, alle Mitglieder von NSDAP, SS und SA sowie alle höheren Beamten und Offiziere, insgesamt also circa 15 Millionen Menschen, zu erhängen. Ähnliche Vorschläge machte Antoni Dobrowolski in der Zeitschrift »Kuznica«; er verwendete aber mildere Worte, denn er wollte die einen Verbrecher erhängen, andere hingegen zur Strafe in Arbeitslager einweisen.

Eine extreme Einstellung vertrat auch Grzegorz Jaszunski, der verlangte, Deutschland für die nächste Zeit in ein einziges großes Arbeitslager zu verwandeln. Er schrieb: »Dem Begriff Arbeitslager widerspricht weder die Sorge um die Versorgung der deutschen Bevölkerung noch die Eröffnung von Theatern, Kinos und Rundfunksendern, was so große Entrüstung bei Leuten auslöst, die sich nur von gefühlsmäßigen Gesichtspunkten leiten lassen. Der Begriff Arbeitslager beinhaltet dagegen das Vereiteln der Möglichkeit einer erneuten deutschen Aggression für die Zukunft. Das große deutsche Arbeitslager sollte ›Auslandsabteilungen‹ haben.« Denselben Ton schlugen die katholischen Presseorgane an. Der Aussage »Alle Deutschen waren Nazis« bediente man sich auch in diesen Blättern.

In Mode kam die Feststellung Stefan Kisielewskis: »Ungefährdet schimpfen kann man nur auf die Deutschen.«

Die Tageszeitungen, Wochenblätter und anderen Publikationen jener Zeit waren voll von Mitteilungen über die deutsche Frage. Das Thema begeisterte damals die polnische Bevölkerung, und so war man bemüht, ihre Beziehung zu Deutschland zu umreißen und das Problem der Verantwortung der Deutschen für die begangenen Verbrechen aufzugreifen.

Ein gewisses Paradox bestand jedoch darin, daß es eben die Naziokkupanten einem ansehnlichen Teil der Bevölkerung erleichterte, sich auf die Theorie eines einzigen Feindes umzustellen, also auf jene politische Denkrichtung, die das nationaldemokratische Lager vertreten hatte. Obwohl es in den politischen Denkkategorien weiterhin antirussische Motive gab, waren sie angesichts der Resultate und Absichten der faschistischen Besatzer verblaßt. Professor W. Konopczynski rief sogar zum Vergessen eines Teils der Geschichte auf: »Lohnt es sich denn, alles in Erinnerung zu behalten? Ist es nicht besser, einen Teil der Geschichte zu vergessen? Zum Glück kann man im nationalen Gedächtnis haushalten wie in einem Museum oder einer Rumpelkammer, die einen Erinnerungen wecken, andere einschläfern. Nichts sollte man jedoch tendenziös verbrennen. Jetzt weht der Wind aus der entgegengesetzten Richtung. Stille im Osten, Lärm um Geros und Ottos, Albrechts und Friedrichs, um Bismarck und Hitler. Und dieser Sachverhalt ist keineswegs eines Lebenssinnes beraubt; mögen unsere Ansiedler an der Oder an das denken, was ihnen Kraft gibt, nicht aber an traurige Dinge, an denen man sowieso nichts ändern kann! Die Segel der Tradition füllen wir mit dem Wind, mit dem man am weitesten kommt.«

Dieselbe Argumentation benutzte Jozef Winiewicz, in den sechziger Jahren stellvertretender Außenminister, als er verkündete: »Die Polen können und sollten nicht auf die Tradition der Jagiellonen zurückkommen. Dagegen sind die Piasten-Traditionen hervorzuheben, um die guten Beziehungen zur UdSSR aufrechtzuerhalten.« Und dann schrieb er: »Wir können und müssen nicht auf die Tradition unserer Ostexpansion, auf die Tradition der Jagellionen, zurückkommen. Aus offensichtlichen Gründen, aus dem Wunsche heraus, aufrichtig die allerbesten Nachbarschaftsbeziehungen zur Sowjetunion zu unterhalten, möchten und müssen die Polen die Kräfte ihres Gemeinschaftslebens um so mehr durch die Tradition der Piasten stärken. Möge die Welt begreifen, daß man der polnischen Bevölkerung nicht die ganze Tradition wegnehmen kann.«

Das Bild der Deutschen wurde auch auf anderer Ebene gestaltet. Dabei ging es um die Ausbildung der Jugend, darum, daß ihr die Besatzungsjahre als Kampf gegen die Okkupanten gezeigt wurden, bei dem es auf polnischer Seite Bravour und außergewöhnlichen Mut gegeben hatte, die die deutsche Militärmacht ausgleichen sollten. Die Beschreibungen von Partisanenaktionen und von der Beteiligung polnischer Militäreinheiten an den Kämpfen gegen die Deutschen sollten - so scheint es - nicht nur die Einstellung der jungen Polen zu den Deutschen formen, sondern in gewissem Sinne auch das Gefühl der Septemberniederlage ausgleichen und diese lediglich als Teil des deutsch-polnischen Krieges in den Jahren 1939-1945 darstellen.

Zu jener Zeit wirkte die Bezeichnung »Deutscher« abstoßend, und man schrieb das Wort klein, ebenso wie »Schwabe«, »Häscher«, »blutrünstiger, mordlustiger Fettwanst« oder »rotbraune germanische Hunde«.

Sogar ein 1948 herausgegebenes Schulbuch zur Grammatik der polnischen Sprache enthielt folgenden Text: »Herausfordernd und hochmütig marschierten die Deutschen Hitlers aus, um die Welt zu unterwerfen. Sie waren siegessicher. Unter der Diktatur Hitlers wurden sie ein in seine Stärke vergafftes Volk. Sie glaubten an ihre geschichtliche Mission.«

Maria Waginska-Marzec hat in einem Essay festgestellt: »Das »Deutschtum taucht als gesondertes Problem lediglich in den unmittelbar nach Kriegsende veröffentlichten Lehrplänen auf. So wurde im Program von 1947 zum Beispiel empfohlen: »Besonderer Nachdruck ist auf die Frage der ewig vom deutschen Nachbarn drohenden Gefahr zu legen.« Die antideutsche Einstellung sollte als Instrument der patriotischen Erziehung genutzt werden. Bilder aus der Geschichte unseres Volkes stellen ein weites Betätigungsfeld für die Entwicklung patriotischer Gefühle dar. Das Programm wählt sie unter dem Gesichtspunkt der Verteidigung gegen den germanischen Ansturm aus. Das Programm belehrte auch, wie bei der Besprechung des Themenreises »verfolgte Gruppen« im gesellschaftlichen Leben vorzugehen sei: Am besten illustriert man diese Frage durch Bilder des von den Deutschen begangenen Unrechts und Terrors. Im Programm gab es auchHinweise darauf, daß die Verbreitung der antideutschen Einstellung ganz bewußt in den Lehrplan für den Polnischunterricht aufgenommen war. In Übereinstimmung mit den antideutschen Grundsätzen stand Thema Nr. 2: »Der Kampf der Polen und der anderen slawischen Völker gegen den germanischen Ansturm«. In die Lesestücke für den Unterrichtsgebrauch waren deutsche Wendungen eingearbeitet, die die Polen meist aus den Besatzungsjahren kannten, also »Heil Hitler!«, »Hände hoch!«, »Alles raus!« oder »Nur für Deutsche«. Die Texte enthielten anschauliche Beschreibungen der Zerstörung polnischer Kulturdenkmäler durch die deutschen Besatzer - von Bajonetten durchlöcherte, aus den Rahmen herausgerissene Gemälde, ein zerschlagenes Klavier, zerbrochene antike Stücke, ein deutscher Offizier beim Verpacken von Slucker Bindegürteln und Uhren in Koffern, und dergleichen mehr. All das sollte auf die Phantasie der jungen Generation von Polen einwirken.

Im 1947 erschienenen Buch »Nowa szkola« (Die neue Schule) von Janina Porazinska gab es 22 Lesestücke zur deutschen Problematik mit eindeutig antideutscher Aussage. Zwei Jahre später enthielt die Neuauflage des Buches nur noch acht in gemäßigterem Ton gehaltene Texte zu diesem Thema. Während den Kindern in den Grundschulen fertige antideutsche Texte vorgelegt wurden, vermittelte man den Jugendlichen an den Oberschulen die Thematik der Besatzungszeit und das Bild von Deutschland und den Deutschen anhand der Pflichtliteratur. »Rauch über Birkenau« von Seweryna Szmaglewska, »Asche und Diamant« von Jerzy Andrzejewski und »Medaillons« von Zofia Nalkowska bildeten die Standardlektüre. Gelesen wurden aber weiterhin vor allem die »Kreuzritter« von Henryk Sienkiewicz; dieses Buch stellte gewissermaßen das Kompendium der deutsch-polnischen Beziehungen dar.

Einem anderen Literaturtyp begegnete man in den »Eroberern« von Jan Dobraczynski. Hier versuchte der Verfasser, ein differenzierteres Bild der Deutschen zu zeigen, und auf diese Weise vermochte das Buch 1946 eine nach vielen Tausenden zählende Schar von Lesern zu interessieren. Man sieht also, daß die Einstellung der Polen gegenüber den Deutschen auch in jener Zeit schon ambivalent war.

Eine Art Zusammenfassung des polnischen politischen Denkens der ersten Nachkriegsjahre bezüglich Deutschlands und der Deutschen war die 1947 herausgegebene Anthologie »Potepiency. Sad wiekow nad Niemcami« (Verdammte. Das Urteil der Jahrhunderte über die Deutschen) von Antoni Trepinski. Der Autor stellte darin die Ansichten von 228 Polen über die Deutschen vor, wobei er anmerkte, daß die Polen zwei – seiner Meinung nach unterschätzte – Erkenntnisse nicht vergessen dürften. Zum einen sei der unablässige Kampf gegen Deutschland und die deutsche Pest in jeder Form der kategorische Imperativ jedes Polen, und zum andern hänge der siegreiche Kampf von der absoluten Versöhnung der Polen selbst ab.

Die in den ersten Jahren nach Beendigung des Zweiten Weltkriegs in Polen geführte Diskussion bezüglich der Deutschen ließ – auch wenn sie sich nicht durch Rachedurst auszeichnete – deutlich werden, daß es den Okkupanten gelungen war, Millionen von Polen mit Haß zu infizieren. Die wenigen anderen Ansichten waren nicht nur unpopulär, sondern konnten auch als Handhabe dienen, um wegen prodeutscher Einstellung angeklagt zu werden. Obwohl Polen zu den Siegern über Deutschland gehörte, war es moralisch verletzt aus dem Krieg hervorgegangen.

Noch 1948, als eine Delegation der in der sowjetischen Besatzungszone Deutschlands gegründeten Vereinigung zur Entwicklung gutnachbarlicher Beziehungen zu Polen in Warschau weilte und ein Mitglied der Delegation in einem Warschauer Geschäft deutsch sprach, brach eine der Verkäuferinnen in Tränen aus und hörte auf, die Kunden zu bedienen. Wie sie dann sagte, hatte sie im Krieg ihren Mann und zwei Söhne verloren. Sie waren durch deutsche Schüsse ums Leben gekommen.

Interessantes Material über die Einstellung der polnischen Bevölkerung in der Zeit kurz nach dem Krieg lieferte eine Umfrage der Wochenschrift »Swiat i Polska« aus dem Jahre 1947. Im Juli jenes Jahres stellte die Jury, der Professor Kazimierz Dobrowolski, Professor Stanislaw Ossowski und Dr. Henryk Kolodziejski angehörten, ihre Zusammenfassung vor. Daraus ergab sich, daß unter den Befragten trotz ihrer tragischen Erfahrungen mit den Deutschen hinsichtlich der künftigen Beziehungen zum deutschen Volk Realismus und Pragmatismus vorherrschten. Sage und schreibe 86 % der Leser der von einer Gruppe von PPR-Funktionären herausgegebenen Wochenschrift betrachteten die Koexistenz mit den Deutschen als »unvermeidliche Notwendigkeit«, 10 % äußerten sich bedingt positiv und nur 5 % eindeutig negativ. 15 % der Befragten hatten sich hauptsächlich von Argumenten wie »Der deutsche Charakter ist durch nichts zu verändern« oder »Die Oder-Neiße-Grenze wird von den Deutschen stets als ungerecht angesehen werden« leiten lassen.

Die Wiederaufnahme von Kontakten zu Deutschland machten die Befragten von der Erfüllung zahlreicher Forderungen abhängig, unter anderem von der Durchführung einer umfassenden Entnazifizierung und einer Landwirtschaftsreform in Deutschland, von »Demilitarisierung und Vernichtung des Potentials der dortigen Rüstungsindustrie«, von der Ausübung einer einheitlichen Kontrolle der vier Großmächte über das besetzte Deutschland und dergleichen.

Die Anerkennung der Oder-Neiße-Grenze durch die Deutschen wurde in den Rang eines Maßstabs für deren demokratischen Charakter erhoben. Die meisten Leser der Zeitschrift meinten, daß Deutschland vereinigt bleiben solle. Bezüglich einer deutsch-polnischen Normalisierung sprachen sich »fast alle« für Kontakte auf dem Gebiet von Wirtschaft und Kultur aus.

Zu jener Zeit wurde auch die erste juristische Begründung für die Aussiedlung der Personen deutscher Abstammung aus Polen unternommen. Adolf Klafkowski, der in jenen Jahren viele Publikationen über die deutsch-polnischen Beziehungen und die Problematik Deutschlands überhaupt herausgab, sowie Zygmunt Izdebski betonten die Legalität der Aussiedlung der Deutschen aus Polen. In späteren Jahren vertrat Krzysztof Skubiszewski eine ähnliche Ansicht.

Ein besonders starkes Echo löste unter den polnischen Juristen die Frage der strafrechtlichen Verantwortung einzelner Deutscher für Kriegsverbrechen aus. Es würde schwerfallen, hier die lange Liste der bedeutenden Juristen, Kenner des internationalen Strafrechts, anzuführen, die die juristischen Aspekte des Verfahrens gegen die in Nürnberg angeklagten Hauptkriegsverbrecher analysierten.

Die polnische Öffentlichkeit interessierten in den ersten Monaten und Jahren nach dem Zweiten Weltkrieg vor allem die Fragen der Bestrafung der Nazikriegsverbrecher. Man konnte nämlich nicht in die Zukunft blicken, ohne zuvor eine Abrechnung mit der Vergangenheit vorzunehmen. Daher rührte das gewaltige Interesse am Schicksal derjenigen, die noch kurz zuvor als Herrscher oder grausame Verbrecher über polnischen Boden geschritten waren.

Den Nürnberger Prozeß verfolgte ganz Polen, und das Urteil, das für einige Angeklagte den Freispruch brachte, wurde als etwas Unverständliches aufgenommen. In dieser Haltung waren die Gefühle von Rache und Gerechtigkeit miteinander verbunden. Die Rache diktierte, alle zu bestrafen, die auf der Anklagebank in Nürnberg saßen, während die Gerechtigkeit gebot, beim Ausmaß der Schuld zu unterscheiden. Stimmen, die die faire Durchführung des Prozesses hervorhoben, waren keineswegs nur vereinzelt anzutreffen, aber sie kontrastierten eben mit den Stimmen, die die Mehrheit ausmachten und die Unzufriedenheit über das Urteil zum Ausdruck brachten.

Dennoch war dieser Prozeß für die polnische Bevölkerung eine große Lehre über das NS-System Hitlers und seine Führer.

Wie verlief in jenen Jahren die Diskussion über die Zukunft Deutschlands und über die Frage, wie Polen seine Beziehungen zu Deutschland gestalten solle? Obwohl die Wunden des Krieges noch nicht vernarbt, die zerstörten Städte noch nicht von den Trümmern geräumt waren und viele Tausend Polen ihre Angehörigen nicht wiederfinden konnten, war es erforderlich und unvermeidlich, diese Frage zu beantworten. Und das um so mehr, als jenseits der Oder Veränderungen eintraten, an die 1945 noch keiner ernsthaft gedacht hatte und die niemand hatte voraussehen können.

Aber die polnische Publizistik zeichnete sich generell dadurch aus, daß sie nicht an die Möglichkeit einer Erziehung der Deutschen glaubte. Das brachte zum Beispiel Jan Dobraczynski in »Dzis i Jutro« zum Ausdruck:

»Für uns hat das deutsche Problem ein ganz anderes Gesicht... Es geht nicht um den Glauben an »gute Deutsche. Der beste Deutsche, erzogen in der jahrhundertealten Schule der Kreuzritter und Preußen, ist jemand, den man nur schwerlich verändern kann... Ich habe früher schon darüber geschrieben: Haß ist das eine, und ein hartes, strenges, aber gerechtes Urteil ist etwas anderes. Wir hassen nicht. Jeder von uns hat durch die Deutschen einen nahen Angehörigen verloren. Das ist aber kein Grund, um seinen Zorn an irgendeiner dummen Deutschen oder einem deutschen Kind auszulassen.« Die katholische Publizistik stellte die Frage des Hasses der Polen auf die Deutschen oft auf ebendiese Weise dar.

Den vorprogrammierten Unglauben an die Existenz demokratischer Kräfte in der deutschen Bevölkerung habe ich selbst zu spüren bekommen. 1947 hielt ich an meiner Hochschule bei einem Seminar für Zeitgeschichte ein Referat unter dem Titel »Die Widerstandsbewegung im Dritten Reich«. Dabei vertrat ich die These vom Vorhandensein einer sowohl links- als auch rechtsorientierten derartigen Bewegung. Doch meine Kommilitonen ließen sich nicht davon überzeugen. Sie leugneten ganz einfach das Phänomen ab, und ein Diskussionsteilnehmer sagte mir sogar: »Solchen Firlefanz kann nur ein Hitlerfaschist erzählen.« Man stand also vor einer Wand, vor einer Mauer des Hasses.

Doch in Polen fanden sich Publizisten, die es vermochten, das Gefühl der Rache und des Hasses auf Deutschland und die Deuschen zu überwinden. Dazu gehörte E. J. Osmanczyk, der schon 1946 mit der von der Wochenschrift »Przekroj« mit dem ersten Preis ausgezeichneten Publikation »Sprawy Polakow« (Angelegenheiten der Polen) in ein Wespennest stach. Darin warnte der Autor seine Landsleute, daß das weitere Angeben mit Beschreibungen ihrer Verluste oder Kämpfe im Westen immer weniger Erfolg habe. Jetzt erwarte man dort von uns gewaltige gemeinsame Anstrengungen in Form von Arbeit und Organisation des gesellschaftlichen Lebens. Vorausschauend schrieb er: »Ein Jahr nach dem Krieg in die Zukunft blickend, müssen wir offen zugeben, daß wir in zwanzig Jahren, wenn der deutsche Fleiß unseren Fleiß überbietet, ob es uns gefällt oder nicht, von unserem westlichen Nachbarn abhängig werden können.«

In jenen Jahren schienen die Polen trotz vieler Diskussionen über die deutsche Frage vergessen zu haben, daß sie Nachbarn Deutschlands geblieben waren. E. J. Osmanczyk erinnerte sie daran und schrieb: »Berechnungen auf den vorübergehenden Zerfall eines Nachbarstaates zu stützen, ist sträflicher Selbstbetrug. Aus fremder Schwäche schöpft man noch keine eigene Kraft. Die Rechnung bleibt solange negativ, wie wir die eigene geringere Schwäche an der zufällig größeren Schwäche des Nachbarn messen.

Das deutsche Volk hat es mehrfach in der Geschichte verstanden, eine Macht zu begründen, die imstande war, uns umzubringen und der wir außer unserem Heldentum keine gleichwertige Kraft entgegenstellen konnten.

Wir Polen, die wir seit zweihundert Jahren ein chronisch schwaches Volk mit der Boshaftigkeit kranker Leute sind, behalten alle Fehler und Mängel und die sich daraus ergebenden Sünden unserer starken Nachbarn in Erinnerung. Über Vorzüge schweigen wir. Tugenden quittieren wir mit einem ironischen Lächeln. Das ist Vogel-Strauß-Politik.

Wenn wir eine ehrliche Rechnung aufmachen und ein Ergebnis erhalten wollen, nicht wie wir es gerne möchten, sondern wie es eines Tages bestehen kann, müssen wir in die konstante Nachbarschaft des polnischen und des deutschen Volkes alle Vorzüge der Deutschen und alle Mängel der Polen einsetzen. Erst dann werden wir wirklich wissen, was wir überwinden müssen, um es ihnen gleichzutun.«

In der zitierten Arbeit verlangtre E. J. Osmanczyk, sich auf die wirtschaftliche und sogar kulturelle Zusammenarbeit mit Deutschland vorzubereiten. Über eines aber war er sich klar: »Den Polen ein Jahr nach dem Kriege zu sagen, man müsse sich auf die Zusammenarbeit mit den Deutschen vorbereiten, kann akute Reizungen der Leber und Atembeschwerden in der Herzgegend auslösen.«

Der Autor dieser bitteren, aber schließlich so wahren Worte bekam denn auch so manches zu hören. Bei der »Przekroj«-Redaktion gingen ganze Stöße von beleidigenden, meist anonymen Drohbriefen in wütendem Ton ein. Wie sich herausstellte, hatte die Mehrheit der polnischen Bevölkerung es noch nicht vermocht, die Jahre des Krieges zu »überwinden«. Die Erinnerung daran war tief verwurzelt, und man hätte schwerlich erwarten können, daß sie wie Schnee in den Bergen im Frühjahr schmelzen werde.

Den kritischen Stimmen zum Buch Osmanczyks schloß sich Andrzej Szczypiorski an, der in dem Artikel »Wir müssen auf dem Posten ausharren« Osmanczyks Glauben an die Möglichkeit irgendeiner deutsch-polnischen Zusammenarbeit negierte und meinte, daß dessen Publikation weder richtig noch nötig sei. In außergewöhnlich scharfen Formulierungen warf Szczypiorski den Deutschen vor, sie seien ein ewig kriegslüsternes Volk, das ohne Kriege nicht existieren könne. Den Hinweis Osmanczyks, diesem Volk die Hand entgegenzustrecken, mißachtete er. Er behauptete, es sei eine Täuschung, zu erwarten, daß die Deutschen das polnische Opfer annehmen und nach Verständigung streben würden, denn es könne keine Rede davon sein, daß sie jemals mit irgend jemand auf einen Kompromiß eingehen würden. Scharf verurteilte Szczypiorski auch alle jene, die eine Änderung der Einstellung der Polen gegenüber den Deutschen verlangten, um sich nicht mit dem Bazillus des Hasses zu infizieren. Er schrieb, daß es in Polen Publizisten gäbe, die die angloamerikanische Meinung über das künftige Deutschland teilten und, in der »westlichen Orientierung« steckenbleibend, im gegebenen Falle zum Feind der polnischen Interessen würden, wobei sie die Pose von »Aposteln Deutschlands« annähmen und laut von der Notwendigkeit einer Änderung der politischen Linie gegenüber diesem Staate zu sprechen begännen. In dem Artikel schrieb Szczypiorski auch, daß das deutsche Volk erblich mit einem Instinkt des Kampfes belastet sei, gleichgültig mit wem und weshalb. Um zu leben, würden die Deutschen nie aufhören zu töten. Deshalb, stellte er fest, seien die Hoffnungen Osmanczyks leider unbegründet.

Recht hatte Leon Kruczkowski, der 1949 in einem Interview sagte: »Eines der schwersten Verbrechen des Nazismus, durchaus nicht geringer als die physische Ausrottung von Millionen Menschen, bestand darin, daß vielen europäischen Völkern, darunter insbesondere den Polen, für gewisse Zeit die Überzeugung vom verbrecherischen Charakter der Deutschen aufgezwungen wurde - aller Deutschen, ihres ganzen Volkes. Der deutsche Rassismus brachte gewissermaßen seine Widerspiegelung in den ebenso biologischen Kriterien der Einstellung anderer Völker zu den Deutschen hervor. Nur verhältnismäßig wenige dieser Völker widerstanden der kollektiven Faszination jener Jahre, und sie waren es auch, die nach der Niederlage des Faschismus die ersten Versuche unternahmen, den blutigen Nebel vor den Augen von Millionen Landsleuten zu lichten.«

Zum Schluß einige Überlegungen zur gegenwärtigen Situation. Jede Politik muß, um wirksam und glaubwürdig zu sein, über eine starke gesellschaftliche Basis verfügen. Wie verhält es sich damit im Falle Polens gegenüber Deutschland und in Deutschland gegenüber Polen?

In Polen ist in den Kreisen der gegenwärtigen Opposition im Parlament wie auch in den aus »Solidarnosc« hervorgegangenen Kreisen sehr stark die Annahme verwurzelt, daß die Kirchen bei der Verbesserung der Beziehungen zwischen Polen und Deutschland nahezu die Hauptrolle gespielt hätten. Das ist meiner Ansicht nach eine vereinfachte Beurteilung. Es ist, nach Friedrich Nietzsche, ein typischer Versuch, sich »a posteriori« eine solche Vergangenheit zu schaffen, wie man sie haben möchte, nicht aber, wie sie gewesen ist. Damit sich die Beziehungen zwischen Polen und Deutschen nach den so entsetzlichen Erfahrungen des

Zweiten Weltkriegs korrekt gestalten konnten, war nämlich nicht nur viel Mut in Polen erforderlich, sondern nötig waren auch ähnliche Kräfte in Deutschland – damals ging es um Westdeutschland –, die bereit waren, die Existenzbedingung der Polen, die Anerkennung der Grenze, zu akzeptieren. Das hat erst ein sozialdemokratischer und kein christdemokratischer Kanzler getan.

Einen großen Beitrag hat auch die evangelische Kirche geleistet. Man konnte nur schwerlich erwarten, daß sich die Einstellung der polnischen Bevölkerung zu Deutschland selbst nach der inneren Transformation und der eindeutigen Ausrichtung der Außenpolitik auf den Westen ändern würde. Wir wissen, daß eher die Furcht vor dem Ergebnis der Wiedervereinigung vorherrschte. Nur wenige Politiker vertraten andere Ansichten.

Tatsache ist, daß sich die Beziehungen zu Deutschland bei der polnischen Bevölkerung allgemeiner Zustimmung erfreuen, wenngleich es vereinzelte Situationen geben mag, die etwas anderes besagen. Die Polen fangen an, die nach Polen kommenden Deutschen, die hier ihre Unternehmen besitzen, normal zu behandeln, ohne jede Spur von Untertänigkeit. Die Deutschen nehmen auf der Skala der Beliebtheit, mit der die Polen andere Völker bedenken, einen hohen Platz ein. Das erwiesene Vertrauen in die Beständigkeit der Einstellung der Deutschen zu Polen macht sich bemerkbar.

Die Asymmetrie wird aber deutlich, wenn wir die Ergebnisse von Umfragen in Deutschland lesen. Dort plazieren sich die Polen auf der untersten Sprosse der Gewogenheitsleiter. Sie befinden sich in der Gesellschaft von Türken und Zigeunern.

Der gegenwärtige Beitrag Deutschlands zum Wirtschaftsleben Polens ist lediglich ein zusätzliches Element bei der Gestaltung der anerkennenden Einstellung gegenüber dem westlichen Nachbarn. In Deutschland war dagegen seit Jahren die Ansicht vom schlechten Haushalten der Polen verbreitet (»polnische Wirtschaft«), und eine von den Deutschen wahrgenommene Eigenschaft der Polen war deren Gewitztheit. Obwohl man den Patriotismus und die Freiheitsliebe der Polen hervorhob, sprach man gleichzeitig von der Anarchie im politischen Leben Polens (»polnischer Landtag«).

Daher sind die beiden Völker heute auch dazu gerufen, ihre gegenseitige Einstellung zu verändern. Andernfalls werden die guten Beziehungen, die gegenwärtig zwischen den Eliten bestehen, nicht zu den Ergebnissen führen, die sie haben könnten, wenn sie durch eine breite gesellschaftliche Befürwortung untermauert wären.

Daher wird es auch erforderlich, auf den einzelnen Ebenen und zwischen den verschiedenen gesellschaftlichen Gruppen von Deutschen und Polen vielseitige Verknüpfungen herzustellen.

Der Kampf gegen stereotype Vorstellungen ist, auch wenn er von einigen Leuten als hoffnungslos angesehen wird, in den gegenseitigen deutsch-polnischen Beziehungen ein Gebot der Stunde. Stereotype kann man nicht durch Verbote oder Beschlüsse verändern. Ihre Stereotype »verdienen« sich die einzelnen Nationen selber. Die deutsch-polnischen Beziehungen bedürfen ständiger, geduldiger Betreuung.

Die deutsch-polnischen Beziehungen müssen auf moralischen Prinzipien basieren, obwohl diese durch das Verschulden nicht ernst zu nehmender Politiker manchmal nicht sonderlich ernst sind. Selbst die Geschichte der letzten Jahrzehnte hat gezeigt, daß sich das Negieren der moralischen Werte als nachteilig für die Dauerhaftigkeit der Beziehungen erweist.

Heute, am 14. Juli 1996, sitzen hier in Cieplice, dem ehemaligen Bad Warmbrunn, Polen und Deutsche gemeinsam an einem Tisch. Sie diskutieren freimütig über die Probleme ihrer Länder und ihrer Bevölkerungen. Wir berühren Themen, die - besonders in Polen - viele Jahre lang tabu waren. Dadurch wird der Prozeß des gegenseitigen Verstehens erleichtert.

In Polen durchgeführte Umfragen über die Einstellung der Polen zu den Deutschen zeugen von zunehmendem Vertrauen zum westlichen Nachbarn und von einer Vertiefung der Zusammenarbeit selbst auf solchen Gebieten, von denen man vor wenigen Jahren kaum hätte träumen können. Die beiden Armeen, Bundeswehr und Polnisches Heer, unterhalten zahlreiche Kontakte, und 40 % der Polen unterstützen diese Zusammenarbeit.

Wer hätte in früheren Jahren von der Betreuung der Soldatengräber des Ersten und Zweiten Weltkriegs sprechen und sich dafür einsetzen können! Heute ist auf diesem Gebiet die Stiftung »Gedenken« tätig, deren Begründer ich bin. Wir legen Friedhöfe für die Opfer des Zweiten Weltkriegs an und erblicken mehr darin als nur einen Beitrag zur Normalisierung der gegenseitigen Beziehungen.

Die Polen müssen lernen, ihren deutschen Partner zu achten. Die Einstellung der polnischen Bevölkerung darf nicht - wie es manchmal noch geschieht - von der Voraussetzung ausgehen, daß man die Deutschen nach dem Zeitpunkt des Mai 1945 behandeln kann. Die Deutschen sind sich ihrer Schuld gegenüber den Polen bewußt, und es ist nicht nötig, sie daran zu erinnern; so, wie sich die Deutschen nicht über das tragische

Schicksal ihrer Landsleute aufregen sollten, die nach der beispiellosen Katastrophe des NS-Reiches aus ihrer alten Heimat vertrieben worden sind. In unseren Beziehungen brauchen wir eine Normalisierung, die mit der Humanisierung dieser Beziehungen verbunden sein sollte.

Mögen auch so schnell wie möglich die am 13. Mai 1996 in Warschau ausgesprochenen Worte von Bundesverteidigungsminister Volker Rühe in Erfüllung gehen, daß nämlich derjenige, der unsere Beziehungen einschätzt, sagen kann: Solange die Welt besteht, haben sich Deutsche und Polen noch nie so brüderlich nahegestanden.

Günter Krusche

Polen und Deutsche
Versöhnende Erinnerungen

I. Erinnerung

Das Vergangene ist nicht tot, es ist nicht einmal vergangen
Christa Wolf, Kindheitsmuster

Ja, so ist es. Noch ganz lebendig, ja gegenwärtig ist mir Polen als Kindheitsparadies, genauer: Pabianice bei Lodz, wo einer meiner Vorfahren, Gottlieb Krusche, vor knapp 150 Jahren, dem Ruf des damaligen Zaren folgend, sich angesiedelt hatte, um dort eine Textilfabrik zu gründen, die wuchs und sich ausweitete, so wie auch die Familie Krusche, die seither in vielen Seitenzweigen dort existierte. Die Firma »Krusche & Ender« war bis 1945 ein Begriff.

Mein Vater, Jahrgang 1902, war bereits 1919 über die Grüne Grenze nach Deutschland gekommen, um der Wehrpflicht im polnischen Heer zu entgehen. So kam er nach Dresden, wo ihm Dr. Flach, sein verehrter Lehrer vom Deutschen Gymnasium in Pabianice, den Weg ebnete. Dort heiratete er meine Mutter und arbeitete schließlich als Finanzbeamter im Landeskirchenamt Sachsens. Sein Anfang in Deutschland liegt für mich im Dunkel; er muß schwer gewesen sein. Lange Zeit erhielt er keine Papiere, deshalb dauerte es viele Jahre, bevor er heiraten durfte, und noch länger, bevor er einen Reisepaß erhielt und wieder in seine Heimat reisen konnte.

In den dreißiger Jahren erlebte ich die Großfamilie Krusche, alle mehr oder weniger betucht. Wir wurden in einem schwarzen Mercedes von einem bemützten polnischen Chauffeur gefahren. Ich wurde über knirschende Kieswege und große Freitreppen geführt – ein krasser Gegensatz zu den mehr kleinbürgerlichen Verhältnissen, aus denen meine Mutter stammte. Bei den Krusches wurde viel gefeiert. Polnische Kindermädchen und Hausmeister kümmerten sich um uns. Ich lauschte auf die fremde Sprache, aber außer »danke« und »bitte« konnte ich mir nichts merken. Das änderte sich erst später, im Kriege. Und das kam so:

Bereits am 1. Mai 1940 wurde mein Vater zum Militärdienst einberufen und als »Wehrmachtsangestellter« in das besetzte Polen abgeordnet.

Der Zufall wollte es, daß er in das Rüstungskommando Litzmannstadt (so wurde Lodz zum Leidwesen der Lodzer genannt) kam. Sein Glück war, daß ihm genehmigt wurde, bei seiner Mutter (der Vater war inzwischen gestorben) in Pabianice, 15 km entfernt, zu wohnen.

Dieser Umstand machte es möglich, daß wir, meine Mutter, mein jüngerer Bruder und ich, meinen Vater jeweils in den Sommer- und Weihnachtsferien besuchen konnten, zunächst noch mit Passierschein, dann, als der »Reichsgau Wartheland« des Gauleiters Greiser gegründet worden war, ohne Visa-Probleme. So kam es, daß für mich Polen zum Paradies meiner Kindheit wurde, bis wir daraus vertrieben wurden. Aber noch immer ist es in meiner Erinnerung lebendig: »Das Vergangene ist nicht tot.« – Das Haus meiner Großeltern stand in der ul. Moniuszki, die Nazis nannten sie dann Richard-Wagner-Straße. Manches war für mich befremdlich: die kopfsteingepflasterten Straßen, die bei Gewitter überfließenden Rinnsteine, die kleinen Holzhäuser mit Teerdach in der Umgebung und die riesigen Holzwände, die viele Grundstücke gegen neugierige Blicke abschirmten. Mit meinen Cousins spielten wir in den riesigen Gärten der Verwandten. Es gab – vor allem in den ersten Kriegsjahren – noch genügend zu essen; für mich war das ein Schlaraffenland, denn im »Reich« hatten wir schon lange Lebensmittelkarten.

Aber sehr bald bekam das Kindheitsparadies dunkle Stellen:

(1) Da war das kleine Ghetto in der Pabianicer Altstadt. 1940 konnte ich noch an der Hand meines Vaters hindurchgehen. Ich sah die jüdischen Hilfspolizisten mit ihren Gummiknüppeln. Ich wunderte mich über ihre Sprache, die ich manchmal verstand, manchmal nicht. Ich staunte über die alten Juden mit Fellmütze und Kaftan, die jungen mit ihren Locken und Gebetsriemen. Eine fremde Welt. Außerhalb des Ghettos durften Juden den Gehweg nicht benutzen. So liefen sie auf dem Kopfsteinpflaster. Warum nur? Ein Jahr später waren sie verschwunden, ihre Häuser verlassen, teils geplündert, teils niedergerissen. In Pabianice gab es plötzlich hochherrschaftliche Wohnungen zu vermieten. Wenn wir durch die Petrikauer Straße in Lodz fuhren, kamen wir an Stacheldrahtverhauen vorbei, hinter denen sich viele Juden drängten; an einer Stelle gab es sogar einen behelfsmäßigen Übergang über die Straße – alles von SS oder Polizei bewacht. Da kamen die Fragen des Kindes auf. Mit leiser Stimme gab mir mein Vater eine vorläufige Erklärung. Mit jedem Jahr wurde es schlimmer. Als wir 1944 im Sommer hindurchfuhren, kam mir alles recht verlassen vor. Damals sah ich auch Lastwagen, auf denen Juden – teils liegend – transportiert wurden. Wohin? Achselzucken der Erwachsenen. Den Namen Auschwitz hörte ich schon damals, aber nur geflüstert.

(2) Da war die Familie Weiss im Hinterhaus meiner Großmutter. Ich traf mich mit den Kindern unter dem riesigen Birnbaum. Manchmal sah ich die Eltern, auch die Großeltern. Freundliche, kluge, hochgewachsene Menschen. Sie waren Lehrer, hatten nun Berufsverbot. Meine Großmutter klärte mich auf: Polen durften nur noch geringe Arbeit verrichten. Diener sollten sie sein. Sie fand das selbst auch nicht gut. Gerade die Weiss' waren so nette Leute! Waren Polen schlechter als Deutsche?

(3) Peinlich war das Einkaufen. Deutsche brauchten sich nicht in die Warteschlange zu stellen. Auch wenn viele Polen warteten, ging der Deutsche nach vorn. Meiner Mutter war das peinlich. Sie stellte sich hinten an. Aber das schien auch nicht richtig zu sein. Die Polen rückten von ihr ab. Schließlich wurde sie nach vorn gerufen. Da merkte ich, daß die Polen andere Lebensmittelkarten hatten, mit rotem Aufdruck. Sie bekamen keine Butter, nur Margarine, kein Weißbrot, nur Roggenbrot, und so weiter. Von da an betrachtete ich argwöhnisch meine Umgebung. Ich wollte wissen, wer die Polen waren. Ich fragte meine Cousins; sie hatten noch polnische Freunde. Doch sie konnten sich nur heimlich treffen. Oft verboten auch die Eltern den Umgang mit den Deutschen. Als meine Cousins aufs Gymnasium kamen, war es auch damit vorbei. Polen durften nicht aufs Gymnasium, nicht auf die Schule, nicht in den Fußballklub. Nichts durften sie. Dabei hörte ich so viel Gutes über sie. Auch im Haus meiner Großmutter wohnten noch viele von ihnen, bezahlten pünktlich ihre Miete. Wir kamen ins Gespräch. Aber ein gewisses Mißtrauen blieb. Wir waren ja aus dem »Reich«. Vielleicht hielten sie uns für Nazis? »Warum ist das so mit den Polen?« fragte ich. Antwort: »Sie haben den Krieg verloren!« War das eine Antwort?

(4) Als wir im Sommer 1944 zum letztenmal zu einer Kindtaufe nach Pabianice kamen, war von meinem Paradies nicht mehr viel übrig. Mein Vater, dann doch noch zu den regulären Truppen eingezogen, war im Mai 1944 im Lazarett gestorben. Die Russen standen schon an der Weichsel, nicht mehr weit entfernt. Wir erlebten dort den 20. Juli 1944. Plötzlich änderte sich das Verhalten vieler Polen uns gegenüber. Als wir mit dem Landauer nach Belchatow, 36 km entfernt, fuhren, riefen uns Polen »Kapitalist« nach und drohten mit den Fäusten. Aus dem Generalgouvernement kamen manchmal Partisanen herüber. Deshalb durften wir nicht mehr allein in den Wald gehen. Als wir es trotzdem taten, gab es harte Strafen von meinem Onkel. In den D–Zug nach Breslau durften wir nur ungehindert einsteigen, weil wir »Reichsdeutsche« waren. In der Seitenwand des Waggons neben dem Fenster war ein Einschuß zu sehen. Der Zug war aus Warschau gekommen. »Partisanen«, hieß es. Ich erinnere

mich noch gut: Das war ein Abschied für immer. Und so war es auch. Ende Januar 1945 kamen unsere Verwandten als Flüchtlinge zu uns, manche stumm vor Kummer, gezeichnet von zwei Wochen Flucht. Ein Onkel sagte: »Wir sind gefallen! Wir sind aus dem Gelobten Land vertrieben.«

II. Reflexion

(1) Ich verdanke den Reisen zu meinem Verwandten nach Pabianice neben unvergeßlichen Eindrücken die frühzeitige Sensibilisierung für zeitgeschichtliche Vorgänge und eine gewisse kritische Distanz zur Nazipropaganda. Wie von selbst lernte ich, daß Ausländer, ja sogar Feinde gute Nachbarn sein können. Ich mokierte mich als Heranwachsender über die Engstirnigkeit meiner Verwandten in Sachsen, die von meinen guten Begegnungen mit Polen nichts wußten und in den bekannten Klischees von »polnischer Wirtschaft« und so weiter verharrten. Von Auschwitz gar wollten sie nichts wissen. Auch die Ereignisse um den 20. Juli 1944, die in den Zeitungen im Stil der Nazipropaganda ausführlich und sadistisch dargestellt wurden, sah ich im Lichte der Gespräche um den Familientisch mit eigenen Augen. Dr. Flach, der meinen Vater in Dresden gefördert hatte, selbst Reserveoffizier, war ein guter Freund Dr. Goerdelers gewesen. Ich höre noch den Ausspruch seiner Schwester: »Goerdeler ist kein Verbrecher.« Seitdem habe ich die Geschehnisse um den 20. Juli 1944 mit besonderer Aufmerksamkeit verfolgt.

Vor allem aber ist eine Liebe zu den Weiten des Landes Polen und zu seinen Menschen geblieben. Diese hat mich auch in den ersten Jahren nach dem Krieg vor undifferenzierten Urteilen bewahrt, obwohl viele Flüchtlinge Schreckliches zu berichten wußten. Aber ich hatte ja das Leid gesehen, das Deutsche Juden und Polen angetan hatten, und konnte daher nicht ohne weiteres in die Klagelieder über die »bösen Polen« einstimmen. Meine Frau, Jahrgang 1936, die aus dem Kreis Görlitz stammt, weiß viel von ihren Ängsten zu berichten, als ihr ein Pole das Fahrrad mit Gewalt wegnahm oder nachts Alarm im Dorf gegeben wurde, wenn wieder einmal eine Gruppe Polen über die Neiße gekommen war. Aber die frühen Begegnungen mit polnischen Menschen haben mir dazu verholfen, solche individuellen Ausbrüche des Hasses in den größeren Zusammenhang der deutsch-polnischen Geschichte einzuordnen. Es ist ja eine Geschichte voller Krieg und Unrecht. Die drei »polnischen Teilungen« haben zu Vorbehalten gegen uns Deutsche geführt, die uns vor die

Aufgabe der Versöhnung stellen. Daraus ergibt sich eine erste Konsequenz: Schaffen wir Möglichkeiten der Begegnung zwischen jungen Menschen aus Deutschland und Polen so früh wie möglich, damit die bekannten Klischees und Vorurteile abgebaut werden oder gar nicht erst entstehen können.

(2) In den ersten Nachkriegsjahren war viel von der Vertreibung der Deutschen aus Schlesien, Pommern und Ostpreußen die Rede. Eine Tante meiner Frau brach fast immer in Tränen aus, wenn die Rede auf ihre niederschlesische Heimat kam. In den ersten Jahren hofften viele Flüchtlinge auf die Heimkehr. Aber diese Hoffnung schwand mit der Zeit. In der DDR, in der ich lebte, gab es keinen öffentlichen Diskurs über das Thema. Denn die Oder-Neiße-Grenze wurde als »Friedensgrenze« definiert; sie war konstitutiv für das sowjetische Machtsystem im »Kalten Krieg«. Die deutsch-polnische Freundschaft wurde von oben verordnet, weil Polen ja als »sozialistisches Bruderland« galt. Wer von der alten Heimat sprach, sah sich rasch als »Revanchist« disqualifiziert, so daß es kaum eine offizielle Diskussion über die Aufarbeitung der deutsch-polnischen Geschichte gab. Erst Christa Wolf brach das Schweigen 1976 mit ihrem Buch »Kindheitsmuster«. Aber nach dem Jahr 1981 mit dem Aufkommen der Solidarnosc-Bewegung wurde die Diskussion bereits wieder abgeblockt, statt dessen wurde der visafreie Verkehr, der seit 1972 zu zahlreichen Begegnungen vor allem junger Menschen geführt hatte, wieder eingeschränkt, ja die alten Vorurteile kamen wieder hoch, wenn die Polen zu viel in den Läden einkauften und damit den »sozialistischen Aufbau«, der damals schon in der Krise war, gefährdeten. An diesem Phänomen wurde schlagartig deutlich, daß es in der DDR keine wirkliche Aufarbeitung des Verhältnisses von Deutschen und Polen gegeben hatte.

Das war anders in den Kirchen, die sehr bald Kontakte zueinander aufnahmen. Ich erinnere mich an den ersten Besuch einer Delegation der polnischen Evangelischen Kirche A.B. im Lückendorfer Predigerseminar in Sachsen unter Senior Preiss Ende der fünfziger Jahre, den ich auf gemeinsame Bekannte ansprechen konnte. Schon damals war uns klar, daß wir nur dann Versöhnung erlangen werden, wenn wir offen alles aussprechen dürfen, was uns bewegt. Da war auch noch die schmerzliche Auseinandersetzung um den polnischen lutherischen Bischof Bursche, der im KZ starb, die das Verhältnis von deutschen und polnischen Lutheranern schwer belastet hatte, wie ich auch von meinen Verwandten wußte, für die Deutschtum und Luthertum noch ganz eng zusammengehörten. Doch im Unterschied zur politischen Szene der DDR konnten wir offen aussprechen, was uns belastete, auch die Not der Vertriebenen. Aber wir nahmen auch zur Kenntnis, daß ja Polen aus dem Osten, der an die Sowjetunion abgetreten werden mußte, nun in Schlesien eine neue Heimat fanden; und deren Leid relativierte das eigene.

Daraus möchte ich als weitere Konsequenz ableiten: Ohne den offenen, rückhaltlosen Diskurs über die schmerzlichen und belastenden Erfahrungen auf beiden Seiten können Aufarbeitung der Geschichte und Versöhnung nicht gelingen. Nur wenn wir den circulus vitiosus der Vergeltung (»Auge um Auge, Zahn um Zahn«) aufbrechen, werden sich tragfähige Lösungen für unser zukünftiges Miteinander finden lassen.

(3) Wir begriffen auch sehr bald, daß Versöhnung ohne Vergebung nicht sein kann; aber Vergebung hat das Bekenntnis von Schuld zur Voraussetzung. Deshalb war auch für uns im Osten Deutschlands das Stuttgarter Schuldbekenntnis vom 19. Oktober 1945 von großer Bedeutung, und zwar nicht nur in den bekannten Formulierungen »Wir klagen uns an, daß wir nicht mutiger bekannt, nicht treuer gebetet, nicht fröhlicher geglaubt und nicht brennender geliebt haben«, sondern auch in dem Bekenntnis der »Solidarität der Schuld« mit dem ganzen deutschen Volk: »Mit großem Schmerz sagen wir: Durch uns ist unendliches Leid über viele Völker und Länder gebracht worden.« Dieses Bekenntnis wurde uns leichter gemacht durch die zahlreichen Begegnungen mit Vertretern der polnischen Lutheraner, später auch mit dem polnischen Ökumenischen Rat. Ich lernte die Bischöfe Wantula und Narczinski im Lutherischen Weltbund kennen und erfuhr von ihnen überwältigende Brüderlichkeit, die dann in der nächsten Generation, die ich in dieser Runde durch meinen Freund Andrzej Wójtowicz vertreten sehe, ganz selbstverständlich wurde, obwohl sie doch nicht selbstverständlich ist, sondern ein Geschenk der Gnade Gottes.

Deshalb betrachte ich die Kirche in ihrer Solidarität mit den Sündern als Schrittmacherin der Versöhnung zwischen den Feinden von gestern. Denn wenn Jesus uns zur Feindesliebe aufruft, steht dahinter die Erkenntnis: Die Feinde von gestern müssen die Freunde von morgen werden, sonst gibt es keine Zukunft – für keinen von beiden.

Ich nenne abschließend zwei wichtige Initiativen, die ihre Anfänge noch vor dem Erscheinen der Ostdenkschrift der EKD im Oktober 1965 hatten: Die »Aktion Sühnezeichen«, 1958 von dem Magdeburger Präses Kreyßig gegründet, die nach schwierigen Anfängen Gruppen von Jugendlichen zu den KZ-Gedenkstätten in Polen entsenden konnte und damit Versöhnungsarbeit begann. Außerdem gelang es, im Rahmen der ökumenischen Studie »Mission als Strukturprinzip« neben tschechischen auch ökumenisch gesinnte polnische Theologen und Laien zu uns einzuladen. Später kamen weitere Initiativen hinzu, zum Beispiel der »Arbeitskreis Polen« beim Ökumenisch-Missionarischen Zentrum in Berlin und der Bau des Kinderkrankenhauses in Warschau, der eine gute Gelegenheit schuf, bei Arbeitseinsätzen und Begegnungstagungen Vorurteile abzubauen und sogar Freundschaften zu begründen. Das Besondere der ökumenischen Gemeinschaft mit den polnischen evangelischen Kirchen war – im Unterschied zu den EKD-Gliedkirchen in der Bundesrepublik Deutschland – das Wissen um die gemeinsamen Herausforderungen durch den atheistischen Weltanschauungsstaat, das Leben in einer sozialistischen Gesellschaft und die Minderheitssituation.

Bei allen diesen Begegnungen, soweit ich daran teilnehmen konnte, fiel mir auf, wie leicht die Kommunikation mit Polen gelingt, wenn man nur offen auf sie zugeht, wieviel Mut und Optimismus sie aufbringen, wenn es um die Gestaltung von Zukunft geht, und wie klug sie die Chance des Augenblicks zu nutzen wissen. Unvergeßlich ist mir ein Ausspruch meines Kollegen, des Praktischen Theologen Professor Gryniakow aus Warschau, der vor etwas mehr als 15 Jahren zu mir sagte: »Wir haben drei Teilungen überstanden, wir werden auch den Sozialismus überstehen!« Wie man sieht, hatte er recht.

Andrzej Wójtowicz

Einunddreißig Jahre nach der Ostdenkschrift Deutsch-polnische kirchliche Beziehungen seit Kriegsende

Das Jahr 1995 brachte viele Anlässe zum Nachdenken und zur Reflexion. Die wichtigen Ereignisse in der neuesten Nachkriegsgeschichte wurden bedacht. Einige Gedenktage haben deutsche und polnische Christen auch gemeinsam begangen: fünfzig Jahre seit dem Ende des Krieges, fünfzig Jahre Stuttgarter Schulderklärung, und vor allem dreißig Jahre Ostdenkschrift. Diese Anlässe hatten Bedeutung für das deutsch-polnische Verhältnis. Besonders die Ostdenkschrift markiert eine neue, weitreichende Etappe in der öffentlichen Diskussion um das Verhältnis zu Polen nach dem Zweiten Weltkrieg.

Meine Ausführungen sind der Versuch einer Zwischenbilanz gemeinsamer Beziehungen – ein kritischer Rückblick auf die Stationen der Versöhnung. Versöhnung war im kirchlich-ökumenischen deutsch-polnischen Dialog von Anfang an ein zentraler theologischer Begriff, ein legitimes Kriterium für die Bewertung der deutsch-polnischen Beziehungen. In dieser Versöhnungsarbeit haben beide Seiten auch ein Stück politischer Verantwortung für ihre jeweilige Gesellschaft wahrgenommen. Sie waren sich dessen bewußt, daß gerade in einer Zeit, in der es zu Anfang Beziehungen zwischen beiden Staaten überhaupt nicht gab und diese sich später nur sehr schwach entwickelten, die Christen beider Länder stellvertretend für die anderen Gruppen der Gesellschaft – und auch für die Politik – eine wichtige Aufgabe übernommen haben.

I. Anfänge der Kirchenbeziehungen – ein schwieriger Beginn

Den Prozeß der Normalisierung des Verhältnisses zwischen Polen und der Bundesrepublik Deutschland haben die evangelischen Kirchen begleitet. Partner auf deutscher Seite sind Landeskirchen, Evangelische Akademien, Jugendorganisationen und viele andere kirchliche Gruppen bis hin zu Gemeinden. Auf der polnischen Seite der Partnerschaft stehen die Mitgliedskirchen – evangelische, orthodoxe und altkatholische – des Polnischen Ökumenischen Rates. Wenn wir den polnischen Partner des deutsch-polnischen Dialogs genauer definieren, dann beschränkt er sich in der Praxis auf zwei evangelische Kirchen: die Lutherische und die Reformierte Kirche.

Nach dem Zweiten Weltkrieg hat sich die Bekenntnisgeographie in Polen verändert. Dominierend ist zweifellos die Römisch-Katholische Kirche (bis 1939 64 % der Gesamtbevölkerung); die anderen Kirchen sind Diaspora-Kirchen. Juden (bis 1939 etwa 10 % der polnischen Bevölkerung) sind aus der Bekenntnislandkarte praktisch verschwunden.

Wie man aus der Geschichte weiß, war die politische Situation nach Beendigung des Zweiten Weltkriegs nicht nur neu, sondern auch schwierig für die evangelischen Kirchen in Polen. Besonders kompliziert waren die Probleme der evangelischen Seelsorge in den ehemaligen deutschen Gebieten Masuren, Pommern und Schlesien. Mangel an Pfarrern brachte zusätzliche Komplikationen. Nicht selten wurden die polnischen Protestanten als »Deutsche« angesehen. Die evangelischen Kirchen in Polen waren sich jedoch schon damals dessen bewußt, daß trotz der schweren Aufgaben im eigenen Lande die ökumenischen Kontakte mit den konfessionellen Weltorganisationen und dem Ökumenischen Rat der Kirchen in Genf lebensnotwendig für die Kirchen waren.

Aber die Kontaktaufnahme mit den westdeutschen Kirchen ließ einige Jahre auf sich warten. Es gab zwar Kontakte des »Kirchendienstes Ost«. Jedoch pflegte diese Organisation nur zu einzelnen evangelischen Deutschen die Verbindung, und das eher konspirativ.

»Später als mit anderen Kirchen in Osteuropa entwickelten sich ökumenische Kontakte mit Polen«, berichtete der damalige Mitarbeiter des Kirchlichen Außenamtes der Evangelischen Kirche in Deutschland (EKD) in Frankfurt, Hanfried Krüger. »Schon Anfang und Mitte der fünfziger Jahre waren seitens der Evangelischen Kirche in Deutschland Beziehungen zu den Kirchen in der Sowjetunion beziehungsweise in der Tschechoslowakei aufgenommen worden. Beziehungen zu den nichtkatholischen Kirchen in Polen ließen indes auf sich warten. Zu schwer lasteten die unheilvollen Hypotheken der jüngsten Vergangenheit auf dem Verhältnis der beiden Völker, hatte doch Polen an den im Zweiten Weltkrieg gebrachten Opfern den relativ höchsten Anteil zu verzeichnen«.

Unmittelbar nach dem Zweiten Weltkrieg richtete sich das Interesse der deutschen evangelischen Kirchen nicht auf Polen. Generell kann man sagen, daß nach Ende des Zweiten Weltkrieges ihr Blick nach Westen gerichtet war. Ein Beweis dafür ist, daß die Stuttgarter Schulderklärung sich nur an die westliche Weltökumene wandte. In Stuttgart baten die deutschen evangelischen Kirchen um Vergebung bei Kirchen aus dem Westen. An Polen, Russen oder Juden hat man damals nicht gedacht.

Es gab jedoch einzelne in der Bundesrepublik Deutschland lebende Christen, insbesondere gebürtige Schlesier und Ostpreußen, die – sehr oft aus biographischen Gründen – wissen wollten, wie es wirklich in Polen zuging. In der Zeit vom 22. September bis 7. Oktober 1955 weilte eine Delegation evangelischer Christen aus der Rheinischen Kirche in Polen, wenn auch nicht auf eine kirchliche Einladung hin, sondern auf Einladung des Polnischen Friedenskomitees. Diese Delegation suchte auch Kontakte zur Evangelischen Kirche in Polen. Damals herrschte selbst in der Evangelisch-Augsburgischen Kirche Polens gegenüber den evangelischen Christen in Deutschland eine erhebliche Spannung. In dem Bericht, den ich vom Delegationsmitglied Pfarrer Esser erhielt, hieß es: »Wir waren damals sechs Personen: Pfarrer Buckert mit seiner Frau, auch aus Duisburg, der Sohn von Professor Hans Harder aus Wuppertal (er selbst konnte leider nicht mitfahren), der Schriftsteller Lipinski-Gottesdorf aus Köln, früher Schlesien, meine Frau und ich. Zuvor hatte ich, um die Verbindung mit der EKD aufrechtzuerhalten, den Vertreter des Kirchendienstes Ost, Herrn Professor Dr. Kruska, in Berlin besucht. Ich wollte feststellen, welche Verbindungen die EKD mit den Evangelischen Kirchen in Polen hatte. Er erklärte, es gäbe überhaupt keine Verbindungen. Sie hätten nur durch Decknamen Beziehungen zu einzelnen evangelischen Deutschen in Polen. Ähnlich sagte es mir seine Vertreterin Frau A. Rhode, die wohl aus dem Posener Land stammte. Vorher hatte ich mich in Verbindung gesetzt mit Pastor Niemöller und dem Präses der Westfälischen Kirche Wilm. Sie baten mich, doch einmal festzustellen, warum Pfarrer Preiß von Bromberg und Pfarrer Hauptmann aus Kattowitz ihnen gar nicht geschrieben hätten, wo sie doch mit ihnen im Konzentrationslager Dachau zusammengewesen seien. Als erstem kamen wir dann in Warschau mit dem Bischof der Polnischen Evangelisch-Lutherischen Kirche Augsburgischen Bekenntnisses, Herrn Kotula, in seinem Konsistorium zusammen. Er erklärte uns, sie hätten sich zuerst überlegt, ob sie uns überhaupt empfangen sollten, da ja sein Vorgänger Bischof Bursche mit fast seiner ganzen Familie von den Deutschen umgebracht worden sei. Aber dann hätten sie sich gesagt, daß wir Christen von der Vergebung Gottes lebten und für die Versöhnung eintreten sollten. Aber wenn wir die Evangelischen Kirchen in Polen besuchen würden, könnten wir feststellen, daß dort überall Gedenktafeln zu finden seien, auf denen stehe: Unser Pfarrer wurde von den deutschen Soldaten erschossen. Es seien noch etwa 250.000 evangelische Deutsche in Polen. Aber es gäbe nur noch zwei beziehungsweise drei evangelische Pfarrer in Polen, einen in Schweidnitz, einen in Liegnitz und einen wohl in Ostpreußen. Bischof

Michelis lehnte leider unseren Vorschlag ab und sagte: Wir sind eine selbständige Kirche und brauchen keine Hilfsprediger aus der Bundesrepublik. Auf unserer Reise wurden wir übrigens von Pfarrer Waldemar Preiß aus Bromberg begleitet und betreut, der etwa die Stellung eines Generalsuperintendenten in dem Gebiet der polnischen Nordprovinzen etwa von Stettin bis Allenstein von der Polnischen Evangelisch-Lutherischen Kirche innehatte. Er war sofort nach dem Einmarsch der deutschen Truppen 1939 in Bromberg verhaftet und zuerst in das Konzentrationslager Sachsenhausen, später nach Dachau gebracht worden, wo er, wie gesagt, Martin Niemöller und Präses Wilm traf. Er ist dann 1945 von den Amerikanern befreit worden«. Soweit dieser Bericht.

Hanfried Krüger datierte den offiziellen Anfang der ökumenischen Kontakte zwischen den Evangelischen Kirchen in Polen und denen in der Bundesrepublik Deutschland auf 1957. Damals besuchte erstmals Kirchenpräsident Martin Niemöller die Evangelischen Kirchen in Polen. Man muß hier jedoch hinzufügen, daß eine erste Annäherung bereits im August 1956 stattfand, als (im Zuge der Liberalisierung in Polen) eine Delegation der Polnischen Lutherischen Kirche zum Evangelischen Kirchentag nach Frankfurt fahren konnte. Ihre Begegnungen und Gespräche bereiteten erst den Boden für den Besuch Niemöllers, der - auch das ist ein Zeichen für die damalige Situation - nur einen offiziösen Charakter hatte, keinen offiziellen, und der in Deutschland auf ein geteiltes Echo traf. Die polnische Kirchenzeitung »Straznica Ewangelicka« (Nr. 7/1957) schrieb darüber: »Der Besuch Pfarrer Niemöllers in Polen war die erste wichtige und offizielle Begegnung der Evangelischen Kirche in Deutschland mit den Evangelisch-Augsburgischen Kirchen in Polen sowie des deutschen Volkes mit dem polnischen Volke. Er wird unzweifelhaft dazu beitragen, nähere Beziehungen zwischen den beiden Kirchen und Völkern zu knüpfen«. Die EKD jedoch bezeichnete diese Reise nicht als offiziellen oder amtlichen Besuch. Während der fünfziger und Anfang der sechziger Jahre hatten die evangelischen Kirchen beider Länder keine offiziellen Kontakte. Vielmehr kennzeichneten sporadische Besuche von Einzelpersonen aus der Bundesrepublik Deutschland die Verbindungen zwischen den Christen beider Länder.

Kontakte polnischer evangelischer Kirchenvertreter mit Vertretern der Evangelischen Kirchen in Deutschland fanden nur gelegentlich in multilateralem Rahmen auf dem Boden von internationalen ökumenischen Organisationen statt: beim Ökumenischen Rat der Kirchen (ÖRK), beim Lutherischen Weltbund (LWB), bei der Konferenz Europäischer Kirchen (KEK), und auch bei der Christlichen Friedenskonferenz (CFK).

Man muß hier betonen, daß diese ersten Schritte von einzelnen evangelischen Christen oder kleinen Gruppierungen deutscher Schwestern und Brüder mit den polnischen Partnern auch in Polen selbst positiv aufgenommen wurden.

Die ersten Begegnungen der evangelischen Vertreter aus der Bundesrepublik Deutschland in Polen waren geprägt vom Bewußtsein der Schuld des deutschen Volkes an dem, was die Polen im Zweiten Weltkrieg erleiden mußten, vom Bewußtsein der Schuld, daß die Christen in Polen sehr hatten leiden müssen und daß Kirchen in Polen in diesem Krieg einen hohen Preis zahlen mußten. Besonders schwer hatten es die Evangelischen Kirchen.

Für Polen war es deshalb schmerzhaft zu hören, daß Kirchenpräsident Martin Niemöller und andere Besucher aus der Bundesrepublik Deutschland nicht offiziell, sondern eher als Privatpersonen nach Warschau gekommen waren, um die ersten Schritte zur Versöhnung zu tun. Trotz der schrecklichen Vergangenheit stellten die frühen Besucher mit Erstaunen fest, daß ihnen weder Haß noch Vorurteile entgegenschlugen.

Zu den erwähnenswerten Kreisen, die sehr früh an Polen gedacht haben, gehörte der Beienroder Konvent, der Kreis ehemaliger ostpreußischer Pfarrer unter Leitung von Professor Hans-Joachim Iwand und Pfarrer Horst Symanowski. Bei einem Besuch des Warschauer Pfarrers Ryszard Trenkler im Oktober 1962 hat der Beienroder Konvent eine sehr wichtige und mutige Stellungnahme zur Oder-Neiße-Grenze abgegeben. Diese Beienroder Erklärung lautet: »Wir sagen nichts Neues, wenn wir die Ansicht aussprechen, daß wir den Souveränitätsanspruch auf die Gebiete jenseits der Oder-Neiße-Linie werden verloren geben müssen. Die Anerkennung der Oder-Neiße-Linie mag in vergangenen Jahren außenpolitisch ein denkbares Handelsobjekt gewesen sein. Heute schließen wir uns der Meinung derjenigen Sachverständigen an, die glauben, daß die öffentliche Anerkennung dieser Grenze unsere Beziehung zu Polen entscheidend entlasten wird. Dazu sagt der theologische Lehrer Professor D. Helmut Gollwitzer: Es geht nicht um den Verzicht auf etwas, was wir haben, sondern um die Erkenntnis eines nicht mehr rückgängig zu machenden Verlustes und um eine von dieser Erkenntnis ausgehende Politik, die auf der Basis der bestehenden Wirklichkeit die Verständigung mit den östlichen Nachbarn und den dazu nötigen Schlußstrich unter eine böse Vergangenheit voll von gegenseitiger Schuld um des Friedens willen anstrebt.«

II. Die Ostdenkschrift

Für die evangelischen Kreise - die Kirchen, vor allem aber die Ortsgemeinden - in der Bundesrepublik Deutschland gab die berühmte Ostdenkschrift im Jahre 1965 den eigentlichen Anstoß nicht nur zu Diskussion im eigenen Lande, sondern auch zur Aufnahme von Kontakten nach Polen. Die Ostdenkschrift war auch in Polen Gegenstand einer monatelangen Diskussion. Zwar stand diese Diskussion um die Ostdenkschrift im Schatten des Briefwechsels zwischen dem polnischen und deutschen Episkopat der Römisch-Katholischen Kirche. Die Denkschrift wurde aber sowohl im säkularen Bereich als auch durch die Kirchen positiv aufgenommen. Großes Interesse an der Denkschrift hatten natürlich die Mitgliedskirchen des Polnischen Ökumenischen Rates, für den die Ostdenkschrift von großer Wichtigkeit war. Dies kam zum Vorschein in einer Erklärung vom 21. Dezember 1965, in der es heißt: »Obwohl die Denkschrift von Deutschen und für Deutsche bestimmt ist und in erster Linie das Interesse der Adressaten hervorruft, an welche es gerichtet ist, kann es nicht ohne Interesse für die polnische Seite sein, da es lebenswichtige, das deutsch-polnische Verhältnis betreffende Fragen behandelt. Dieser Aufruf der evangelischen Kirchen entspringt christlicher Verantwortung und ist deshalb, unabhängig von seinem gesellschaftlichen Gewicht, ein Dokument von theologisch-christlichem Charakter. Im Vertrauen auf die durch die Evangelische Kirche in Deutschland bewiesene Standfestigkeit erwarten wir, daß an den grundsätzlichen, durch das Memorandum festgelegten Richtlinien in den Diskussionen des Kirchenvolkes festgehalten wird. Das wird in Zukunft einen konstruktiven Dialog über die gegenseitigen Beziehungen zwischen der Bundesrepublik Deutschland und Polen ermöglichen«. In diesem Sinne wurde die Denkschrift in Polen als eine wichtige Stimme in einer langen Reihe von Bemühungen der Evangelischen Kirche in der Bundesrepublik Deutschland zu nüchterner Betrachtung der damaligen Weltsituation, als »politische Diakonie« gesehen. Sie erwies sich als eine Legitimation zur Teilnahme der Kirchen an der Normalisierung des deutsch-polnischen Verhältnisses. Die Ostdenkschrift und die mit ihr zusammenhängende Diskussion signalisierten in der Tat eine neue Etappe im Verhältnis zwischen Polen und der Bundesrepublik Deutschland.

Obwohl der Polnische Ökumenische Rat nichts darüber wußte, aus welchen konkreten Zusammenhängen dieses Dokument entstanden war, setzte er sich mit dem Text ausführlich auseinander. Es war in Polen aber bekannt, daß die Ostdenkschrift zu einer harten Auseinandersetzung innerhalb des westdeutschen Protestantismus geführt hatte. – Die Ostdenkschrift und die darauf folgende Diskussion ermöglichten einigen Landeskirchen die Aufnahme von Kontakten mit Polen, wie zum Beispiel der Evangelischen Kirche in Hessen-Nassau, der Evangelischen Kirche im Rheinland, der Lutherischen Kirche in Württemberg, später auch der Evangelischen Kirche in Westfalen.

Auch in den sechziger und siebziger Jahren hat man sich in den bilateralen Diskussionen zwischen den Kirchen und Gesellschaften Polens und der Bundesrepublik Deutschland oft an die Denkschrift und ihre Rolle in der deutsch-polnischen Nachkriegsgeschichte erinnert.

Anfang der siebziger Jahre, in der Zeit der Verhandlungen über einen deutsch-polnischen Grundlagenvertrag, haben sich die evangelischen Kirchen beider Länder nachhaltig für die vertragliche Regelung des Verhältnisses zwischen Polen und der Bundesrepublik Deutschland eingesetzt. Zum Vertrag selbst nahmen der Rat der EKD und der Polnische Ökumenische Rat Stellung, und zwar sowohl bei der Paraphierung als auch in der politischen Diskussion um die Ratifizierung dieses Vertrages.

Allerdings stellte die Stellungnahme des Rates der EKD nicht alle zufrieden, die am Prozeß der Versöhnung mit Polen beteiligt waren. In diesem Zusammenhang muß auch die Initiative von 25 Theologen und Nichttheologen zu den Ostverträgen erwähnt werden, die sich am 21. März 19172 eindeutig für die Ratifizierung des Vertrages aussprachen.

III. Kontakte zur Evangelischen Kirche in Deutschland

Die direkten Kontakte des Rates der EKD mit dem Polnischen Ökumenischen Rat datieren aus dem Jahre 1973. Die Beziehungen begannen mit der Einladung des Polnischen Ökumenischen Rates an den Rat der EKD, der dieser Einladung vom 17. bis 21. Oktober 1973 Folge leistete. Damals diskutierte man in Warschau mit den führenden Vertretern des Rates der EKD Fragen von fortdauernder Relevanz wie den Beitrag der Kirchen zur politischen Entspannung, Fragen des Verhältnisses zur katholischen Kirche, der Entschädigung der polnischen Opfer der nationalsozialistischen Gewaltherrschaft, des Jugendaustausches, der Gemeindebesuche, der Arbeit der deutsch-polnischen Schulbuchkommission und auch der Familienzusammenführung.

Bei diesem Besuch der EKD-Ratsdelegation wurde die Berufung eines deutsch-polnischen Kontaktausschusses angeregt, um einen ständigen Gedankenaustausch zu gewährleisten. Nachdem dieser Vorschlag vom

Rat der EKD und dem Präsidium des Polnischen Ökumenischen Rates gebilligt worden war, wurde dieser Kontaktausschuß ins Leben gerufen. Ihm wurden die Aufgaben der Interpretation politischer und kirchlicher Vorgänge und der Anregung und Koordination der Zusammenarbeit der Kirchen beider Länder übertragen.

Dank der Arbeit des Kontaktausschusses kam es Anfang Dezember 1980 zum ersten Mal zu einer gemeinsamen Erklärung des Rates der EKD und des Polnischen Ökumenischen Rates, in der es heißt: »Der Polnische Ökumenische Rat und der Rat der Evangelischen Kirche in Deutschland, zwischen denen eine enge Arbeitsgemeinschaft besteht, sehen sich in diesem Zusammenhang veranlaßt, ihre gemeinsame Arbeit für die Versöhnung zwischen Polen und Deutschen in der Bundesrepublik zu würdigen. Die Entwicklung des Verhältnisses zwischen unseren Völkern nehmen wir als eine gnädige Führung Gottes an. Die Erfahrungen unserer Gemeinschaft im Glauben ermutigen uns, für den weiteren Ausbau der Beziehungen mit dem Ziel einzutreten, ein dauerhaftes Verhältnis guter Nachbarschaft und Freundschaft zu begründen«.

Der Ausschuß hat seine Arbeit fortgesetzt und wurde auch mit neuen Aufgaben beauftragt. So soll er für die Zweite Ökumenische Vollversammlung in Graz im Jahr 1997 einen Bericht über die Versöhnungsarbeit der Deutschen mit Polen und der Polen mit Deutschen in den letzten zwei Jahrzehnten erstellen. Ob das gelingt, wird sich zeigen.

IV. Zusammenarbeit mit den kirchlichen Werken

Zu den wichtigen Trägern des von den Kirchen eingeleiteten Versöhnungsprozesses gehören die Evangelischen Akademien in Berlin (West), Loccum, Arnoldshain, Bad Boll und Mülheim an der Ruhr. In diesen Begegnungsstätten wurden schon frühzeitig Gespräche zwischen Polen und Deutschen, zwischen Vertretern der verschiedenen politischen und kirchlichen Richtungen in Polen und in der Bundesrepublik Deutschland geführt. Außerdem haben diese Akademien eine Multiplikatorenfunktion übernommen, indem sie verschiedene Aktionen initiierten. So hatte zum Beispiel die Evangelische Akademie Berlin (West) im Hinblick auf die Revision der Schulbücher und Atlanten eine Art Katalysatorfunktion; denn erst später wurde diese Problematik von der UNESCO aufgegriffen. Die Tagungen der Evangelischen Akademien, die sich inhaltlich nicht nur mit kirchlich-ökumenischen Themen befaßten, wurden auch von nichtkirchlicher Seite hoch geschätzt.

Unter den evangelischen Jugendorganisationen, die in der Versöhnungsarbeit seit Jahren eine wichtige Rolle spielen und eine auf die Zukunft orientierte Arbeit leisten, ist die Aktion Sühnezeichen hervorzuheben, die seit 1967 in Polen arbeitet. Die Studienfahrten und Arbeitseinsätze in den Gedenkstätten in Polen und die Begegnungen mit polnischen Menschen haben schon vielen Tausenden von jungen Deutschen den Weg zu einem neuen Verhältnis gegenüber ihren östlichen Nachbarn geebnet. Diese Begegnungen hatten und haben eine wichtige erzieherische Funktion. Oft bedeutete die Arbeit in den Gedenkstätten für die jungen Deutschen eine Konfrontation mit der jüngsten Geschichte ihres eigenen Volkes auf polnischem Boden. Die Tätigkeit der Aktion Sühnezeichen hat es ihnen ermöglicht, die Geschichte ihres eigenen Volkes besser zu erarbeiten und die Begegnung mit dem polnischen Volk zugleich in einer moralischen Dimension zu verstehen. Aus ihrer Initiative ist auch die Jugendbegegnungsstätte in Auschwitz entstanden.

Die bisherige Darstellung der kirchlichen Arbeit hinsichtlich der Versöhnung zwischen Polen und Deutschen könnte den Eindruck erwecken, daß es dabei keine Kontroversen gab. Um das Bild zu vervollständigen, möchte ich daher einige Gedanken über die wichtige kontroverse Diskussion zum Begriff »Opfer« vortragen.

V. Das Thema »Opfer« im deutsch-polnischen Dialog

Bei einem Besuch der Delegation der Württembergischen Kirche in Polen kam es am 6. Oktober 1971 in der Christlichen Theologischen Akademie in Warschau zu einer bedeutsamen Diskussion über den kirchlichen Beitrag der evangelischen Christen und Kirchen der Bundesrepublik Deutschland zum deutsch-polnischen Verhältnis. Den Anstoß dazu gab Professor Ludwig Raiser, damals Präses der Synode der EKD und juristischer Mitverfasser der Ostdenkschrift.

Professor Raiser hielt einen Vortrag über das Thema: »Die Bemühungen der Evangelischen Kirche in Deutschland zur Versöhnung der östlichen Nachbarvölker, vor allem mit Polen«. Nach der Darstellung der Initiativen der Evangelischen Kirche in Deutschland zum Frieden und der Bemühungen der EKD um ein neues Verhältnis zu Polen reflektierte Professor Raiser aus deutscher Sicht das Thema »Opfer« und erörterte es im Kontext der Vertreibung. Raiser sagte in Warschau: »Unsere Meinung war, daß die deutsche Seite nach all den schrecklichen Taten, die im deutschen Namen begangen worden waren, nun mit der Anerkennung des für uns tief schmerzlichen Gebietsverlustes ein sichtbares Opfer bringen sollte, um damit die Versöhnung zu erlangen. Aber ich muß unter dem Gesichtspunkt des Opfers noch einen weiteren Punkt erwähnen, der uns unter rechtlichen und ethischen Erwägungen noch größere Schwierigkeiten bereitet hat als die Frage des Gebietsverlustes. Es ist das Schicksal der Millionen von Menschen, die aus diesen Gebieten vertrieben worden sind. Ich weiß, daß auch in dieser Frage der offizielle polnische Standpunkt von unserer deutschen Auffassung abweicht. Sie sprechen von freiwilligem Wegzug oder von Aussiedlung und berufen sich auch für diesen Vorgang auf die Gestaltung durch das Potsdamer Abkommen. Wir dagegen müssen an der Tatsache festhalten, daß hier keine Aussiedlung aus freiwilligem Entschluß, sondern eine, in der neueren Geschichte beispiellose, harte und oft gewaltsame Massenvertreibung stattgefunden hat, weil das polnische Volk die neuen Westgebiete für sich in Besitz nehmen und dort keine große deutsche Bevölkerungsgruppe neben sich dulden wollte. Wir können in diesem Vorgang auch nur eine schwere Verletzung des Völkerrechts sehen, von dem das Potsdamer Abkommen keinen Dispens erteilen konnte. Wir bedürfen Ihrer Vergebung für vieles Schreckliche, was polnischen Menschen von deutschen Menschen angetan worden ist. Aber wir hoffen auch auf ein Zeichen von Ihrer Seite, daß Sie das Unrecht der Vertreibung deutscher Menschen erkennen und das Opfer als solches anerkennen, das meine Kirche meinem Volk und im besonderen den Vertriebenen zu tragen zumutet«.

Diese vorgetragenen Überlegungen zum Begriff »Opfer« stießen damals in Warschau auf Widerspruch, weil Raiser den Verlust der Gebiete jenseits von Oder und Neiße, die Anerkennung dieses Verlustes und die Umsiedlung der dort ansässigen deutschen Bevölkerung nach Deutschland als Opfer bezeichnete.

Professor Witold Benedyktowicz antwortete Raiser: »Es ist schwer für den polnischen Gesprächspartner, diese Sätze und die dahinterstehenden Argumente anzunehmen. Im ersten Fall wird der territoriale Verlust mit einem Opfer identifiziert. Sind aber Verlust und Opfer immer identisch? Nein, nicht jeder Verlust muß ein Opfer sein. Der Verlust der Oder-Neiße-Gebiete ist die Folge eines verlorenen Krieges und nicht ein Opfer, das die Freiwilligkeit des Gebers voraussetzt. Es wäre besser anzunehmen, daß dieser Verlust den Preis für einen von Deutschen gewollten Krieg bedeutet. Wenn jemand einen Krieg unternimmt, muß er auch seine möglichen Folgen in Betracht ziehen. Es ist nicht die Schuld Polens, daß die politische Führung Deutschlands, die den letzten Weltkrieg entfesselt hat, eine solche Rechnung versäumte. Und ist nun die Anerkennung dieses Gebietsverlustes 26 Jahre nach der Beendigung des Krieges ein Opfer? Und was wird hier geopfert? Ein Gebiet, das in diesen 26 Jahren völlig in Polen integriert worden ist? Bedeutet nicht solche Anerkennung vielmehr einen Verzicht auf Ansprüche, deren Erfüllung zur Illusion geworden ist? Mit seiner Argumentation versetzt uns Professor Raiser in das Gebiet der Psychologie. Psychologisch kann es tatsächlich für viele Deutsche bedeuten, daß sie durch die Anerkennung der Oder-Neiße-Grenze ein Opfer bringen. Solch einen subjektiven, psychologischen Faktor will der polnische Partner nicht übersehen. Dieser Faktor kann auch als Ausdruck guten Willens anerkannt werden. Aber objektiv theologisch gesehen wäre es hier schwer, von einem Opfer zu reden«.

Benedyktowicz lehnte es auch ab, daß die Umsiedlung, die auf Grund des Potsdamer Abkommens erfolgte, als schwere Verletzung des Völkerrechts, als Massenvertreibung bezeichnet wird. Er vertrat die Meinung, daß die territorialen Verluste nicht von dem Problem der Umsiedlung zu trennen sind und daß auch Polen dies verstehen müßte.

Er fügte hinzu: »Es scheint, daß eine neue Phase des deutsch-polnischen Gesprächs beginnt. Diese neue Phase erfordert mehr Geduld, Redlichkeit und Vertrauen als je zuvor. Sollte es nicht eine Herausforderung für uns Christen sein, durch alle Schwierigkeiten hindurchzuführen, um zur Versöhnung, zu einer neuen, besseren Zukunft beider Völker zu gelangen?«

VI. Zukunft der Beziehungen

Die Diskussion zwischen dem Polnischen Ökumenischen Rat und der Evangelischen Kirche in Deutschland war stark überlagert von der überfälligen vertraglichen Regelung zwischen Polen und der Bundesrepublik Deutschland. Kirchliche Gremien beider Länder haben sich immer mehr für den begonnenen politischen Dialog interessiert und das auch in ihren offiziellen Stellungnahmen zum Ausdruck gebracht.

Polens Entwicklung in den achtziger Jahren war ein komplizierten Prozeß. Wir erlebten sowohl Hoffnung als auch Enttäuschung. Die Kirchen waren von dieser Praxis nicht ausgenommen. In den zehn Jahren nach 1980 stärkte die Römisch-Katholische Kirche ihre gesellschaftspolitische Position. Sie baute auch Kontakte zu ihrer Schwesterkirche in der Bundesrepublik Deutschland aus. Die Zusammenarbeit der Kirchen in neuen Bereichen, insbesondere den charitativen, gewann an Bedeutung. Es entstanden viele Kontakte zwischen den Gemeinden. Das war ein positives Zeichen für die Zukunft des Verhältnisses zwischen unseren Ländern.

Die Kirchen haben seit Jahren über Versöhnung zwischen unseren Nationen gesprochen. Die Versöhnung, die wir anstreben, ist ein langwieriger und oft schwieriger Prozeß. Aus unserer Zusammenarbeit wissen wir aber, daß Versöhnung nicht nur möglich, sondern auch notwendig ist.

Anläßlich des fünfzigsten Jahrestages des Beginns des Zweiten Weltkriegs verfaßte der Polnische Ökumenische Rat ein Wort, in dem es unter anderem heißt: »Der 1. September ruft uns in diesem Land zusammen zu einer Totenmesse, einer Panichid, einem Kadisch und lenkt den Blick, besonders der älteren Generation, in die Vergangenheit. Dieser Rückblick bringt uns auch Trauer und Erneuerung alter Wunden. Die jüngere Generation, unsere Kinder und Enkelkinder, die mit Eltern und Großeltern in Trauer und im Gedenken solidarisch verbunden sind, lenkt unseren Blick auf die Zukunft, wo sich gewisse Zeichen der Hoffnung sehen lassen. Tatsächlich erfahren wir heute Entwicklungen, die vor fünfzig Jahren unmöglich schienen, nämlich eine Entstehung der internationalen Politik wie auch eine Reduzierung militärischer Kräfte auf unserem Kontinent. Dazu kommt das Konzept eines gemeinsamen europäischen Hauses, das vor uns neue Horizonte aufdeckt. Du sollst nicht töten (2. Mose 20,13). Wenn wir dieses Wort nicht nur als bloßes Verbot, sondern auch als eine Verheißung aufnehmen, gewinnen wir eine Perspektive, die für uns vor fünfzig Jahren fast völlig verdunkelt war. Damals erfuhren wir den Krieg und die feindliche Besatzung als einen organisierten Massenmord, der besonders in Auschwitz seinen ungeheuerlichen Ausdruck fand. Die totale Vernichtung unserer jüdischen Mitbürger und der Tod von Millionen Polen ließen in unseren Herzen tiefe Wunden zurück. Seit Jahren bemühen sich Christen in der Bundesrepublik Deutschland und Polen, die böse Vergangenheit zu überwinden und den gemeinsamen Weg der Versöhnung zu suchen. Es gelang uns, diesen Prozeß in Gang zu setzen und einige wichtige Stationen auf diesem Weg zu erreichen. In dieser Entwicklung sehen wir ein Geschenk der Gnade Gottes, das wir mit Dankbarkeit entgegennehmen.« Soweit das Zitat.

Der ökumenische Gottesdienst in Warschau am 17. September 1989, an dem kirchliche Persönlichkeiten aus vielen europäischen Ländern teilgenommen haben, war ein sichtbares Zeichen der Versöhnung durch Erinnerung. Die Zukunft unserer Beziehungen wird auch davon abhängig sein, ob es uns gelingt, durch die Erinnerung neue Perspektiven zu schaffen.

Beide Seiten müssen sich der Tatsache bewußt sein, daß in unseren Ländern neue Generationen aufgewachsen sind, die den Zweiten Weltkrieg nur aus Bildern, Erzählungen der Eltern oder dem Geschichtsunterricht kennen. Dies ist auch in Polen deutlich, wo mehr als 60 % der gesamten polnischen Bevölkerung nach 1945 geboren ist.

Die evangelischen Kirchen in Polen haben als Diaspora-Kirchen in Zusammenarbeit mit vielen evangelischen Kirchen und kirchlichen Institutionen der Bundesrepublik Deutschland einen sichtbaren Beitrag zur Versöhnung geleistet. Auch über das bilaterale Verhältnis hinaus bleibt die künftige gemeinsame Aufgabe, die in der Frage formuliert ist: Was können wir als Christen im modernen und säkularisierten Europa zur Überwindung von Gegensätzen aller Art und damit zu Frieden, Gerechtigkeit und Bewahrung der Schöpfung beitragen?

VII. Ausblick

Im Rahmen des Symposions sind wir 1996 zusammengekommen, um gemeinsam sowohl über eine Bilanz, aber vor allem über die Zukunft der bilateralen kirchlichen Beziehungen zu sprechen und Perspektiven aufzuzeigen bezüglich des Dialogs in den veränderten gesellschaftlichen und wirtschaftlichen Situationen in Polen wie in Deutschland.

Polen ist seit sechs Jahren mit einem Transformationsprozeß konfrontiert, der nicht ohne Schmerzen und nicht ohne Angst bei sehr vielen Menschen verläuft. Die polnischen Kirchen sind in besonderer Weise herausgefordert, gerade jetzt den Menschen Beistand zu leisten. Von ihnen wird erwartet, eine Orientierung für das neue Engagement für soziale und politische Verantwortung zu vermitteln.

Um dieser Aufgabe gerecht zu werden, brauchen die Kirchen in Polen jetzt und vielleicht stärker als vorher den gemeinsamen ökumenischen Meinungsaustausch mit den deutschen Kirchen über deren Erfahrungen mit den demokratischen Spielregeln in der Bundesrepublik Deutschland. Die Kirchen in beiden Ländern sollten es wagen, im Rahmen des europäischen Einigungsprozesses gemeinsame Konzepte zu entwickeln und über die Zukunft dieses Kontinents miteinander zu reden. Welches Europa soll es sein? Wieder ein »christlicher« Kontinent, oder ein Europa, in dem Christen selbst einen entscheidenden Beitrag zu dessen Festigung zu leisten haben? Wir Christen brauchen eine gemeinsame Vision, eine Vision von einer Gemeinschaft der Völker und Kulturen, eine Vision von einem versöhnten Europa.

Gerta Scharffenorth

Die Ostdenkschrift der EKD als Friedensinitiative. Probleme, frühe Ergebnisse und langfristige Wirkungen

Die erschütternden Erfahrungen während und nach der Katastrophe des Zweiten Weltkrieges haben die Kirchen lange Jahre gelähmt, ihrem Friedensauftrag in konkretem Handeln zu folgen. Schrittweise nur sind die Kirchen in den zuvor verfeindeten Ländern einander nähergekommen. Inzwischen arbeiten die Kirchen in Europa auf vielen Ebenen in Friedens- und Entwicklungsaufgaben in einer ökumenischen Offenheit zusammen, die 1945 undenkbar war. In dieser wachsenden Gemeinschaft, die nicht auf menschliche Fähigkeiten zurückgeht, spiegeln sich langjährige, vielschichtige Lernprozesse Sie sind stets eine Voraussetzung für glaubwürdige Friedensbeiträge der Christen.

Schwierig waren die Schritte zu einer Annäherung besonders dort, wo über Kriegshandlungen hinaus durch Unrecht und Gewalt Gräben des Hasses und der Feindschaft zwischen den Völkern aufgerissen wurden, wie dies zwischen Polen und Deutschen der Fall war. Die Aufgaben, die Christen in solcher Situation gestellt sind, hat die Synode der Evangelischen Kirche in Deutschland schon 1950 in ihrer Botschaft »Was kann die Kirche für den Frieden tun?« klar bezeichnet. Dort heißt es: »Jesus Christus hat gesagt: Selig sind, die Frieden stiften, denn sie sollen Kinder Gottes heißen (Matthäus 5,9). Als solche, die an den Friedensbund Gottes mit der Welt glauben, wissen wir uns berufen, Frieden zu suchen mit allen Menschen und für den Frieden der Völker zu wirken gemeinsam mit allen, die ihn ernstlich wollen.«

Neben der Verkündigung und dem Gebet für den Frieden werden als praktische Aufgaben genannt:

- den Geist des Hasses und der Feindseligkeit fernzuhalten,
- nicht dem Wahn zu verfallen, der Not des geteilten Landes und der Gebietsverluste könne durch Kriegshandlungen abgeholfen werden,
- auf Politiker zur Förderung des Friedens Einfluß zu nehmen,
- einzutreten für Gerechtigkeit, Frieden und Menschenwürde auf allen Ebenen, darunter auch für den Schutz derer, die den Kriegsdienst verweigern,
- einzutreten für gerechte Friedensverträge, mit dem Ziel einer neuen Gemeinschaft des Rechts zwischen den Völkern.

Nach dieser Botschaft geht es um drei Schwerpunkte kirchlichen Handelns: das Bewußtsein für die Friedensverantwortung zu schaffen, die Staatsbürger zu ermutigen, ihre Rechte und Pflichten gewissenhaft wahrzunehmen, und für eine neue Friedensordnung zwischen den Völkern zu wirken.

Diese Synodalerklärung hat damals breite Resonanz gefunden. Ungeklärt blieb aber, wie sich persönliche Versöhnungsbereitschaft im Lebensvollzug der Christen mit rechtlichen Ansprüchen und nationalen Interessen verbinden können. Zudem gab es die Tendenz, die Weisungen der Kirche ausschließlich auf den Bereich der Innerlichkeit zu beziehen. Angesichts der tiefen ideologischen Spaltung Europas und des Wettrüstens der beiden Machtblöcke zeigte sich, daß solche richtungsweisenden »Worte« der Kirche nicht ausreichen. Ein tiefgreifender Wandel des Denkens mußte in Gang kommen, in dem Menschen aller Schichten und Lebensalter lernen, sich selbst und das eigene Handeln in größeren Zusammenhängen zu verstehen und somit friedensfähig zu werden. Zu diesem Wandel mußte die Kirche beitragen; denn der Dienst Jesu Christi gilt dem ganzen Menschen in allen seinen Lebensbezügen, damit auch im gesellschaftlichen und politischen Bereich. Dieses *Umdenken aus christlicher Verantwortung* hat die umstrittene Denkschrift der EKD »Die Lage der Vertriebenen und das Verhältnis des deutschen Volkes zu seinen östlichen Nachbarn« in entscheidender Weise gefördert.

Beim Rückblick auf diese Initiative der Kirche sind für das gemeinsame Nachdenken hier die langfristigen Wirkungen wichtig. Viele interessante Einzelfragen kann ich nur andeuten. Im Zentrum soll stehen, was wir gelernt und gewonnen haben. Darum werde ich das Thema in drei Abschnitten behandeln: 1. Die Ostdenkschrift mit ihren ersten widersprüchlichen Wirkungen. 2. Die Bedeutung der Denkschrift für den deutsch-polnischen Verständigungsprozeß. 3. Die Zusammenarbeit der Kirchen in Europa in veränderten Friedensaufgaben. Abschließend will ich nach Konkretionen der »guten Nachbarschaft« fragen.

I. Die Ostdenkschrift und ihre ersten widersprüchlichen Wirkungen

Die Denkschrift »Zur Lage der Vertriebenen und zum Verhältnis des deutschen Volkes zu seinen östlichen Nachbarn« vom Oktober 1965 verstand sich nicht als ein autoritatives »Wort« der Kirche. Sie wollte verdrängte, die Friedensverantwortung hindernde Sachverhalte – nämlich die Probleme der Vertriebenen und ungeklärte Fragen der Beziehung zu ehemaligen Feinden im Osten - darlegen und den Gemeinden nachdrücklich zu bedenken geben. Darum verknüpfte sie die Bemühung um eine neue Orientierung der deutschen Ostpolitik im Blick auf Friedensverträge mit der Erörterung des Schicksals der Menschen, die nach dem Potsdamer Abkommen aus den Gebieten jenseits der Oder-Neiße-Linie vertrieben wurden. Sie hatte also ein doppeltes, auf Frieden gerichtetes Anliegen: a) die innere Verarbeitung der Kriegsfolgen im Verhältnis zu Polen in Gang zu bringen, b) die Integration der Vertriebenen, die - anders als die übrigen Deutschen - persönlich die Last der Gebietsverluste zu tragen hatten, zu fördern. Die Spannungen im Verhältnis zwischen Vertriebenen und Einheimischen müßten überwunden werden. Darum erörterte die Denkschrift I. den Zusammenhang beider Probleme, II. die Lage der Vertriebenen in Gesellschaft und Kirchen, III. die gegenwärtige Lage der Polen in den Gebieten jenseits von Oder und Neiße, IV. völkerrechtliche Aspekte dieser Probleme sowie V. theologisch-ethische Gesichtspunkte; sie bezeichnete abschließend VI. die deutsche Ostgrenze als politische Aufgabe. Das Nahziel war eine *offene Diskussion beider Probleme in den Gemeinden*, um Fragen der Betroffenen aufzunehmen und durch sachliche Gespräche den Weg zu einer innerkirchlichen Verständigung über die Friedensaufgabe zu ebnen.

Die Verflechtung beider Probleme bedarf im Zeitabstand einer Erklärung. Die Eingliederung der 14 Millionen Ostdeutscher in die Bundesrepublik bildete eine der am schwersten zu lösenden Probleme der Nachkriegszeit. Sie wurde erschwert durch kriegsbedingte Zerstörungen und Hunger in ganz Deutschland und die Armut der Vertriebenen, vor allem durch deren Schmerz über den Verlust der Heimat, vielfach auch durch eine Fremdenfeindlichkeit der westdeutschen Bevölkerung, die trotz eigener Schwierigkeiten die Ostdeutschen aufnehmen sollte. Die Kirche hatte anfangs viele äußere Hilfen und soziale Betreuung geboten. Die Schicksale waren durch die Masse der Vertriebenen - viele alleinstehende Frauen mit Kindern, verwaiste Jugendliche, alte Menschen - lange Zeit härter, als die Öffentlichkeit es wahrnahm. Versöhnliche Stellungnahmen von Gemeinden und Gruppen aus Böhmen, Mähren, Schlesien wurden kaum beachtet. Es gab die wichtige Erklärung der Vertriebenen, die Charta von 1950, in der sie eindeutig Gewaltverzicht und Versöhnung bekundeten. Daneben aber kamen später in den konfessionell unabhängigen Landsmannschaften andere Richtungen auf. Im Zuge der Politik des »Kalten Krieges« waren ideologische Verhärtungen oder gar nationalistische Tendenzen entstanden. Dabei spielte das Schlagwort vom »Kreuzzug gegen den Kommunismus« eine große Rolle. Um Stimmen der Vertriebenen zu gewinnen, hatten die Parteien ihnen zudem die Rückgewinnung der Heimat in Aussicht gestellt. Beim Übergang zur Entspannungspolitik zu Beginn der sechziger Jahre entfielen solche Zielsetzungen. Durch diesen Wechsel von der offensiven Politik der Stärke zur Entspannung und Bemühung um eine friedliche Koexistenz fühlten sich viele Vertriebene hintergangen. Zunehmend hatten sie sich in eine unfruchtbare Verteidigung ihrer Politik des »Rechts auf Heimat« hineinmanövriert.

Ein kritisches Memorandum von acht bekannten Personen der evangelischen Kirche zu Gefahren der deutschen Politik brachte 1961 zutage, daß hier ein Konfliktpotential vernachlässigt worden war (»Tübinger Memorandum«). Erörtert wurden darin die Fragen der Selbstbestimmung der DDR, der Wiedervereinigung unter den Grenzen von 1937 und der notwendigen Normalisierung der politischen Beziehungen zu den östlichen Nachbarn im Blick auf die noch ausstehenden Friedensverträge. Erstmals war in diesem Text die Forderung nach Anerkennung der Oder-Neiße-Grenzen öffentlich angesprochen worden. In den heftigen Angriffen auf die Verfasser des Memorandums – Drohbriefe und -anrufe – hatte sich gezeigt, daß die Kommunikationsmöglichkeiten zwischen den politisch aktiven Vertriebenenverbänden und anderen gesellschaftlichen Gruppen eingeschränkt waren. Diese Vorgänge gaben den Anlaß, daß die Kammer für öffentliche Verantwortung der EKD vom Rat den Auftrag erhielt, Gutachten zu dieser Friedensfrage zu erarbeiten. Daraus ist die Denkschrift hervorgegangen (Leitung: Professor Dr. Ludwig Raiser).

Kaum ein anderes deutschsprachiges kirchliches Dokument aus der Zeit nach 1945 hat eine so leidenschaftliche, breite Diskussion in Deutschland, aber auch im internationalen Bereich ausgelöst wie diese Denkschrift. Eine Flut von Beschimpfungen ergoß sich über die Verfasser, empörte Beschwerden über die Preisgabe nationaler Rechtsansprüche, Beschuldigungen der Kirche, die sich in die Politik einmische, bittere Äußerungen, nun habe auch die Kirche die Schwachen in der Gesellschaft im Stich gelassen, scharfe Kritik an der Denkschrift, sie verkenne die Konfrontation mit dem Ostblock. Daneben gab es auch zustimmende Briefe, endlich werde die Realität der Kriegsfolgen offen benannt, und überraschte Bejahungen dieser Friedensinitiative. Durch irreführende Veröffentlichungen von Ausschnitten vor Ablauf der Sperrfrist im katholischen Wochenblatt »Echo der Zeit« waren diese Reaktionen noch gesteigert worden.

Anstatt sachlicher Diskussionen und friedensfördernder Gespräche innerhalb der Kirche war ein besorgniserregender öffentlicher Streit entbrannt. Das Vorhaben der Kirche, die dargelegten Sachfragen offen in den Gemeinden zu diskutieren, war so neu, daß viele es nicht verstanden. Nur schrittweise begriff man hier und dort, daß diese Schrift auf die Mitarbeit der Christen, besonders der Betroffenen, zielte und daß die eigene Urteilsfähigkeit der Kirchenglieder gefragt war. Das zeigten unter anderem folgende Sätze:

»Im Namen des deutschen Volkes wurde der Zweite Weltkrieg ausgelöst und in viele fremde Länder getragen. Die Vertreibung der deutschen Ostbevölkerung und das Schicksal der deutschen Ostgebiete ist ein Teil des schweren Unglücks, das das deutsche Volk schuldhaft über sich selbst und andere Völker gebracht hat. Auch diese Schuld steht nicht isoliert da. Es gibt eine Schuldverflechtung der Völker. Alle Schuld der anderen kann nicht die deutsche Schuld erklären oder auslöschen. Aus der Anerkennung politischer und geschichtlicher Schuld müssen Folgerungen für das heutige politische Handeln gezogen werden.«

Das Bild veränderte sich grundlegend, nachdem bekannt wurde, daß der polnische Episkopat den deutschen Bischöfen am 18. November 1965 ein Schreiben übergeben habe: die Einladung zur Millenniumsfeier der Christianisierung Polens. Während des Zweiten Vatikanischen Konzils in Rom erhielten 56 Bischofskonferenzen eine solche Einladung. Der an die deutschen Bischöfe gerichtete lange Brief hat den Autoren zweifellos am meisten Mühe bereitet; denn er enthielt zwei bedeutsame Sätze, die unübersehbar an die Versöhnungsbereitschaft der evangelischen Denkschrift anknüpften: »Wir gewähren Vergebung und bitten um Vergebung.« – »Wir bitten, den evangelischen Brüdern, die sich mit uns und mit Ihnen abmühen, Lösungen für unsere Schwierigkeiten zu finden, unsere Grüße und unseren Dank zu überbringen.« Im Schreiben der Bischöfe handelte es sich um ein in pastoralem Stil verfaßtes, theologisch fundiertes Memorandum des polnischen Episkopats an die deutsche Bischofskonferenz – ein in der polnischen Geschichte völlig neuartiger Vorgang. Auch unter kommunistischem Regime war der Patriotismus der polnischen katholischen Geistlichkeit nie bezweifelt worden. Die Kirche hatte wesentlich dazu beigetragen, daß der Wiederaufbau Polens als selbständiger Staat gelingen konnte. Bei den Zwanzigjahrfeiern in den neuen Westgebieten hatte Kardinal Wyszinski in Ansprachen wie die kommunistische Regierung argumentiert. Die Botschaft brach in der Tat mit dem, was die kirchliche Hierarchie dort gesagt hatte. »Sie stellt sich der Außenpolitik der Regierung entgegen. Sie entwickelt Formulierungen, die im Geist der deutschen Revisionisten gehalten sind« – so lautete der Vorwurf des Ministerpräsidenten Cyrankiewicz in dem offiziellen Schreiben an den Episkopat. Daß in der Presse 14 Tage lang die kirchliche Botschaft verschwiegen wurde, verweist auf die Verlegenheit, in die die Regierung geriet. Sie wollte vermeiden, daß Polen im Ausland und im Vatikan durch Verurteilung dieser Initiative kompromittiert würde. Die Partei suchte darum eine Formel, die jedenfalls ihren Herrschaftsanspruch in außenpolitischen Fragen sicherte.

Ein Übergehen des Bischofsdialogs war undenkbar. Auch die DDR drängte auf offizielle Äußerungen; denn die Bevölkerung in Polen und in Mitteldeutschland konnte über westdeutsche Sender und Radio Free Europe alle Stellungnahmen verfolgen. Sie erfuhr den vollen Wortlaut des ökumenischen Dialogs und des römischen Kommuniqués des polnischen Episkopats, in dem Kardinal Wyszinski die deutsche evangelische Denkschrift interpretierte, um jene Katholiken in Polen aufzuklären, die über das rasche Handeln zwischen den 1beiden Kirchen verblüfft waren. Dann brach ein Sturm der Entrüstung über die katholische Kirche los, sie habe ihre Kompetenzen überschritten, sich in die Politik eingemischt, falsche Theorien über die Westgebiete entwickelt. Die Angriffe gipfelten in der These nationalen Verrats. Der Burgfrieden zwischen Staat und Kirche war zerstört. Die Regierungspartei, die Bauernpartei und die »Demokraten« griffen die Hierarchie heftig an. Auch Abgeordnete der PAX-Bewegung distanzierten sich von der Kirche. In der Tagespresse erschienen mit Ausnahme zweier Wochenzeitungen kirchenfeindliche Artikel. Die Bischofskonferenz wies in einem Kommuniqué energisch alle Beschuldigungen zurück. In Predigten wandten sich viele Bischöfe gegen den Versuch, die Versöhnungsbereitschaft gegenüber den Deutschen als mangelnden Patriotismus auszulegen. In der Antwort an den Ministerpräsidenten wurde festgestellt, die Botschaft sei kein politisches Dokument; denn sie betreibe andere Anliegen, mit denen sich allerdings auch Politiker befassen sollten. »Das Verstehen menschlicher Dinge, auch internationaler Fragen, unter dem Blickwinkel der Moral gehört zu den Aufgaben der Kirche, zu ihrer Kompetenz. Darauf deutet auch das Memorandum der evangelischen Kirche in Deutschland hin. Beide Dokumente dienen zur Abwehr der Kriegsgefahr und [wollen] zur Festigung des Friedens beitragen.«

Die deutsche Bischofskonferenz beantwortete die »Botschaft« mit Dank für die Einladung zur Millenniumsfeier, die sie gern annahm, tief bewegt von der Geste der Versöhnung. Verglichen mit dem polnischen Schreiben und der evangelischen Denkschrift war der Brief kurz und zurückhaltend. Es war keine Bereitschaft zu erkennen, die heiklen Fragen der Gebietsverluste und der Oder-Neiße-Grenze offen anzugehen. Kritische Gruppen innerhalb der katholischen Kirche in Deutschland haben das sehr bedauert. Kurz danach konstituierte sich daher der sogenannte

Bensberger Kreis, der dann zwei Jahre später seinerseits ein Memorandum zur Versöhnung mit Polen herausgab. Die Zurückhaltung der deutschen katholischen Bischöfe hat in Polen große Enttäuschung hervorgerufen.

In der Bundesrepublik veränderten sich durch die Botschaft des polnischen Episkopats die Auseinandersetzungen über die Denkschrift. Denn sie hatten unübersehbar zwei gravierende Urteile über »die Polen« widerlegt: (1) die Meinung, in einem sozialistischen Staat könnten nur Kommunisten reden, der polnische Klerus sei bedingungslos national, Haß und Angstgefühle beim Volk seien nur von der Partei vorgeschobene Argumente; (2) mit dem Eintreten für die Lebensrechte der Polen legalisiere die Denkschrift das Unrecht der Vertreibung und leite »Wasser auf die Mühlen der sowjetischen Lehre«, für die das Recht nur eine ideologische Spiegelung der jeweiligen Verhältnisse sei. Nun war erwiesen: Auch im kommunistischen Staat wagten Christen öffentlich das Wort zu ergreifen und für christliche Weisungen einzutreten. Auch in Polen gab es also Kräfte, die eine Normalisierung der Beziehungen zwischen beiden Völkern erstrebten.

Einen wichtigen Vorgang aber hatten die heftigen Diskussionen so sehr überlagert, daß er erst mit einer zeitlichen Verzögerung zur Geltung kam: *Die evangelischen Minderheitskirchen* haben sehr rasch mit Synodalerklärungen auf die Ostdenkschrift reagiert (24. Oktober und November 1965). Die Glieder der lutherischen und reformierten Kirche in Polen bekannten sich darin klar zur Friedensverantwortung aller Christen. Sie begrüßten die mutige evangelische Denkschrift mit Genugtuung als »Stimme der deutschen Glaubensbrüder, [die] eine bessere Zukunft zwischen den benachbarten Völkern ankündige«. Sie sahen in dieser Friedensinitiative eine Fortsetzung der Bemühungen der Bekennenden Kirche, die zum Stuttgarter Schuldbekenntnis führte. Sie gingen auch auf die Probleme des geteilten Deutschland ein und zeigten Verständnis für den schweren Weg der Deutschen aus ihrer schuldbelasteten Vergangenheit unter der NS-Herrschaft zu einem Neuanfang in der Völkergemeinschaft. Die von der Denkschrift genannte, noch zu leistende Friedensaufgabe, die Oder-Neiße-Grenze anzuerkennen, nahmen sie »voller Hochachtung« zur Kenntnis »als Ausdruck des politischen Realismus und des guten Willens, der aus dem Glauben fließt«.

Diesen bewegenden Stellungnahmen folgte bald eine *Erklärung des Polnischen Ökumenischen Rates* zur Denkschrift (21. Dezember 1965). Sie bestätigte die Interpretation der evangelischen Synodalberichte. Die sorgfältige Analyse des Textes veranlaßte hervorzuheben, die Denkschrift sei »ein Wort von Deutschen zu Deutschen und daher in erster Linie von

Interesse für die Empfänger«. Zugleich aber sei sie »ein Dokument, welches Lebensfragen der polnisch-deutschen Beziehungen behandelt. Insofern kann es nicht anders sein, als daß sie auf polnischer Seite Interesse weckte als ein aus christlicher Verantwortung entstandenes Wort evangelischer Kirchen«. Für »den Mut der Kirche und ihren Akt der Treue gegenüber der christlichen Berufung ist der Polnische Ökumenische Rat dankbar und sieht in ihr ein wertvolles Zeugnis des Glaubens«. Die Erklärung kritisiert aber, stellenweise gebrauche die Denkschrift ein »Vokabular der Landsmannschaften«; sie nütze zudem nicht die Erfahrungen der Deutschen Demokratischen Republik aus, die »ein einzigartiges Beispiel des Zusammenlebens und der Freundschaft mit dem polnischen Volk und dem polnischen Staat sei und die deshalb längst die Oder-Neiße-Grenze anerkannte«. Darüber hinaus wird dem Schmerz Ausdruck gegeben, daß in dem vom polnischen Episkopat angestoßenen Dialog von den deutschen Bischöfen nicht auf eindeutige Weise die politischen Lebensfragen des polnischen Volkes behandelt werden; wegen der Zurückhaltung der deutschen Bischöfe in den heiklen Grenzfragen werde die Bedeutung der evangelischen Denkschrift abgeschwächt, ja auch mißbraucht, um die Verfasser zu diffamieren. In der Hoffnung, daß evangelische und katholische Christen in Deutschland »auf schöpferische Weise« mit den rechtlich-politischen Problemen auf dem Weg zum Frieden umgehen werden, schließt die Erklärung in zuversichtlicher Erwartung eines weiteren Dialogs zwischen Deutschen und Polen.

In der Rückschau auf die dramatischen Vorgänge – kirchliche Beiträge im Blick auf die Verhärtung der politischen Fronten im »Kalten Krieg« – müssen zwei weitere Schritte der beteiligten Kirchen erwähnt werden:

(1) Die EKD nahm die Einwände und Kritik von vielen treuen Gemeindegliedern aus der Schar von Vertriebenen, die sich in ihrer Versöhnungsbereitschaft übergangen fühlten, sehr ernst. In der Spandauer Synode vom März 1966 wurde – nach vielen Vorgesprächen – eine *Erklärung »Vertreibung und Versöhnung«* verabschiedet. Darin wird der geistige Beitrag von Vertriebenen zum Wiederaufbau des Staates und zur inneren Befriedung des Volkes hervorgehoben, den in der Tat die Landeskirchen kaum wahrgenommen hatten. Viele Vertriebene haben die Last der Heimatlosigkeit unter inneren Anstrengungen, aber in Geduld auf sich genommen und dies als ihren Beitrag zum Frieden verstanden. Ihr Mitwirken bei der Bemühung um neue Beziehungen zu den östlichen Nachbarn sei von großer Bedeutung als positive Verarbeitung deutscher Schuld:

»Die Vertreibung ist völkerrechtlich ein Unrecht; die Vertriebenen haben zu Recht in ihrer Heimat gewohnt. Wir müssen die Vertreibung aber im Zusammenhang mit dem Unrecht und dem Leid sehen, die im deutschen Namen während des Krieges den Völkern im Osten zugefügt wurden. Wir meinen, daß wichtige [Friedens-]Vorbereitung geleistet werden kann, wenn auf beiden Seiten Kräfte am Werk sind, die auf das gemeinsame Ziel hin zu Versöhnungsbereitschaft und Frieden beitragen.«

Die Friedensinitiative der Ostdenkschrift hat durch diese zusätzliche Erklärung der Evangelischen Kirche an Nachdruck gewonnen.

(2) Vergleichbar ist die Entscheidung des polnischen Episkopats im März 1966. Aufgrund der heftigen Kritik der polnischen Gesellschaft, aber auch von Kirchengliedern und von den Minderheitskirchen, haben die polnischen Bischöfe in einem *Hirtenbrief* ihre »Botschaft« noch einmal begründet und vertieft. Er ist in Polen als Korrektur des Bischofsbriefes verstanden worden. Die Bischöfe hielten fest an der kritisierten Bitte um Vergebung; die Geschichtsphilosophie überwucherte nun nicht mehr die Theologie. Das Eintreten für Versöhnung mit den Deutschen wurde klar biblisch-theologisch begründet:

»Wir wenden uns an jene Menschen, die daran glauben, daß Jesus Christus Gott selbst und Gebotgeber ist. Und Christus verkündet, daß er der Menschheit ein neues Gebot bringt. Sein Gebot ist schwierig: Ich gebe euch ein neues Gebot, daß ihr einander liebet (Johannes 13, 34). Im Gebot der Liebe ist das schwierigste Element enthalten, ein Gebot, das auf menschliche Art schwer befolgbar erscheint, das Gebot, den Feind zu lieben: Liebet eure Feinde, tuet Gutes denen, die euch hassen (Matthäus 5,44). Dieses Gebot ist die Bedingung der Hoffnung, ist der Anreiz zur Lösung von scheinbar unüberwindlichen Gegensätzen.«

Diese beiden Schriften ermöglichten in der Bundesrepublik und in Polen die *soziale Realisierung der Versöhnungsbereitschaft*. In beiden Ländern wurde dadurch glaubwürdig, daß die Kirche »Brücken bauen und Frieden ausstrahlen [will] nach West und Ost«. Bei den Millenniumsfeiern von Czenstochau haben Tausende von Polen Kardinal Wyszinskis Mahnung mit dem Ruf beantwortet: »Wir vergeben.«

II. Die Bedeutung der Ostdenkschrift für die deutsch-polnische Verständigung

Die verschiedenartigen Initiativen zur Versöhnung von Deutschen und Polen von Oktober 1965 bis März 1966, die wir uns vergegenwärtigten, bilden eine beispiellose Kette kirchlicher Beiträge zum Frieden über Gräben von Feindschaft, Haß und bitterem Leid hinweg Sie waren jeweils zunächst auf innerkirchliche Verständigung ausgerichtet. Konfessionelle und nationale Grenzen wurden dabei aber transzendiert. Aus ihrer konfessionell schwierigeren Lage heraus haben die evangelischen Minderheitskirchen und der Polnische Ökumenische Rat ihrerseits grenzenüberschreitend zur Verständigung unter Christen beigetragen Gerade die unterschiedlichen äußeren und inneren Voraussetzungen der Versöhnung bei den Verfassern der Dokumente haben dazu geführt, daß ungeplant daraus ein *ökumenischer Lernprozeß über nationale Grenzen hinweg* zustande kam.

Was haben diese Vorgänge auf der politischen Ebene bewirkt? Was haben Christen und Kirchen aus diesem Dialog gelernt?

1. Die erste Frage will ich mit drei Thesen beantworten. (1) Beiträge zu Frieden und Versöhnung sind *Akte des Gehorsams gegenüber dem Auftrag der Kirche.* Darum kann die Kirche sich von Regierungen oder gesellschaftlichen Gruppen Inhalt und Zielrichtung ihrer Bemühungen nicht vorschreiben oder verbieten lassen. Sie riskierte im Osten Rechte und Wirkungsmöglichkeiten, im Westen ihr öffentliches Ansehen. Dieses Risiko gehört zu den geistlichen Bedingungen ihrer Existenz; es muß also getragen werden. Friedensbemühungen sind zugleich aber *abhängig von der Verfassung des Staates, in dem die Kirche lebt* und ihre Präsenz zu bewähren hat. Den je verschiedenen Handlungsrahmen muß sie nützen. Erst im Vollzug ihres Handelns zeigt sich, wieweit die der Kirche gesteckten Grenzen im sozialistischen und im pluralistisch-demokratischen Staat elastisch sind.

(2) Wirksame Friedensbemühungen erfordern Kenntnisse über die Partner, auch *Information über Bewußtseinslagen innerhalb der Gesellschaft.* Viele Einsichten sind heute nur durch öffentliche Diskussion zu gewinnen. Diese bringt zutage, was an schweren Erfahrungen im Gedächtnis der Völker noch nicht verarbeitet ist und unterschwellig die po-litische Meinungsbildung beeinflußt. Bei Polen und Deutschen belasteten noch immer die schweren Kriegs- und Nachkriegserfahrungen das Denken und Handeln. Daß in den Diskussionen im Westen und Osten ähnliche, zum Teil sogar gleiche Argumente *gegen* Friedensbemühungen der Kirchen gebraucht wurden, zeigt, daß auch im Westen unsachlich-ideologische Elemente die Urteilsbildung beeinflußten. Das Freund-Feind-Denken mußte auf beiden Seiten überwunden werden. Das gelingt erst, wenn sachliche Informationen über ehemalige Gegner aufgenommen und deren andersartige Schritte zum Ausgleich verständlich werden.

(3) Mit der Entscheidung für die öffentliche Diskussion akzeptiert die Kirche *die Bedingungen der Publizität.* Das internationale Kommunika-

tionssystem unterwirft auch kirchliche Äußerungen dem komplizierten Prozeß der Konfrontation mit anderen Meinungen und der Reproduktion durch verschiedene Publikationsmittel (Radio, Zeitung, Fernsehen usw.). Darum muß mit Akzentverschiebungen und Entstellungen gerechnet werden; sie kommen durch Kritik und durch Zustimmung zustanden und wirken ihrerseits auf Hörer und Leser im Inland und Ausland zurück. Gerade so vollzieht sich heute jener Kommunikationsprozeß, durch den christliche Kriterien des Verhaltens in die öffentliche Urteilsbildung eingehen.

Wir wissen, daß die Ostverträge 1970 und 1971 abgeschlossen wurden (Moskau, Warschau; Prag erst 1973). Politiker und Völkerrechtler sind der Meinung, daß diese wichtigen politischen Zwischenziele ohne die hier geschilderten Vorgänge damals nicht erreicht worden wären.

2. Meine zweite Frage lautete: Was haben Christen und Kirchen aus dem Dialog für ihren weiteren Weg gelernt? Da die skizzierten Friedensbemühungen in Deutschland und Polen von den Kirchen in anderen Ländern Europas aufmerksam verfolgt wurden, haben sie auch im weiteren internationalen Rahmen die Verständigung gefördert. In der Konferenz Europäischer Kirchen (KEK) traten Unkenntnis der Partner und Vorurteile zurück; es konnte nun offen miteinander gearbeitet werden. Darauf gehe ich später ein. Den Gewinn der beteiligten Kirchen will ich an drei Beispielen erläutern.

(1) Die Evangelische Kirche in Deutschland hatte durch die Friedensinitiativen Einblick in die Lebens- und Arbeitsbedingungen auch der Minderheitskirchen in Polen gewonnen; bis dahin waren sie nahezu unbekannt. Die Träger kirchlicher Verantwortung erfuhren Näheres über das Leben der Gemeinden, über zwischenkirchliche Kontakte. Mit Staunen wurde wahrgenommen, daß diese zahlenmäßig kleinen Kirchen Wege zu koordinierter Ausbildung ihrer jungen Theologen gefunden hatten durch den Aufbau der Christlichen Akademie in Warschau. In den Blick kam auch, wie schwierig eine Kommunikation mit der Katholischen Kirche Polens zu realisieren war, selbst in der Friedensfrage. Ein wichtiges Resultat des Dialogs über Versöhnung war die Gründung des ständigen Deutsch-Polnischen Ausschusses (Vorsitz: Kirchenpräsident Dr. H. Hild). Er ermöglichte, laufende Erfahrungen über die Grenzen hinweg auszutauschen und Begegnungen sowie nötige Hilfen zu vereinbaren. Er hat sich als Instrument für den Aufbau dieser kirchlichen Beziehungen auf mehreren Ebenen erwiesen.

(2) Weniger beachtet, aber bedeutsam war die indirekte Wirkung des Dialogs zwischen Deutschen und Polen. In der EKD kam zu Bewußtsein,

daß die Friedensdienst-Organisationen, hier vor allem Aktion Sühnezeichen/Friedensdienst, seit Jahren mit ihren Aktivitäten sensible Verständigungsarbeit geleistet hatten. Diese Freiwilligen-Gruppen hatten durch Dienstangebote beim Aufbau von Kinder- und Altersheimen für Überlebende des Holocaust, von Gedenkstätten in Auschwitz und Stutthof und von der Versöhnungskirche in Nowa Huta/Krakau mit jungen Menschen den Boden für gegenseitiges Verstehen bereitet. Ohne freie Bemühungen derartiger Basisgruppen kann die Kirche ihren Versöhnungsdienst nicht ausrichten. Aufgrund dieser Einsicht sind die Friedensdienste seit den siebziger Jahren (in begrenztem Umfang) von der EKD gefördert worden.

(3) Auf polnischer Seite ermutigte der Dialog die Minderheitskirchen zu weiteren Initiativen. (Hier wird von Schritten der Katholischen Kirche abgesehen.) Professor Dr. Ludwig Raiser, Vorsitzender der Evangelischen Kammer für öffentliche Verantwortung, wurde 1971 zu Gesprächen in den Polnischen Ökumenischen Rat nach Warschau eingeladen. In seinem Referat hat er die Denkschrift in den Kontext anderer Friedensbemühungen der EKD gestellt und Perspektiven für die Zukunft entwickelt. Aufgrund entsprechender Publikationen wurden 1974 drei Wissenschaftler der Forschungsstätte der Evangelischen Studiengemeinschaft (FEST) in Heidelberg (Professor Dr. Heinz Eduard Tödt, Dr. Ilse Tödt und ich) zu einem fünftägigen Besuch nach Polen eingeladen, um die Schritte zur Versöhnung zu vertiefen. Neben einer Tagung zur Friedensverantwortung umfaßte diese Begegnung Gespräche mit der Leitung der evangelischen Kirchen, dem Leiter der Christlichen Akademie und der polnischen Bibel-Gesellschaft. Unverzichtbar war ein Besuch der Gedenkstätte Auschwitz. Anschließend haben wir zwei evangelische Gemeinden, deren Pfarrer wir in der Schweiz kennengelernt hatten, besucht und in Nowa Huta Gespräche mit Halina Bortnowska und Priestern der Versöhnungskirche dort geführt. Diese Begegnungen gaben guten Einblick in die Probleme und Hoffnungen der Christen und Kirchen in Polen. Nach der Rückkehr haben wir durch Berichte in der EKD unsere Eindrücke und Anregungen vermittelt. Bei unseren katholischen Gesprächspartnern in der Friedensforschung wiesen wir immer wieder darauf hin, daß die Ökumene in Polen neben der Katholischen Kirche evangelische, orthodoxe und altkatholische Minderheitskirchen mitumfaßt – ein bescheidener Freundschaftsdienst in der schwierigen konfessionellen Situation, die Ihnen in Polen wenig Gelegenheit zu ermutigenden ökumenischen Erfahrungen bietet.

Bei diesen Begegnungen mit Polen 1974 wurde uns bewußt, welches Hemmnis die Sprachbarriere auf dem Weg der Versöhnung bedeutet.

Einige Pläne, die wir erarbeiteten, besonders für Theologen in der Ausbildung, sind an dieser Barriere leider gescheitert. Wir haben es selbst neben der täglichen Arbeitslast nicht geschafft, Polnisch zu lernen; das bedaure ich sehr. Es gelang nur in einem Fall, deutsche Theologiestudenten für das Erlernen der polnischen Sprache zu gewinnen.

3. Die Ostdenkschrift hat in der Bundesrepublik durch die anhaltenden Diskussionen in Gemeinden und Gruppen vor allem dazu beigetragen, daß die *inneren Voraussetzungen für Versöhnung und Friedensaufgaben* geschaffen wurden. Das zeigte sich deutlich an dem informellen, immer breiter werdenden Strom ehemaliger Schlesier, Ostpreußen, Pommern, Danziger usw., die seit den siebziger Jahren – also vor der Wende – in ihre alte Heimat fuhren, mit den dort nun ansässigen Polen Kontakte aufnahmen und oft Freundschaft schlossen. Diese zahlreichen individuellen Verbindungen sind unverzichtbare Mosaiksteine beim Bau neuer Brücken zwischen den Völkern, weil sie in tiefgreifenden Erfahrungen wurzeln. Für diejenigen Ostdeutschen, die in den ersten Nachkriegsjahren noch in der Heimat waren, gab es bereits im Zusammen-leben mit ehemaligen Feinden vielfachen Anlaß, sich mit den Folgen der NS-Herrrschaft auseinanderzusetzen. Diese Nachkriegserfahrungen haben bei mir den *Prozeß des Umdenkens* in Gang gesetzt.

Infolge eines mißglückten Treckversuchs nach Westen in den letzten Kriegstagen lebten wir noch bis Ende 1946 in Schlesien. Bildlich gesprochen, könnte ich diese Phase als »Begegnung mit der Kehrseite deutscher Geschichte in der NS-Zeit« beschreiben. Im Sommer 1945 erlebte ich unter sowjetischer Besatzung die »andere Seite« deutscher Kriegsgeschichte dadurch, daß – neben dem Militär – ehemalige russische Zwangsarbeiter unter den Verwaltern unseres Familiengutes waren; hie und da erfuhren wir hautnah, wie sie den Krieg und die Herrschaft der Deutschen erlebt hatten.

Der anderen Seite der NS-Politik begegnete ich dann als Landarbeiterin auf unserem Gutshof unter polnischer Verwaltung ab Herbst 1945. Der staatlich bestellte Administrator war zuvor Häftling im KZ Stutthof gewesen. Er holte mich bald ins Gutsbüro. In dieser oft schwierigen Zusammenarbeit erfuhr ich durch mancherlei Zufälle, was Folter, Zwangsarbeit und Hunger bewirkten. Wir sahen, wie viele vertraute Dorfbewohner zwangsweise ausgesiedelt wurden, und erlebten auch, wie aus dem Lemberger Gebiet ausgewiesene Polen, verzagt und mit geringer Habe, in deutsche Häuser und Bauernhöfe einzogen. Später erlebte ich selbst das Fremdsein, auch unter Deutschen, in drei Jahren eines Bunker-Daseins mit meinen Kindern in einem norddeutschen Dorf, wo wir eine

Bleibe fanden. Wenn wir auf die unbekannte Seite der Geschichte geraten, beginnt unausweichlich ein schmerzhaftes Lernen.

Erst in der Rückschau habe ich erkannt, daß dies eine Horizonterweiterung bedeutete. Dazu ein Beispiel: Im Herbst 1945 befahl die polnische Verwaltung in Schlesien, daß alle Deutschen eine weiße Armbinde zu tragen hatten - so wie jüdische Mitbürger im NS-Staat den gelben Davidstern tragen mußten, sagten wir uns. Aber wir waren nicht Verfolgte wie sie; wir waren nur sofort als Deutsche erkennbar und somit Schikanen ausgesetzt. Wir begriffen, was solch ein Stigma bedeutet hat, wenn diese Männer - Männer, Frauen und Kinder - in Arbeitslager oder KZs verschleppt wurden. Von den Gasöfen wußten wir damals noch nichts. Die weiße Armbinde löste bei uns die Frage aus: Sind für die Polen Nazis und Deutsche identisch? Wir suchten bei einzelnen zu verstehen, was sie von Deutschen erlitten. Wir nahmen uns vor, soweit es an uns liegt, andere Erfahrungen zu vermitteln, als Polen sie mit dem Nazi-Regime gemacht hatten.

Es waren also schwierige Alltagserlebnisse jener Zeit unter Menschen, die von Deutschen mißhandelt oder gedemütigt wurden, die schon in den ersten Nachkriegsjahren zu einem neuen Denkansatz führten. Später, in der Rückschau, habe ich entdeckt, daß diese Zeit einen Vorsprung des Denkens brachte. Viele Spätvertriebene haben ähnliches erlebt und gelernt.

III. Kooperation der Kirchen in veränderten Friedensaufgaben in Europa

Noch 25 Jahre nach Kriegsende bezogen sich die Friedensaufgaben in der Sicht der Kirchen auf Überwindung von Feindschaft und Aufarbeitung der Kriegsfolgen. Längst waren jedoch neue, andersartige Gefährdungen des Friedens durch das von den USA und der UdSSR entwickelte atomare Abschreckungssystem entstanden. Das auf Verteidigung zielende Wettrüsten beider Machtblöcke, das zunehmende Investitionen in immer kompliziertere Waffensysteme erforderte, bot nur eine trügerische Sicherheit. Zudem verschlang der materielle und finanzielle Aufwand dieser Waffen im Westen und Osten immense Mittel, die für die Behebung von Armut und Gesundheitsmängeln in Europa, von Hunger und Unterentwicklung in anderen Kontinenten dringend benötigt wurden. Der Eiserne Vorhang spaltete Europa in zwei verfeindete Systeme und blockierte auch die Friedensbemühungen nichtstaatlicher Organisationen. Die 1975 in Helsinki gegründete »Konferenz für Sicherheit und Zusammenarbeit in Europa« (KSZE) brachte nur schrittweise Erleichterungen für Kontakte. Die Fragestellungen hatten sich also verändert. Zwei Probleme rückten ins Zentrum der Friedensverantwortung: die Verschwendung von Ressourcen der Erde, von finanziellen Mitteln und menschlichen Kräften in wachsenden Zerstörungspotentialen, und die Rückwirkung dieser Politik des »Kalten Krieges« auf die Entwicklungsländer. Welche Rolle sollte Europa in dem interdependenten Weltsystem übernehmen?

1. So fragten vor allem die Kirchen. Angesichts der Übermacht der technischen Abschreckungssysteme waren viele Christen und Kirchenleitungen in Gefahr zu resignieren. Die komplizierten Probleme der Abschreckung lagen außerhalb des Arbeitsfeldes der Kirchen. Theologen fehlten die wissenschaftlich-technischen Kenntnisse, um zu klären, wo und wie kritische Beiträge angesichts der bedrohlichen Sicherheitspolitik ansetzen könnten. Auf welche Weise Friedensverantwortung nun wahrzunehmen sei, war wiederum hart umstritten. Es gehört zu den wichtigen Einsichten jener Jahre, daß einige Kirchen – in den USA, den Niederlanden, der Bundesrepublik Deutschland – gezielt das Gespräch mit Naturwissenschaftlern aufnahmen, um mit deren Beratung die Friedensprobleme zu bearbeiten. Viele Physiker, Chemiker, Techniker, die ja die Wirkungen des Abschreckungssystems beurteilen konnten, waren zur Mitarbeit in den Kirchen bereit. In Forschungsgruppen und Instituten bildeten sich Zentren der Kooperation von Theologen und Naturwissenschaftlern – eine Wiederbelebung der reformatorischen Einsicht von der Mitverantwortung der Laien in der Kirche (Priestertum der Gläubigen, I Petrus 2,9). In der technischen Welt – das wissen wir heute – erfordern die Entwicklungen auch in anderen Bereichen, Medizin, Landwirtschaft, Ökonomie u.a., Beratung und Zusammenarbeit mit Wissenschaftlern, um zu klären, wo ethische Fragen aufbrechen und wie mit der biblischen Botschaft vermittelte Antworten darauf weiter zu bearbeiten sind. Damals standen die Kirchen vor Neuland. Sie waren zu einem Lernprozeß herausgefordert, der Jahre dauerte. Im Rahmen des Ökumenischen Rates der Kirchen in Genf wurde dieses Lernen mit Entschiedenheit begonnen. Dementsprechend suchte auch die »Konferenz Europäischer Kirchen« (KEK) neue Arbeitsstrukturen im Blick auf die Friedensverantwortung zu bilden. Eingeleitet wurde der neue Weg bei der KEK-Vollversammlung 1973 in Engelberg/Schweiz. Bezeichnend war nun das Ineinandergreifen von Entspannungsbemühungen zwischen zuvor verfeindeten Ländern und solchen angesichts der neuen Spannungen zwischen den Machtblökken USA und UdSSR sowie gewaltsamer Konflikte in anderen Kontinen-

ten; das hatte das Präsidium der KEK beschrieben. Die Kirchen müßten in dieser friedlosen Welt lernen, ihren Auftrag in realen Schritten zu erfüllen (Referat Präses D. Ernst Wilm):

»Wir haben Chancen als eine Gemeinschaft von Kirchen [in Europa], die in sehr unterschiedlichen Gesellschaftssystemen leben. In dieser Gemeinschaft können wir uns intensiver austauschen, als es Kirchen in der großen Ökumene können. Versöhnung, gerade weil sie von Gott herkommt, hat sowohl einen eminent personalen als auch einen entscheidenden Bezug zu der Welt; sie ist somit auch eine Angelegenheit zwischen Gruppen, Völkern, menschlichen Gesellschaftssystemen. Darum kann und soll das Verhalten der Christen reale Gestalt haben, die Hindernisse überwindet, die schöpferisch und erfinderisch ist.«

Die Erfahrungen bei dem gelungenen Dialog über Versöhnung zwischen den Kirchen in Deutschland und Polen 1965/66, auf die man ausdrücklich Bezug nahm, ermutigten, drängende neue Probleme im politischen Bereich offen anzusprechen: »Insoweit wird der Auftrag der Kirchen weiter herausfordern, konkrete Beiträge einzubringen zu Leben, Gerechtigkeit, Freiheit und wieder Frieden und Versöhnung.«

Die ständige Konferenz für Sicherheit und Zusammenarbeit in Europa (KSZE) entsprach solch einer Herausforderung. Daher stellten sich folgende Fragen:

- Was haben die Kirchen in Europa in diese politische Konferenz einzubringen?
- Gibt es Voraussetzungen, die erfüllt sein müßten? Ist die Reduzierung der Rüstung oder die Abrüstung aller Atomwaffen, B- und C-Waffen eine solche Voraussetzung?
- Ist die Aufnahme beider deutscher Staaten in die UNO eine solche Voraussetzung?

Kirchenpräsident D. Hild, Hauptreferent der Vollversammlung, vertiefte die Reflexion der veränderten Probleme: Künftige Friedensbeiträge der Kirchen setzten einen Prozeß der Erneuerung voraus, ein aufrichtiges Ringen um ihre Gemeinschaft in Christus, die Friedensfähigkeit bewirkt. Da Menschen heute die »negative Verfügungsgewalt« errungen haben, auf ganzen Erdteilen menschliches Leben auszurotten, muß weit mehr geschehen als Kriegsverhütung. Viele kleine Schritte auf mehreren Ebenen sind notwendig, die die Kirchen koordiniert unternehmen sollten: »zwischen den Positionen des gespaltenen Kontinents zu vermitteln, gegenseitiges Verständnis zu wecken, gemeinsame Vorstellungen zu entwickeln, Tendenzen der Polarisierung entgegenzuwirken und neue Spaltungen zu verhindern.«

In vier Sektionen haben kirchliche Delegierte aus West und Ost, Theologen und Wissenschaftler, Ansatzpunkte und Perspektiven für diese Friedensarbeit innerhalb der Kirchen und in die Gesellschaften hinein erarbeitet. Die Ergebnisse führten zur Bildung von zwei ständigen Studiengruppen der KEK, gemischt bezüglich nationaler und konfessioneller Herkunft, mit dem Arbeitsziel, die Verständigung untereinander zu vertiefen und die Friedensverantwortung gemeinsam wahrnehmen zu können. Im Blick auf den gelungenen *ökumenischen Dialog zwischen Kirchen in Polen und Deutschland 1965/66* war es schmerzlich, daß die katholische Kirche in Rom eine kontinuierliche Zusammenarbeit in der KEK ablehnte, nur von Fall zu Fall Beobachter entsandte.

2. Im Rückblick auf die zwischenkirchlichen Kommunikationsprozesse der Folgezeit, die jährlichen Konsultationen dieser Studiengruppen zum Frieden und zur Theologie in Europa – unter brisanten Themen wie »Europa und die Entwicklungsregionen«, »Entspannung und Abrüstung«, »Europa und die Weltökumene«, »Hüter des Lebens, Boten des Friedens in der bedrohten Welt« – sowie die spätere Vollversammlung zeigt sich, daß die mühevolle Aufarbeitung der belasteten Vergangenheit zwischen 1960 und 1973 diese Friedensarbeit befruchtet hat. Delegierte der Kirchen begegneten sich nicht als Fremde, vielmehr als *Glieder der ökumenischen Lerngemeinschaft*, die nun versuchte, gemeinsam in kleinen Schritten zur Friedensförderung beizutragen. Als Glied der Studiengruppe für Frieden kann ich das aus eigener Erfahrung bezeugen. Drei in dieser Kooperation gewonnene Erkenntnisse möchte ich hervorheben, weil sie auch für die Zukunft von Bedeutung sind:

a) Die Mitarbeitenden lernten, *Frieden* nicht als Zustand zu verstehen, sondern als *mehrdimensionalen Prozeß der Minimierung von Gewalt, von Not und Unfreiheit*, aber auch von Angst. Er mußte auf globaler, regionaler und nationaler Ebene in Gang kommen, ebenso auf der Ebene der innergesellschaftlichen Gruppen. Dabei hatte die Theologie darauf zu beharren, daß Menschen in dieser Welt die totale Abschaffung von Gewalt, Not, Unfreiheit nicht gelingen wird. Sie ist von Gott verheißen, nicht von Menschen machbar. Die Minderung solcher Bedrohungen erwächst aus der Hoffnung auf das Kommen des Reiches Gottes.

b) Die Aufgabe, den Rüstungswettlauf der Machtblöcke denkerisch zu durchdringen, um Ansätze für Friedensforschung zu finden, führte *gemeinsam durch Ohnmachtserfahrungen*. Da die Waffenproduktion immer mehr Ressourcen und eine wachsende Zahl von Menschen erforderte, entstand fortschreitend eine »Militarisierung« von Lebensbereichen. Nun erkannte man: »Die Notwendigkeit, unser Verhalten gegenüber diesen

Problemen von Grund auf zu ändern, ist *in der Verantwortung für Gottes Schöpfung begründet*; diese bezieht sich nicht allein auf die gegenwärtigen und zukünftigen Lebensbedingungen der Menschen, sondern der gesamten Natur. Für die Wahrnehmung dieser Verantwortung [steht] nur die begrenzte Lebenszeit zur Verfügung.« (Siòfok-Konsultation 1978)

Ihrer verschiedenen Situation entsprechend sind *gemeinsame und unterschiedliche Schritte der Kirchen* erforderlich.

c) Die Arbeit an diesen Zusammenhängen führte zu einer überraschenden Erfahrung: »Im Verständnis der Schöpfung und der den Menschen aufgetragenen *Verantwortung, alles Geschaffene zu nutzen und zu bewahren*, stehen sich die Kirchen verschiedener christlicher Tradition viel näher, als es bisher bewußt war.«

Die Glieder der orthodoxen Kirche teilten diese Einsicht. Es geht dabei um den sinnvollen Umgang mit allen Kreaturen, den Kräften der Natur und den eigenen Gaben und Fähigkeiten. Ziel war es, wieder zu einem »ganzheitlichen Lebensverständnis zu gelangen, das Gottes liebender Zuwendung zur Welt entspricht«. Die Verantwortung für Frieden und für Gottes Schöpfung sollte nach gemeinsamer Überzeugung ins Zentrum des gottesdienstlichen und gemeindlichen Lebens gerückt werden (Siòfok; ebenso Vollversammlung Kreta 1979).

IV. Schritte zu guter Nachbarschaft zwischen Deutschen und Polen

Mit dem unerwarteten Zusammenbrechen des Ostblocks traten wiederum tiefgreifende Veränderungen ein. Die Grenzen sind offen. Das Konzept »Sicherheit durch Abschreckung« ist hinfällig geworden. Der »Kalte Krieg« hat jedoch Spuren hinterlassen. Europa steht vor der Möglichkeit einer Integration der Staaten, die zum Teil im Bereich der Ökonomie, Wissenschaft und Kultur schon lange zusammenarbeiten.

Die Divergenz der Lebensbedingungen in Ost und West ist offenkundig. Auf welche Weise die Völker sich gegenseitig nutzen und ein künftiges Europa bauen könnten, ist noch keineswegs klar vor Augen. Die Friedensaufgaben können als Friedensgestaltung umschrieben werden. »Versöhnung leben in einem menschlichen Europa« lautet daher eines der Stichworte, mit denen Christen und Kirchen ihren Auftrag im Prozeß des Zusammenwachsens zu bezeichnen suchen. Auch die neue Phase erfordert viele kleine Schritte auf verschiedenen Ebenen, um neue Kooperationsstrukturen aufzubauen und gute Nachbarschaft zu realisieren.

Unsere Stiftung ist nur eine kleine Aktionsgruppe im Rahmen der großen Prozesse, die in Europa Frieden, Gerechtigkeit und Bewahrung der Schöpfung fördern sollen. Die Ziele, die wir uns gesteckt haben, faßt die Satzung knapp zusammen: »Gemeinsame Friedensaufgaben zur Bewahrung der Lebenswelt in deutsch-polnischen Begegnungen«. Weil es um vielschichtige Prozesse geht, haben wir verschiedene Schwerpunkte gewählt, um breitere Erfahrungen zu sammeln:

Die seit vielen Jahren bewährten Studienfahrten mit Studierenden der Sozialpädagogik nach Auschwitz und Krakau unter Leitung von Professor Kurt Senne - neuerdings parallel dazu Studienfahrten mit Theologiestudenten nach Auschwitz und Swidnicza (Friedenskirche, Gemeindebesuch).

Als Beitrag zu verbesserten Lebensbedingungen von Kindern in Schlesien Unterstützung des Regionalkrankenhauses (Kinderabteilung) in Duszniki Zdroj.

Förderung polnischer Teilnehmer an internationalen ökumenischen Veranstaltungen für Frieden und Gerechtigkeit (Rahmen: »Zwillingspartnerschaften) - in Einzelfällen auf begründeten Antrag Stipendium für polnische Studenten in Deutschland.

Ich bin dankbar für die Begegnung bei diesem Symposium. Es gibt Gelegenheit, Erfahrungen auszutauschen und miteinander fruchtbare Beiträge zu guter Nachbarschaft zu diskutieren. Ohne das geduldige Bemühen um gegenseitiges Verstehen und beharrliches Nachdenken über sinnvolle Schritte zur Förderung von Frieden und Gerechtigkeit werden wir das gemeinsame »Haus Europa« nicht bauen können. Was wir in den 51 Jahren nach Kriegsende diesseits und jenseits der Grenze erkannt und gelernt haben, das sind jedenfalls Bausteine bei diesem Vorhaben.

Um das Auffinden der historischen Quellen zu erleichtern, folgen einige Literaturhinweise:

Die Lage der Vertriebenen und das Verhältnis des deutschen Volkes zu seinen östlichen Nachbarn. Eine evangelische Denkschrift (Oktober 1965), herausgegeben von der Kirchenkanzlei der EKD, 6. Auflage Hannover 1965. Vgl. unten im vorliegenden Band Dokumente 1.: Fragestellungen dieser Denkschrift in Stichworten

Vertreibung und Versöhnung. Die Synode der EKD zur Denkschrift »Die Lage der Vertriebenen und das Verhältnis des deutschen Volkes zu seinen östlichen Nachbarn«, herausgegeben von E. Wilkens im Auftrag der Synode, Stuttgart 1966

Otto B. Roegele (Herausgeber), Der Briefwechsel der Bischöfe Polens und Deutschlands und seine Folgen. Eine Dokumentation mit einer Einführung (von O. B. Roegele), Osnabrück 1966

Charta der Heimatvertriebenen – Stuttgart 5. 8. 1950, in: R. Henkys, Deutschland und die östlichen Nachbarn. Beiträge zu einer evangelischen Denkschrift, Stuttgart 1966, Seite 231 f

Gerta Scharffenorth, Bilanz der Ostdenkschrift – Echo und Wirkung in Polen. Darstellung, Analyse, Dokumentation, Hamburg 1968 (dokumentiert sind Texte der polnischen Kirchen in deutscher Übersetzung)

Konferenz Europäischer Kirchen (Herausgeber), Kreuzwege der europäischen Kirchen. Bericht der VII. Vollversammlung der KEK in Engelberg/Schweiz 16.-23. 9. 1974, Frankfurt am Main 1975

Konferenz Europäischer Kirchen (Herausgeber), Studienhefte der KEK nach der Konferenz für Sicherheit und Zusammenarbeit in Europa, Nr. 7, 8, 9, 11, 12 Genf 1976, 1977, 1978, 1979, 1980

Konferenz Europäischer Kirchen (Herausgeber), Vorbereitungsdokument für die VIII. Vollversammlung der KEK in Kreta 1979, Genf 1979

Karin Tomala

Zur Situation im demokratischen Polen

I. Rückblicke

Was hat sich nicht alles in den wenigen Jahren nach dem großen systempolitischen Umbruch in Polen gewandelt! Acht Jahre sind gerade erst verstrichen, und die alte Zeit scheint weit entfernt zu sein, Tage, Monate, Jahre. Denkt man an sie, werden Erinnerungen wach aus einer Zeit, die vergangen ist und heute zur Geschichte gehört. So denken wohl die meisten Polen. Es war eine schwere Zeit – frühmorgens um fünf Uhr in klirrender Kälte vor dem Geschäft Schlange stehen, um einen Liter Milch oder auch ein Stückchen Butter zu ergattern, sehnsüchtig bunte Bilder über ferne Länder betrachten, sich eingesperrt und bevormundet fühlen. Verfrachtung von Oppositionellen in Internierungslager, Reglementierung von Lebensmitteln und Düngemitteln, blühende Schwarzmarktgeschäfte und bornierte Kader im Politbüro, die immer eine Antwort und Weisung parat hatten. Ein sicherer Arbeitsplatz... All das ruht nun in der kostbaren Schatztruhe der Erinnerungen. Klappt man sie auf und schaut hinein, so verschieben sich freilich so manche Perspektiven, die einen sieht man nur noch verklärt, die anderen kristallklar in der Wahrnehmung und Wertung.

Fährt man heute durch Polen, sind die großen Wandlungen mit dem bloßen Auge zu erblicken, sei es nun in den sanften Tälern des Riesengebirges, am Fuße der Schneekoppe, wo ökumenische Begegnungen stattfinden können, oder in der Region Mazowsche mit ihren Trauerweiden, in den entlegensten Winkeln, wo der Bauer noch mit Pflug, Egge und Pferd den Acker bestellt, oder in den Großstädten. Überall ist es bunter geworden. Überall regt sich emsiges Leben, wird gebaut, modernisiert und fleißig gearbeitet, um Geld zu verdienen, zu konsumieren, um besser zu leben. Das ist die große Maxime des neuen Lebensstils. Wem kann man das verdenken, der früher darben mußte.

In dem einst eher abgelegenen osteuropäischen Land, von Zynikern im eigenen Lande auch »die lustigste Baracke im sozialistischen Lager« genannt, in der es »locker« zuging, nicht so verkrampft wie anderen Ostblockstaaten, kämpfen heute Investoren und Geschäftsleute aus der ganzen Welt um Marktanteile. Die Börse blüht, spekuliert wird mit Aktienpaketen, modernes Management entwickelt sich, die Risikobereitschaft wächst. Die Geschäfte quellen über. Es mangelt weder an Lebensmitteln, an Delikatessen, noch an langlebigen Konsumgütern, Luxusmobilen oder Luxusheimen, wenn man es wünscht, nach Katalog oder ohne, importiert aus der ganzen Welt. Privatschulen, Privatuniversitäten, Boutiquen, Feinschmeckerrestaurants und exotische Reisen gehören ebenfalls dazu. Doch nicht nur dieses Bild ist prägend für die Aufbruchsphase. Die Verarmung eines Teils der Bevölkerung ist nicht zu übersehen. Zunehmend vertieft sich die Polarisierung. So gibt es viele Gewinner, und es gibt auch Opfer. Viele neue Freiheiten besitzen die Polen, politische Bürgerfreiheiten und persönliche Freiheiten. Bedrängt werden sie aber auch durch neue Unfreiheiten wie soziale Unsicherheit, zunehmende Kriminalität, vor allem unter Jugendlichen, Schattenwirtschaft und maffiöse Banden.

Keime der Demokratisierung

Die Idee der Demokratisierung entstand nicht erst mit dem großen politischen Umbruch Ende der achtziger Jahre. Bereits lange vorher ergriff sie die Herzen vieler Menschen und wurde Teil ihrer Sehnsüchte, so wie in den Jahrhunderte andauernden Kämpfen um die Freiheit und das Sein, erst wie eine bohrende Krankheit, die die Herrschenden mit Stumpf und Stiel zu »behandeln« versuchten. Die Rezepte wiederholten sich, erst nach dem Arbeiteraufstand in Posen 1956, dann nach den Studentenunruhen in Warschau 1968, und den sozialen Unruhen in Danzig 1970 und 1976 in Radom. Die Sehnsüchte konnten nicht verdrängt, geschweige denn ausgerottet werden. Der Keim aufgestauter Enttäuschungen und Verbitterungen über unerfüllte Hoffnungen trug Früchte, als im August 1981 das Danziger Abkommen zwischen dem Streikkomitee der Werftarbeiter, angeführt vom damaligen Betriebselektriker Lech Walesa, und der kommunistischen Führungselite unterzeichnet wurde. Geboren wurde die große Volksbewegung *Solidarnosc*, und der Mythos von der Kraft der Arbeiter wurde Wirklichkeit.

Der Franzose Emile Durkheim definierte Solidarität nicht nur als eine moralische Verpflichtung, sondern auch als Merkmal menschlicher Gemeinschaften, von denen Autonomie gefordert wird. So eine Autonomiebewegung entwickelte sich in den folgenden Jahren in Polen in immer schnellerem Tempo.

Der Danziger Vertrag war seinem Inhalt nach ein Kompromiß, den beide Seiten eingegangen waren. Es waren Kompromisse, die eine außerordentliche historische Tragweite in sich trugen, den Sieg der Revolution, wie es damals unter Intellektuellen, Studenten und Arbeitern hieß. Moskau tadelte zwar die Warschauer Genossen, durch ihre ständigen Konzessionen gegenüber »antisozialistischen Kräften die Konterrevolution zu begünstigen«. Weder Moskau noch der »Kriegszustand« konnten an dieser Entwicklung etwas ändern. Die Beschleunigung erfuhr ihre eigene Dynamik. Die fast tragische Sehnsucht, wieder verbunden zu sein mit den großen Ideen abendländischer Zivilisation, befreit aus den Tatzen des großen Bären, hatte den Aufbruch vorprogrammiert, obwohl die Macht, eine schwache Macht, noch nicht aus den Händen der alten Garde geglitten war.

Gebrochen war damit zum erstenmal in Polen mit der schrecklichen Tradition »Alles oder nichts«, »Sieg oder Tod«, auch wenn man nur die Chance hatte, am Abgrund zu balancieren. Die Opposition, die sich in der Bürgerrechtsbewegung der siebziger Jahre zu einer starken Formation entwickeln konnte und in den achtziger Jahren Unterstützung und Sympathien breiter Bevölkerungsschichten gewann, hatte aus der polnischen Geschichte Lehren gezogen, als sie sich zu Kompromissen bereit zeigte und lernen wollte, mit der Macht erst einmal zu koexistieren. Das hinderte nicht daran, daß aus der *Solidarnosc*-Bewegung mit Unterstützung der katholischen Kirche eine wahre zivile Regime-Opposition entstand. Sie war stark, und die Macht der Herrschenden, auch schon vom Reformgeist durchlöchert, nur noch schwach.

Die Parole »Es gibt keine Freiheit ohne *Solidarnosc*« wurde zur Grundstimmung im Lande. Den Niedergang des »sozialistischen Systems« symbolisierten die Gespräche am Runden Tisch im Frühjahr 1989, an dem die *Solidarnosc* erfolgreich verhandelte, nicht nur um ihre eigene Legalisierung, sondern auch um einen Wahlvertrag, nach dem sie die Chance erhielt, ein Drittel der Sejm-Plätze zu besetzen. Auch das war ein Kompromiß, der zwischen den verschiedenen Gruppierungen, darunter die katholische Kirche, ausgehandelt worden war.

Der große gesellschaftliche Umbruch

Mit den ersten Wahlen im Juni 1989 wurde der Sieg der *Solidarnosc* besiegelt, auch wenn formalrechtlich nur halbfreie Wahlen stattgefunden hatten. Vertraglich festgelegt, stellten die alten Parteiformationen, die *Polnische Vereinigte Arbeiterpartei*, die *Vereinigte Bauernpartei* und die *Demokratische Partei*, noch 65 % der Abgeordneten im Sejm. Diese Wahlen läuteten dann aber mit der Bildung einer nichtkommunistischen Regierung den großen gesellschaftspolitischen Umbruch ein. Bald darauf folgten auch die übrigen Länder des sowjetischen Blocks, bis dann zum

Schluß, im August 1991, die Sowjetunion selbst sich in das Lager der neuen Demokratien einreihte. Ein Weltreich stürzte wie ein Kartenhaus in sich zusammen, wie dünnes Porzellan zerbrachen seine Doktrinen.

Gesellschaftliche Erwartungen

Mit dem gesellschaftlichen Umbruch verband die Mehrheit der Bevölkerung die Hoffnung auf eine schnelle und nachhaltige Verbesserung der politischen und sozialen Verhältnisse sowie eine wesentliche Erhöhung des Lebensstandards und der Lebensqualität. Diese Hoffnungen, genährt durch die Versprechungen der ersten *Solidarnosc*-Regierungen, konnten nicht in Erfüllung gehen, weil eben die Ausgangsbedingungen so ungünstig waren. Die Erblast der Planwirtschaft und des Einparteiensystems drückte schwer. In allen Bereichen der Gesellschaft mußten neue Strukturen aufgebaut werden.

Wohin führt nun der andere Weg, auf dem sich Polen befindet? Können wir darauf schon heute eine eindeutige Antwort finden? Es ist schwer, aufzuzeichnen, wohin der andere Weg führen wird, gibt es doch bei aller Vielschichtigkeit und Gleichzeitigkeit politischer, ökonomischer und sozialer Entwicklungs- und Transformationsprobleme noch viele Unbekannte. Keine Unbekannte dagegen ist die Tatsache, daß Polen sich nicht nach Kommunismus, nach Sozialismus, weder einem rosaroten noch einem realen, noch einem mit menschlichem Gesicht, noch nach Reformkommunisten, sehnen. Nicht alle sind sich aber bewußt, daß nur wahre demokratische Herrschaftsstrukturen Freiheit, Wohlstand und die Würde des Menschen am besten garantieren können. Viele wünschen ein tolerantes, offenes und europäisches, katholisches Polen. Konzepte über Entwicklungsdiktaturen, mit denen Präsident Lech Walesa zu gern hausieren ging, finden bei der großen Mehrheit keine Unterstützung. Über den »Königsweg« streitet man weiter.

Es war eine Illusion zu glauben, daß nach dem Zusammenbruch des Systems die Normalität und der erste kleine Wohlstand in die polnischen Stuben einkehren werde. In Kreisen der *Solidarnosc*-Elite balancierte man zwischen Versprechen, die immer wieder unter die Massen gestreut wurden, und dem Abgrund, der die Last der Zukunft prägen sollte. Der Logik nach muß die Transformation Schritt für Schritt in allen Lebensbereichen, und das sehr behutsam, in Angriff genommen werden, damit sich die politische Lage stabilisieren kann. Die Normalität, von der man träumte, ist bis heute nicht erreicht, auch wenn sich die gesellschaftliche Situation, die politische, soziale wie auch ökonomische, grundlegend verändert hat mit enormen Entwicklungsschüben und mit ruhigen innenpolitischen Strukturen, auch wenn sie sich manchmal an der Grenze der Zerreißprobe befinden.

Es mutet wie ein Teufelskreis an. Nicht nur bestehen noch zahlreiche Altlasten, wie die anstehenden Reformen des Renten- und Versicherungssystem, sondern neue sind dazugekommen, wodurch die soziale Situation eines großen Teils der Bevölkerung, der Alten, Kranken, Schwachen, Kinder, kinderreichen Familien, Arbeitslosen, alles andere als frei und gerecht zu bewerten ist. Verwoben mit Optimismus und Pessimismus hat der normale Transformationsalltag begonnen, Marktwirtschaft und demokratische Herrschaftsstrukturen aufzubauen.

Beginn des Reformprozesses

Die Regierung von Tadeusz Mazowiecki, dem ersten nichtkommunistischen Ministerpräsidenten, startete unmittelbar nach den Wahlen 1989 den wirtschaftlichen Reformprozeß. Finanzminister Leszek Balcerowicz sagte nicht nur der Inflation den Kampf an, sondern realisierte seine Schocktherapie, die, ökonomisch gesehen, wohl ihre Logik besaß, aber gleichzeitig hohe soziale Kosten produzierte. Dabei wurden Hoffnungen gesät, Polen in kurzer Zeit in ein blühendes Land zu verwandeln, in dem es allen Menschen besser gehen werde. Diese Versprechungen sollten später dem *Solidarnosc*-Lager, vor allem der führenden Partei, der *Union der Freiheit UW*, Stimmen kosten. Bereits Anfang der neunziger Jahre zeigten Meinungsumfragen, daß so eine Schocktherapie als soziale Zumutung betrachtet wurde. Radikale Wirtschaftsreformen wurden in allen gesellschaftlichen Kreisen der Bevölkerung abgelehnt. Mit Angst vor dem kommenden Wahlzettel begann die Regierung bereits im Jahre 1992 die Schocktherapie abzuschwächen.

Innenpolitische Querelen, vor allem mit dem Präsidenten, verschärften die Situation. Es schien, als ob sich jeden Augenblick ein politisches Gewitter über das Land ergießen könnte. Im Sommer 1993 brachte die Sejm-Fraktion *Solidarnosc* einen Mißtrauensantrag gegenüber der Regierung Hanna Suchocka ein. Das Parlament stimmte dem zu, und Präsident Walesa löste das Parlament auf. Im September fanden bereits Neuwahlen statt, die die Linken gewannen. Die Abwahl der *Solidarnosc*-Regierung im Herbst 1993 war prompt die Antwort auf die eingeleitete Schockreformpolitik.

Die Koalition der *Sozialdemokratischen Vereinigung SLD* und der *Vereinigten Bauernpartei PSL* hält an den Grundzügen der Reform- und

Stabilitätspolitik fest, obwohl sich einige institutionelle und rechtliche Anpassungen wie die Sozialreform oder die Reprivatisierung zu langsam vollziehen. Die seit 1992 eingeleitete gradualistische Reformpolitik, vor allem im Privatisierungsprozeß, wurde weiter abgeschwächt, das heißt wesentlich verlangsamt. Mit Hilfe des alten Beziehungsgeflechts zwischen Politik und Wirtschaft sah die alte Nomenklatura hier ihre Chance, sich neu zu etablieren. Aber auch die politische Klasse, die aus der *Solidarnosc*-Bewegung kommt, hat sich auf einen festen Sessel im Wohlstandsgefüge placiert.

Demokratisierung

In Polen funktioniert heute ein demokratisches Herrschaftssystem mit einem demokratisch gewählten Parlament und einem demokratisch gewählten Präsidenten. Freie Wahlen - zwei Parlamentswahlen und zwei Präsidentschaftswahlen -, fanden bisher statt. Die Presse ist unabhängig. Der Blätter- und Verlagswald expandiert. Er kann informieren und kommentieren. Leider jedoch werden die Freiheiten in vollen Zügen genutzt, ohne in angemessener Weise Verantwortung zu übernehmen. Geschaffen wurden die Fundamente unabhängiger Gerichtsbarkeit, obwohl hier die Last der Vergangenheit noch Schatten wirft. Täter bleiben bis heute unbestraft und unbehelligt, Opfer stehen vor verschlossenen Türen. Die Aufarbeitung der Vergangenheit steht noch an. Im Sejm liegen inzwischen zahlreiche Gesetzesvorlagen zur Aufarbeitung der Vergangenheit, der sogenannten »Lustration«, zur Erhellung der Geschichte vor, insbesondere des Beziehungsgeflechts im Staatssicherheitsapparat. Geht es zum Beispiel in der Gesetzesvorlage von Präsident A. Kwasniewski um die Offenlegung der Akten von Personen, die sich um hohe politische Ämter bewerben, so fordern Gruppierungen wie *Solidarnosc* oder die *Bewegung zur Erneuerung Polens* den Zugang aller Bürger zu den Akten. Die *Union der Freiheit* wie auch der ehemalige Innenminister A. Milczanowski, noch immer ein enger Vertrauter des ehemaligen Präsidenten L. Walesa, stehen solchen Forderungen skeptisch gegenüber. Zur Verabschiedung einer Gesetzesvorlage fand sich bisher keine Mehrheit im Parlament. Das hat sicher mehrere Gründe. Im öffentlichen Bewußtsein lebt die Tradition von heroisierenden Mythenbildern fort. Über inoffizielle Mitarbeiter aus der *Solidarnosc*-Bewegung, über den Namen »Bolek«, Deckname für Walesa, sowie auch aus der katholischen Kirche gibt es immer mehr Gerüchte. Es wäre an der Zeit, diese zu untersuchen. Dann würden einige Heldenbilder oder Reformdenker andere Farben erhalten.

Was fehlt, ist nicht nur eine selbstkritische Haltung zur neuesten Geschichte. Es fehlt auch ein staatstragendes demokratisches Bewußtsein und eine gesellschaftlich-politische Organisationsstruktur. Ungünstig waren in den ersten Jahren die Voraussetzungen für das Funktionieren eines parlamentarischen demokratischen Systems. Die Bevölkerung war in eine politische Apathie verfallen und interessierte sich kaum für die Gestaltung des öffentlichen Lebens. Die politische Klasse unterschiedlicher Couleur betrieb den politischen Alltag mit spontanen Aggressionen und einem Krieg »auf der obersten Führungsetage«, wodurch nicht nur einmal die Fundamente des Systems bedroht waren. So entfaltet sich die einst vitale Zivilgesellschaft in der Umbruchsphase nur stockend weiter, weil demokratische Werte erst ein Teil des Bewußtseins werden müssen. Nach dem Sieg verschwanden demokratiestützende Tugenden wie Toleranz und Achtung unter einstigen Kampfgefährten. Nach Meinungsumfragen rangieren demokratische Institutionen wie Parlament und Parteien auch heute noch weit hinter der Armee und der Polizei. An dritter Stelle wurde die Kirche als Autorität im Lande genannt. Es ist eine Binsenwahrheit, daß erst wirtschaftlicher Erfolg, der sich in der Lebensqualität eines jeden niederschlägt, Demokratie stabilisiert.

Die polnische Gesellschaft ist heute politisch tief gespalten, obwohl in der Öffentlichkeit Werte wie Pluralismus und gesellschaftlicher Dialog gefordert werden. Die grundlegenden Menschenrechte, die politischen Grundfreiheiten, werden formal rechtlich garantiert. Doch die unveräußerlichen Rechte, die die Würde eines jeden Menschen begründen, nicht nur frei und gleichberechtigt geboren zu werden, sondern sich diese Rechte durch einen Rechtsstaat garantieren zu lassen, werden bei weitem nicht für alle realisiert. Die Freiheit zu wählen und die Freiheit, die eigenen Meinungen zu artikulieren, bedeuten zwar einen wichtigen Teil der unveräußerlichen Rechte eines Menschen auf Freiheit und Würde; sie müssen aber durch soziale und wirtschaftliche Entwicklungen abgefedert werden, damit ein würdevolles Leben nicht nur einigen zukommt. In dieser Hinsicht liegt noch ein weites Feld vor Polen.

Emigration der Gehirne

Direktoren von Schulen klagen, daß es im Bildungswesen an vielem fehlt. Der ordnungsgemäße Unterricht erfolgt nur mit Mitteln, die die Eltern einbringen. Die Lehrer verdienen ihren zusätzlichen Lebensunterhalt immer öfter in denselben Klassenräumen, in denen sie vormittags unterrichten, nur eben dann mit »Kursen« oder »Nachhilfeunterricht«, für den privat gezahlt werden muß. Die privaten Bildungseinrichtungen schießen wie Pilze aus der Erde. Doch hier müssen ein bis zwei Durchschnittsgehälter bis Hunderte von US-Dollar im Monat aufgebracht werden. Die Haushaltsmittel für die Wissenschaft wurden am meisten gekürzt auf gegenwärtig 0,5 % des Bruttoinlandsprodukts. Wissenschaftliche Institute wurden geschlossen, andere umstrukturiert, wo die Mitarbeiter dann wieder mit einer Halb- oder Viertelbeschäftigung eingestellt werden können und dabei einen Hungerlohn nach Hause bringen. Gerade Wissenschaftler und Künstler waren es, die in den Jahren kommunistischer Herrschaft Träger eines anderen Polens waren und die Kontakte zur Außenwelt aufrechterhielten. Bereits Anfang der neunziger Jahre forderten Intellektuelle, etwas gegen die Emigration von Gehirnen, wie man die Emigration von Wissenschaftlern und Fachleuten nennt, zu unternehmen. Das Anfang der neunziger Jahre geschaffene Komitee für Forschung und Wissenschaft, eine Art Überinstitution zur Verteilung von Forschungs- und Publikationsgeldern, entscheidet heute, wer Gelder bekommt. Die Kriterien dafür, nach welchem Schlüssel hier verfahren wird, sind jedoch unüberschaubar. Viele kritische Stimmen gibt es inzwischen, die die Verfahrensweise bezweifeln und auch die Klüngelwirtschaft anprangern.

Wer heute arbeitslos ist – auch Akademiker, Ärzte, Ingenieure –, mittellos oder auch noch dazu krank, der hat neue Traumata zu überwinden. Und für diese Menschen scheint die Zukunft unübersichtlicher als je zuvor zu sein.

II. Zur aktuellen politischen Situation

Präsidentschaftswahlen

Zwischen dem Umbruch 1989 und heute scheinen Welten zu liegen. Entgegengesetzt zu allen Meinungsumfragen und Prognosen im In- und Ausland gewann im November 1995 Alexander Kwasniewski, 41 Jahre alt, ausgebildet in der Volkswirtschaft, Sozialdemokrat und Vorsitzender der *Linksdemokratischen Vereinigung* (*SLD*), die Präsidentschaftswahlen.

Bei einer Wahlbeteiligung von 68 % konnte A. Kwasniewski siegen, wenn auch nur mit einer knappen Stimmenmehrheit von 51,7 %, weil Lech Walesa während seiner fünfjährigen Amtszeit viel von seinem Glanz verloren hatte und das *Postsolidarnosc*-Lager zerstritten und verfeindet war. Der Sieg der Linken mit nur 700.000 Stimmen bedeutete einen knappen Wahlererfolg, doch dieser änderte nichts an dem Ergebnis, das die Welt so überraschte. Das Wahlergebnis ist vor allem als eine Wahl gegen die Person Walesa zu werten. Als Symbol der Freiheit Polens hatte er den neuen Zeitgeist geprägt. Als Symbol eines machthungrigen Politikers, der gern Konflikte inszenierte, wurde er dann später in der Öffentlichkeit wahrgenommen.

Noch vor Beginn der Wahlkampagne warnten viele kritische Stimmen aus dem *Solidarnosc*-Lager, daß mit Walesa die Demokratie in Polen gefährdet sei. C. Bielecki, Vorsitzender der *Gruppe 100*, einer äußerst rechtskonservativen Gruppierung, der auch der ehemalige Außenminister A. Olechowski angehörte, beschwor Anfang 1995 Walesa, nicht mehr zu kandidieren, da Polen keinen »Meister der Destruktion« benötige.

Während seines Amerikabesuches im Frühjahr 1996 behauptete Lech Walesa, daß die Wahlen gefälscht worden seien. Doch in der polnischen Öffentlichkeit hat keine politische Gruppierung diese Behauptung aufgegriffen. Es wäre vielleicht ein Spielen mit dem Feuer gewesen.

Nach seiner Wahlniederlage gründete Walesa eine Stiftung unter seinem Namen. Er ist weiterhin politisch aktiv, vor allem auf Vortragsreisen im Ausland. Auf der ersten Pressekonferenz nach seiner Wahlniederlage betonte der Zweiundfünzigjährige, er wolle alles zurückgewinnen, indem er die erlittenen Schläge zurückerteile, damit die »Lügen und falschen Versprechungen, mit denen sich A. Kwasniewski einen Wahlerfolg erschleichen« konnte, entlarvt werden. Pläne, sich an die Spitze der Reformbewegung zu stellen, im Land herumzureisen und den »weiteren Kampf gegen den Kommunismus zu führen«, sind bisher nur Deklarationen geblieben.

Kwasniewskis Wahlslogan lautete: »Mehr Gerechtigkeit und weniger Opfer während des Transformationsprozesses«. Walesa hatte dagegen in seinem Zorn verkündet, im ganzen Lande mit seinen politischen Sympathisanten »Weißbücher« über die »roten Netze« anzulegen und die mafiösen Geschäfte der Postkommunisten aufzudecken. Bis heute wartet die Öffentlichkeit darauf.

Lech Walesa verweigerte jegliche Zusammenarbeit mit dem neu gewählten Präsidenten. Alexander Kwasniewski wiederum rief noch am Abend nach der offiziellen Verkündigung der Wahlergebnisse im Fernsehen »seinen hervorragenden Gegenkandidaten« Lech Walesa und alle Bürger auf, die für ihn oder auch für den Gegenkandidaten gestimmt hätten, sowie die neun Millionen, die zu Hause geblieben wären, im Interesse ganz Polens und aller Polen einen Konsens zur Zusammenarbeit zu finden. Er möchte Präsident aller Polen sein, erklärte A. Kwasniewski, den Weg der Reformen weiter beschreiten, das politische Klima mit allen Nachbarstaaten verbessern im Interesse einer schnellen Integration mit Westeuropa und dem Sicherheitsbündnis der NATO.

Nach der Wahlniederlage Walesas traten Außenminister, Innenminister und Verteidigungsminister - Ressorts, die dem Präsidenten unterstehen - zurück. Der damalige Vorsitzende der *Christlich Demokratischen Vereinigung ZChN*, Ryszard Czarnecki, drohte mit »größeren gesellschaftlichen Explosionen als im Jahre 1989«, die bereits im nächsten halben Jahr zu erwarten seien. Über ein Jahr ist verstrichen. Der neue Wahlkampf zu den Parlamentswahlen im Sommer 1996 schlägt dagegen bereits hohe Wellen.

Wie vorausgesehen, vermochten von den 17 Kandidaten, die am 5. November 1995 beim ersten Wahlgang angetreten waren, nur wenige nennenswerte Ergebnisse zu erzielen, wie Jacek Kuron von der *Union der Freiheit* (9 %). Die meisten Stimmen erhielten Alexander Kwasniewski (35 %) und Präsident Lech Walesa (33 %), der letztere unterstützt durch Hirtenbriefe des Episkopats der katholischen Kirche und einige rechtskonservativ- und nationalorientierte Gruppierungen. Die *Sozialdemokratische Vereinigung* erhielt 15 % mehr Stimmen als in den Parlamentswahlen 1993, aus denen sie als stärkste Partei hervorging.

Die Vereinigung, die dann im *Postsolidarnosc*-Lager zu den Stichwahlen angesichts der Herausforderung durch A. Kwasniewski gekittet wurde, schlug keine tiefen Wurzeln, obwohl man sich der Illusion hingegeben hatte, und so lauteten auch die meisten Wahlprognosen, daß L. Walesa trotz alledem gewinnen werde, falls er einem Kandidaten wie A. Kwasniewski gegenüberstehen sollte. Gerechnet wurde damit, daß die Mehrzahl der Wähler mit Unterstützung der katholischen Kirche nur die Kandidatur Walesa billigen könnte. Der Wahlsonntag wartete jedoch mit anderen Ergebnissen auf: eine Überraschung für viele politische Beobachter. Lech Walesa meinte, er könne die Wahlniederlage immer noch nicht fassen. Eine Niederlage muß aber nicht nur das zerissene *Postsolidarnosc*-Lager, darunter die größte oppositionelle Gruppierung, die *Union der Freiheit*, sondern auch die katholische Kirche, die so massiv in den Wahlgang eingegriffen hatte, einstecken.

Wahlanalyse

Die Gründe für den Wahlausgang sind gewiß vielschichtig und lassen sich nicht nur in schwarzweißen Farben malen. Nach Meinungsumfragen befürworten heute 55 % der Befragten die Amtshandlungen des neuen

Präsidenten und 46 % die des neuen Premierministers. Da gibt es einerseits eine bewundernswert wachsende Wirtschaftsdynamik mit jährlichen Zuwachsraten von 5-6 %. Da gibt es aber auch die wachsende soziale Polarisierung. Ein großer Teil der Bevölkerung sieht sich angesichts der großen Versprechungen seitens der ersten *Solidarnosc*-Regierung enttäuscht und als Verlierer der Transformation und Reformen. Die Medien berichteten unlängst, daß 17 % der polnischen Bevölkerung an der Elendsgrenze leben, wo es häufig an den Grundnahrungsmitteln fehle. Die Arbeitslosenrate beträgt 15 %, in einigen Gebieten macht sie mehr als 40 % aus. Der gewachsene Wohlstand einer sich herausbildenden Mittelschicht ist dagegen überall offensichtlich. Nach Untersuchungen über die Polarisierung der polnischen Gesellschaft gehören etwa 2-3 % zu den Neureichen, zu den Dollarmillionären, 20 % zur prosperierenden Mittelschicht, sowie 20 %, denen es trotz finanzieller Schwierigkeiten besser als vor 1989 geht. 40 % beklagen sich über ihre materielle Situation. Dazu gehören Angestellte, Lehrer, Hochschullehrer, Ärzte: Berufsgruppen, die Gelder der öffentlichen Hand erhalten.

Lech Walesa gab sich in seinen Wahlslogans zu sehr rückwärtsgewandt. Er beschwor die Gefahr einer »wiederentstehenden Kommune« und wiederholte ununterbrochen, daß all die Verbrechen aus kommunistischen Zeiten noch nicht gesühnt seien, und machte dafür Alexander Kwasniewski mitverantwortlich. Er bekam nicht mehr die Unterstützung, wie sie ihm vor fünf Jahren zuteil wurde, auch wenn die katholische Kirche kämpfend für ihn in die Wahlkampagne eingeschritten war. Die Bischöfe hatten nämlich vor der Stichwahl dazu aufgerufen, in allen katholischen Kirchen Messen für das Vaterland und Lech Walesa zu lesen, für ihn Rosenkränze zu beten, da nur »seine Person ein Garant für die Festigung christlicher Werte« darstelle. Die Säkularisierung unter den Katholiken in Polen vertieft sich, und die katholische Kirche muß diese Entscheidung gewiß als ein ernstes Signal verstehen, daß sich der mündige Bürger keinem Druck aussetzen läßt, sondern mündig entscheiden möchte.

Nicht ohne Bedeutung für den Wahlausgang war gewiß auch die Tatsache, daß die Opposition ebenfalls in der Stichwahl gespalten blieb. So gaben etwa die Hälfte der Anhänger der *Union der Freiheit*, und sogar etwa ein Viertel der Rechtskonservativen unter dem ehemaligen Ministerpräsidenten Jan Olszewski und der Bankpräsidentin Hanna Grokiewicz-Walz ihre Stimme dem Postkommunisten.

Eine neue politische Szene wurde etabliert. Die politische Macht liegt heute in den Händen von Parteien, die ihre Genese im kommunistischen

Polen haben: der *Vereinigung des Linksdemokratischen Bündnisses* und der *Vereinigten Bauernpartei.*

Die Opposition muß ihre Position hinsichtlich einer Zusammenarbeit neu überdenken. Mit Recht, denke ich, betonte Professor Rudolf von Thadden, Historiker an der Universität Göttingen, in einem Interview für die »Gazeta Wyborcza«, daß die Postkommunisten in einem demokratischen System eben Partner des Dialogs geworden seien. Adam Michnik, einst führender Oppositioneller, schrieb in einem ersten Kommentar dieser Zeitung, daß der demokratische Wille des Volkes akzeptiert werden müsse, auch wenn es für die *Postsolidarnosc*-Formation noch so schmerzhaft sei. Das Wahlergebnis, und das sei zu bedenken, so A. Michnik, sei zweifelsohne auch eine Folge klerikaler Rhetorik und »ständiger Kriege auf den höchsten Machtetagen«.

Die gesellschaftspolitische Lage im Lande hat sich nach den Turbulenzen der Präsidentschaftswahlen beruhigt, obwohl bereits die ersten Wellen für die Parlamentswahlen im Sommer 1997 zu schlagen beginnen.

Wie gestaltet sich die Parteienlandschaft?

Von den über zweihundert registrierten politischen Parteien und Gruppierungen zählen eigentlich nur sechs Gruppierungen, die eine größere Stimmenanzahl auf sich vereinigen. Die rechten Gruppierungen konsolidieren sich. Gelingt es ihnen, eine gemeinsame Plattform zu finden, können sie nach den Parlamentswahlen im Sommer 1997 die Macht im Lande entscheidend mitgestalten. Nach Umfrageergebnissen Ende November 1996 fällt auf die wichtigsten Gruppierungen folgende Unterstützung: *Sozialdemokratische Vereinigung SLD* 28 %, *Wahlaktion Solidarnosc* 27 %, *Vereinigte Bauernpartei PSL* 11 %, *Bewegung für den Wiederaufbau Polens ROP* unter dem ehemaligen Ministerpräsidenten Olszewski 11 %, *Union der Freiheit UW* 11 %, *Union der Arbeit* 9 %. Gegenüber vorhergehenden Umfragen hatten die *SLD*, *Solidarnosc* und die *Union der Freiheit* Stimmen verloren. Die anderen Gruppierungen konnten Stimmen dazugewinnen. – Im folgenden möchte ich das Parteienspektrum etwas näher beleuchten, einmal die Parteien, die ihre Wurzeln im kommunistischen Polen haben, wie die *Sozialdemokratische Vereinigung* und die *Vereinigte Bauernpartei*, und dann die Parteien, die aus der *Solidarnosc*-Bewegung hervorgegangen sind, wie die *Union der Freiheit*, *Wahlaktion Solidarnosc*, *Bewegung für den Wiederaufbau Polens.*

Die *Sozialdemokratische Vereinigung SLD* ist ein Zusammenschluß von siebenundzwanzig verschiedenen links- und sozialdemokratischen

Gruppierungen. Im Unterschied zu den rechtsorientierten Gruppierungen haben sie eine gemeinsame Plattform gefunden. Darin liegt ihre Stärke. In den Parlamentswahlen im September 1993 ging sie als stärkste Partei aus den Wahlen hervor. An der parteipolitischen Konstellation hat sich kaum etwas geändert. Natürlich sind auch hier Bewegungen zu beobachten. So meinte unlängst Marek Borowski, Vicemarschall des Sejms, daß die *SLD* in dieser Form nicht mehr lange weiterbestehen könne. Gewiß spielte er dabei auf orthodoxe Forderungskataloge an, die aber in der Minderheit sind. Es gibt auch Stimmen, die nach den Wahlen über neue Bündniskoalitionen nachdenken, zum Beispiel eine Koalition mit der *Union der Freiheit* oder auch der *Union der Arbeit*. In der *SLD* entwickelt sich eine starke sozialdemokratische Lobby, die dem Westen gegenüber offen und konstruktiv eingestellt ist. Sie ist an einer schnellen Integration mit der Europäischen Union und Mitgliedschaft in der NATO interessiert. Doch für Moskau zeigt sie ebenfalls ein offenes Ohr und befürwortet eine Zusammenarbeit mit Rußland, natürlich auf souveräner Grundlage.

Die *Vereinigte Bauernpartei PSL*, der Regierungskoalitionspartner, ist ihrem Charakter nach eine konservative Gruppierung. Sie spricht sich gegen eine zu enge Bindung an die Europäische Union aus, die Polen, wie es heißt, nur schaden könne. Mit solchen Forderungen kann sie auf dem Lande Stimmen fangen. Sie tritt, wenn es ins politische Kalkül paßt, mit unberechenbaren Forderungen auf. Um den eigenen politischen Machteinfluß zu vergrößern, scheut sie auch keine Erpressungsversuche. So kämpfte sie bei der Umstrukturierung der Zentralen Verwaltungsbehörden im Herbst 1996 um wichtige Schlüsselpositionen, in erster Linie um wirtschaftliche Ämter, unter der Androhung, die Koalition zu kündigen, wenn diese Ämter nicht von ihren Kandidaten besetzt werden würden. Von Anfang an wendet sich diese Partei gegen eine »Aufweichung« der Wirtschaft. So kritisiert sie die Privatisierung, die zu schnell und mit zu viel ausländischem Kapital geführt werde. Unter Ministerpräsident W. Pawlak, dem Vorsitzenden der *Bauernpartei*, kam die Privatisierung fast zum Stillstand. Mit patriotischen Parolen kämpft die Partei gegen den »Ausverkauf« des Landes, gegen den Verkauf von Immobilien, Land und Boden an Ausländer. Doch wie die letzten Parteiwahlen im November 1996 zeigten, kommt es in der Partei zur Spaltung. Zwar konnte W. Pawlak als Parteivorsitzender noch einmal die meisten Stimmen auf sich vereinigen. Sein Gegenkandidat, der stellvertretende Ministerpräsident und Landwirtschaftsminister R. Jagielinski, der sich für eine Westbindung Polens stark macht, bekam 40 % aller Stimmen.

Im *Postsolidarnosc*-Lager kristallisieren sich heute zwei politische Blöcke heraus, der eine unter dem Gewerkschaftsführer M. Krzaklewski, der andere unter dem ehemaligen Premierminister J. Olszewski. Beide zeigen wenig Interesse, eine gemeinsame politische Plattform zu bilden; wenn ja, möchte jeder Block seine Führungselite behalten. Entscheidend wird gewiß auch die zukünftige Haltung der *Union der Freiheit* sein, die heute kaum noch als politisches Oppositionszentrum gewertet werden kann. Mit der *Vereinigten Bauernpartei* wurden bereits von beiden Gruppierungen erste Sondierungsgespräche geführt.

Die *Solidarnosc* nahm in der ersten Phase der Umgestaltungen eine zentrale Funktion in allen politischen Bereichen ein und verfügte über große Einflußmöglichkeiten. Dieses Bild änderte sich jedoch sehr bald. Die *Solidarnosc*, ein Sammelbecken informeller Gruppen und Organisationen, ohne feste Organisationsstruktur, ohne ideelle und personelle Kohärenz, die als Organisation gegen den Kommunismus entstanden war, fand in der sich entwickelnden neuen Situation keinen starken Zusammenhalt mehr. Mit den wachsenden sozialen Kosten der Transformation verlor sie nach und nach an Anhängern.

Angesichts der Parlamentswahlen 1997 hat sich die Gewerkschaft *Solidarnosc* zu einer neuen politischen Gruppierung zusammengeschlossen und die *Aktionswahlgruppe Solidarnosc* formiert. Ihre Anhängerschaft wächst. Nach Meinungsumfragen vereint sie nach der *Sozialdemokratischen Vereinigung SLD* die meisten Sympathisanten um sich. Im Mittelpunkt ihres Programms steht die Dekommunisierung im Lande. Polens Bemühungen um die Mitgliedschaft in der Europäischen Union steht sie zurückhaltend gegenüber. Die Bemühungen um die NATO-Mitgliedschaft werden dagegen befürwortet. In der politischen und ökonomischen Landschaft spielt sie eine zwiespältige und widersprüchliche Rolle. Zuspruch findet sie für solche programmatischen Punkte, in denen sie sich gegen die Privatisierung strategischer Wirtschaftsbereiche ausspricht oder auch die Methoden der sogenannten »Massenprivatisierung« kritisiert. In ihren innenpolitischen Forderungen steht sie rechts außen mit faschistischen Zügen unter jungen Anhängern und gibt sich als antikommunistischer Kämpfer aus. Während einer Demonstration vor dem Ministeramt schrien Anhänger Parolen wie »Judenkommunismus« oder »Kwasniewskis in die Gaskammern, Batoszewskis in die Gaskammern«. In ihren ökonomischen Forderungen ist die Bewegung dagegen linksextrem. Die Dynamik der Gewerkschaftsbewegung in Polen ist nach wie vor »verstaatlicht«, denn nur 10 % der Gewerkschaftsmitglieder sind im Privatsektor organisiert, in diesem sind aber inzwischen 60 % der polnischen Beschäftigten tätig. Die *Aktionswahlgruppe Solidarnosc* entwickelt sich jedoch unabhängig von ihrer Organisationsstruktur zu einem Auffangbecken von Bevölkerungsteilen, die der gegenwärtigen Entwicklung sehr skeptisch oder feindlich gegenüberstehen.

Die *Bewegung für den Wiederaufbau Polens ROP*, eine rechtsradikale, nationale und zum Teil katholische Bewegung mit fundamentalistischem Weltbild, aus über dreißig politischen Gruppierungen bestehend, wird ebenfalls durch einen kämpferischen Antikommunismus geprägt. Ihr Wirtschaftsprogramm steht unter der Parole »Ökonomische Sicherheit und Unabhängigkeit für Polen« und ähnelt in vielen Bereichen dem der *Solidarnosc*-Bewegung. Strategische Wirtschaftssektoren, wie das Bankwesen, die Versicherungen, der Energie- und Rohstoffsektor, müßten nach dem Programm mindestens zu 51 % in polnischen Händen bleiben. Die *Vereinigte Bauernpartei* könnte zu einem Bündnispartner werden, wenn sie bis zu den nächsten Wahlen die Privatisierung blockieren würde, meinte J. Olszewski auf einer Wahlversammlung Ende 1996 in Warschau. Gelinge dieses, würde man die Partei auch nicht mehr als »Postkommunisten« bezeichnen. Die Zahl der Anhänger nahm jedoch aufgrund der inneren Zerstrittenheit in den letzten Monaten ständig ab. Letztendlich wird aber das Programm über den Wahlerfolg entscheiden. Schwer wird es sein, mit Parolen des »Antikommunismus« ein breites Wählerspektrum zu finden. Die Wahlniederlage Walesas im November 1995 hatte das bereits deutlich demonstriert.

Weder *ROP* noch das *Wahlaktionsbündnis Solidarnosc* zeigen bisher Interesse an einer Zusammenarbeit mit der *Union der Freiheit UW*. Sie seien nicht mehr bereit, ein »erneutes Führungsmonopol der *UW* über das gesamte nichtkommunistische politische Spektrum« anzuerkennen. Zuviel Hochmut, Arroganz und Machtbessenheit hätten ihre Führer in den letzten Jahren an den Tag gelegt.

Die *Union der Freiheit* gehört seit dem Umbruch zu den einflußreichsten Parteien im Lande und hat zahlreiche anerkannte Politiker hervorgebracht, wie Tadeusz Mazowiecki, Hanna Suchocka oder auch Bronislaw Geremek, die ebenfalls im Ausland große Popularität gewinnen konnten. Deshalb lohnt es sich, diese Partei von der heutigen Perspektive aus ein weniger näher zu betrachten.

Im April 1995 wurde nach heftigen Debatten L. Balzerowicz zum neuen Parteivorsitzenden der *Union* gewählt. Diese Wahl bedeutete eine Niederlage für den ehemaligen Parteivorsitzenden T. Mazowiecki und H. Suchocka, seine engste Vertraute. Gleichzeitig muß das als Sieg des pragmatischen Flügels gewertet werden, der sich sozialmarktwirtschaftlich und ideologisch konsensbereit orientiert. Der linke Flügel innerhalb der *UW* unter Jacek Kuron spielt schon seit längerer Zeit mit dem Gedanken, ein Bündnis mit der *SLD* anzustreben.

Spätestens seit den letzten Präsidentschaftswahlen Ende 1995 wurde es offensichtlich, daß es in der Partei zur Bildung von drei Fraktionen gekommen war, und zwar zum linksdemokratischen, zum marktwirtschaftlich katholischen und zum liberal marktwirtschaftlichen Flügel. Über außenpolitische Fragen gibt es kaum Meinungsdifferenzen.

1. Der linksliberal-demokratische Flügel mit sozialdemokratischen Zügen plädiert für eine soziale Marktwirtschaft, also für eine Marktwirtschaft mit menschlichem Gesicht. Er ist gegenüber den Forderungen der katholischen Kirche, ein traditionell katholisches Land zu formieren, äußerst kritisch eingestellt und war mit der bisherigen Führung der Partei, insbesondere mit ihrem Vorsitzenden T. Mazowiecki, dem rechten und kompromißlosen Flügel der Partei, unzufrieden.

2. Der zweite Flügel, katholisch orientiert, spricht sich im Grunde genommen für eine freie Marktwirtschaft aus, wie sie unter L. Balcerowicz eingeleitet worden war. Zu diesem Flügel gehören neben Mazowiecki, H. Suchocka und J. Rokita auch der ehemalige Außenminister A. Olechowski, wenn auch nur als Sympathisant. Zum ersten Zusammenstoß mit dem ersten Flügel kam es nach der Gründung des *Links-Demokratischen Forums*, einer Fraktion innerhalb der *Union der Freiheit*. Obwohl der Parteirat – in der Abstimmung erreichte er nur eine knappe Mehrheit – die Existenz dieses Forums innerhalb der Partei untersagt hat, wird die programmatische Entwicklungsdebatte weitergeführt.

3. Der dritte Flügel wird geprägt durch die Mitglieder des ehemaligen Liberal-Demokratischen Kongresses, die sich für freie Marktwirtschaft ohne große soziale Verantwortung für die Gesamtentwicklung und ohne engere Bindungen an die katholische Kirche ausspricht.

Die Parteiführung der *UW* deklariert gegenwärtig eine konsequente Oppositionspolitik gegenüber dem Präsidenten sowie der heutigen Regierungskoalition und erklärt, daß »ein historischer Kompromiß unmöglich« sei, da die Partei sich auf keinen Fall als Bittsteller bei den Postkommunisten verstehen möchte. Doch bei zahlreichen Mitgliedern dieser Partei setzt sich immer mehr die pragmatische Ansicht durch, daß die Partei in der Frage des Bündnispartners, zumindest nach den Wahlen, flexibler verhandeln müsse, schon allein aus dem Grunde, daß in den nächsten zehn Jahren die Partei kaum weitere Stimmen gewinnen könne und damit keine Chance habe, mit einer Mehrheit die Regierung zu bilden. Die rechten Gruppierungen werden als ungewisse Bündnispartner gehandelt, weil sie so sehr zerstritten sind. Die *UW* befindet sich in einer Phase der inneren Zerrissenheit, was die Partei schwächt.

Streit um die Verfassung

Der Streit um die zukünftige Verfassung, über die in einem Referendum abgestimmt werden soll, spiegelt gegenwärtig die politische Situation in Polen in aller Schärfe wider. Zu erinnern sei, daß Polen noch immer über kein neues Grundgesetz verfügt, sondern im Jahre 1992 nur eine »Kleine provisorische Verfassung« verabschiedet wurde. Inzwischen sind im Sejm sieben Verfassungsprojekte eingegangen, und zwar vom Präsidenten selbst, dem Senat, der Gewerkschaft *Solidarnosc* und von den vier großen Parlamentsparteien. Jede Gruppe bemüht sich darum, »ihre« Interessen in der neuen Verfassung verankert zu wissen. Doch in der Grundfrage, die in der Verfassungsdiskussion heiß debattiert wird, geht es um die Präambel, das heißt um den Charakter des zukünftigen Regierungssystems, um die Stellung des Parlaments und die Befugnisse des Präsidenten und der Regierung sowie um die Stellung der Kirche im Staat und in der Gesellschaft.

Wehrte sich die katholische Kirche vehement dagegen, diese Frage in einem Verfassungsreferendum abstimmen zu lassen, so hat sie heute diese Meinung revidiert. Um Konflikten mit der katholischen Kirche auszuweichen, hatten sich 1993 die polnischen Bischöfe unter der Regierung Suchocka gegen die Durchführung eines Referendums über die Legalität der Abtreibung in Zwangsfällen durchgesetzt. Die *Linksdemokratische Vereinigung* schlägt heute vor, diese Paragraphen aus dem Verfassungsreferendum auszuklammern. Die *Union der Arbeit* dagegen plädiert für eine Verfassungsabstimmung. Inzwischen wurde vom Sejm die Liberalisierung angenommen, nach der in Notfällen auch abgetrieben werden darf.

Der polnische Episkopat hat sich in einem Hirtenbrief vom 22. Oktober 1995 zum erstenmal zur Verfassungsdebatte und zu den Perspektiven der polnischen Gesellschaft geäußert. Angesichts der traditionellen historischen Erfahrungen wäre gewiß ein Dialog zwischen der Kirche und dem Staat über ethische und moralische christliche Werte eines demokratischen Systems sowie auch über die Stellung zwischen Kirche und Gesellschaft vonnöten. Doch aus dem Hirtenbrief kann man entnehmen, daß die polnischen Bischöfe eher vom Staat erwarten, daß der Staat der katholischen Kirche zu helfen habe, die traditionellen Werte des Christentums in Polen wieder mehr zu verbreiten.

Fährt man heute durchs Land, so erblickt man überall, auch im abgelegensten Dorf, alte und viele neue prächtige Gotteshäuser, so viele, wie kaum in einem anderen Lande. Der Katholizismus ist das Symbol für Polen. Doch die großen Veränderungen, die heute die polnische Gesellschaft erlebt, erlebt auch die katholische Kirche als Institution und Glaubensgemeinschaft.

Seit der Gründung des polnischen Staates im 10. Jahrhundert hatte es zwischen der katholischen Kirche, der Gesellschaft und dem Staat immer eine enge Verbindung gegeben. Als Polen von 1795 bis 1918 von der Landkarte verschwunden war und als offizielle Amtssprachen Deutsch und Russisch gefordert wurden, lernten polnische Kinder ihre Muttersprache aus den Gesangbüchern und der Bibel. Die katholische Kirche erwies sich als wichtigstes Bindeglied, das Polen als Nation zusammenzuhalten vermochte.

Als Polen nach 123 Jahren Teilungen wieder als Staatswesen entstand, erfolgte auch die Trennung von Staat und Kirche. Damit verlor die katholische Kirche indirekt das beanspruchte Weisungsrecht über den Staat. Auch wenn sich die übergroße Mehrheit der Polen zum Katholizismus bekennt und die Glaubensgemeinschaft von einer Art Volkskatholizismus geprägt wird, ist das Verhältnis von katholischer Kirche und Staat immer umstritten gewesen.

Das Verhältnis des Staates zur Kirche ergibt sich aus seiner Verfassung. Während der kommunistischen Herrschaft sah sich die katholische Kirche als ein grundsätzlicher Gegner des Systems an. Als moralische Autorität gelang es ihr, über den Sonntagsgottesdienst in den überfüllten Kirchen in allen Teilen der polnischen Gesellschaft anwesend zu sein. Sie gewährte der *Solidarnosc*-Bewegung moralische Unterstützung. In den Gotteshäusern wurden patriotische Lieder gesungen und für die Freiheit der Nation gebetet. Sie vermochte eben im Unterschied zu anderen kommunistischen Staaten eine Sonderstellung einzunehmen.

Nach dem großen politischen Umbruch Ende der achtziger Jahre macht die katholische Kirche eine ihrer tiefsten Krisen durch. Heftig gestritten wird darüber, wie der weitere Sonderweg der katholischen Kirche in der neuen Verfassung festzuschreiben ist. In der Hierarchie und unter den Gläubigen haben sich unterschiedliche Orientierungen herausgebildet. Bezeichnen sich immer noch etwa 90 % der Bevölkerung als Katholiken, so wollen jedoch die meisten, wie Umfragen immer wieder zeigen, einen Sonderweg, von dem die katholische Kirche als Sieger nach dem Umbruch träumte, nicht unterstützen. Sie möchten in einem modernen, liberalen, demokratischen Staat leben. Kirche und Staat sind in Polen nach der gültigen »Kleinen Verfassung« aus dem Jahre 1991 getrennt.

Das Spannungsverhältnis über eine verfassungsmäßige Trennung und ihre Interpretation hält an. So wundert es nicht, daß die Maxime aus der Verfassung des 3. Mai 1791 (»Die herrschende Religion des Volkes ist und bleibt der heilige römisch katholische Glaube mit allen seinen Gesetzen«), auf die sich heute immer noch politische Kräfte und Teile der katholischen Hierarchie im Lande berufen, heftigen Widerspruch in Teilen der Gesellschaft hervorruft.

Als im Jahre 1990 die erste nichtkommunistische Regierung unter dem damaligen Ministerpräsidenten Mazowiecki per Dekret des Ministeriums für Volksbildung die Einführung des Religionsunterrichts an allen polnischen Schulen beschloß – unter Umgehung des Parlaments wie auch des Ökumenischen Rates –, war die Antwort darauf eine Protestwelle, insbesondere in den großen Städten. Nehmen fast alle Schüler auf dem Lande und in den Kleinstädten am Religionsunterricht teil, so sank der Anteil in den großen Städten erheblich, in den oberen Klassen sogar auf 45 %. Heftig wehrt sich die katholische Kirche gegen Bemühungen, den Religionsunterricht auf die erste oder letzte Stunde zu verlegen.

Das Konkordat, das vor drei Jahren von der Regierung Suchocka unter Geheimhaltung unterzeichnete wurde, löste ebenfalls Proteste in der Öffentlichkeit aus. Papst Johannes Paul II. hatte nach der Unterzeichnung erklärt, daß es sich hier um ein Modelldokument für Europa handeln würde. Im Mittelpunkt der Diskussionen in Polen standen dagegen solche Fragen wie die privilegierte Stellung der katholischen Kirche gegenüber anderen Konfessionen im Lande und rechtliche Normen, die eine Änderung polnischer Gesetze bedeuten würden. Hier seien nur zwei Beispiele angeführt. Nach dem Konkordat sind die Friedhöfe der katholischen Kirche unterstellt, was bedeutet, daß der jeweilige Priester entscheidet, wer und wo auf dem Gottesacker bestattet wird. Die kirchliche Trauung zur Eheschließung ist ohne eine Ziviltrauung möglich. Ist aber diese Trauung binnen fünf Tagen nicht im Standesamt registriert, so gilt das kanonische Recht, das keine Scheidung regeln kann. Die Debatte um die Ratifizierung des Konkordats erhitzt weiter die Gemüter, geht es hier doch um die Forderung klarerer Formulierungen.

Nun hatte sich in der letzten Zeit die Situation erneut verschärft. Da geht es einmal um die klare Auslegung des Gesetzes über die Beziehungen zwischen Staat und Kirche, das noch von der letzten kommunistischen

Regierung im Jahre 1989 verabschiedet wurde, insbesondere um die Rückgabe der Besitzstände der katholischen Kirche. Eine parlamentarische Gruppe des *Linksdemokratischen Bündnisses* fordert in einem Entwurf die Novellierung dieses Gesetzes. Gefordert wird unter anderem die Einberufung einer außerordentlichen Kommission, die über die bisherigen Entscheidungen über die Rückgabe des Eigentums der katholischen Kirche befinden sollte. Viele Entscheidungen haben nämlich inzwischen Kontroversen ausgelöst, unter anderem weil die Eigentumsansprüche ins 17. Jahrhundert zurückreichen und auch Bürger aus Häusern ausgewiesen wurden, um diese der katholischen Kirche wieder als Eigentum zu übergeben. Danach soll die Rückgabe des Eigentums nicht auf der Grundlage der Übereinstimmung der bilateralen Kommission von Staat und Kirche erfolgen, sondern im Gericht vollzogen werden. Und es soll auch möglich sein, Einspruch gegen Entscheidungen zu erheben. In einem weiteren Projekt wird die Abschaffung zollfreier Einfuhr von Geschenksendungen sowie Autos für Glaubensgemeinschaften verlangt. Wurden doch immer wieder Fälle bekannt, wo Pfarrer für ihre Gemeinden zollfrei Autos und LKWs einführten, um später Handelsaktivitäten zu betreiben. Nach all diesen Spannungen, die in den letzten Monaten das Verhältnis zwischen katholischer Kirche und Staat belasteten, scheint sich die Lage jetzt erst einmal entschärft zu haben. Die polnische Regierung hat sich nämlich auf einer Sitzung Ende Mai 1996 gegen Gesetzesänderungen ausgesprochen.

Freilich, das Konkordat ist immer noch nicht ratifiziert. Um hier weiterzukommen, hörte man vor allem aus dem Präsidentenpalais, daß es günstig wäre, den vor drei Jahren unterzeichneten Vertrag mit einer amtlichen Zusatznote zu versehen, in der die Regierung ihre Interpretation des Vertrages darlegt. Hatte doch mittlerweile der Vatikan einer derartigen Lösung zugestimmt, obgleich er, wie auch der polnische Klerus, bis vor kurzem die Aufnahme von neuen Verhandlungen über das Konkordat kategorisch abgelehnt hatten. Um ein solches Zusatzprotokoll ging es auch in der Geheimdiplomatie zwischen dem Vatikan und dem polnischen Außenminister.

Die linksorthodoxe polnische Wochenzeitung »Nie« publizierte diesen Briefwechsel mit dem Hinweis des Vatikans, daß alle Fragen, die in der Öffentlichkeit Widerspruch hervorrufen würden, doch von der polnischen Regierung selbst in einer Zusatzerklärung interpretiert werden sollten. Gleichzeitig konnte man darin das Projekt der Zusatzerklärung, die die polnische Regierung zu verfassen beabsichtigt, lesen. Kritische Stimmen meinen, daß so eine Zusatzerklärung einseitig und völkerrechtlich nicht den Vatikan verpflichten würde.

Zwei Tage nach der Veröffentlichung der Geheimdokumente irritierten dann die Worte des Papstes die breite Öffentlichkeit in Polen, als er vor polnischen Pilgern in Rom sagte, daß in Polen versucht werde, die Religion lächerlich zu machen und die Autorität der Kirche in Frage zu stellen. Mit noch größerem Unverständnis wurde jedoch die Aussage des Papstes aufgenommen, daß in Polen Formen einer geplanten Atheisierung des Lebens zu beobachten seien.

Ein Teil der katholischen Kirche stimmte dieser Einschätzung zu. Betont wurde, daß die Gesetzgebung und die Schaffung neuer Wertmodelle wenig mit den christlichen Wurzeln zu tun hätten. Bischof Urszulik gab zu verstehen, daß man heute genau wie zur Zeit der Kommunisten versuchen würde, die Religion in die Privatsphäre zu drängen. Und Äußerungen von Abgeordneten würden nicht dazu anregen, einen Dialog und eine Zusammenarbeit mit der Regierung aufzunehmen. Kardinal J. Glemp dagegen suchte den Ausgleich, als er betonte, daß in Polen keine politische Kraft, auch nicht die Regierung, Programme zur Atheisierung der Gesellschaft habe.

Die Säkularisierung der Gesellschaft hält an, und die Kirche muß ihren Platz und ihre Identität im demokratischen und pluralistischen Polen erst finden. Dieser Prozeß ist schwer und wird in der politischen Auseinandersetzung nicht selten instrumentalisiert. Die katholische Kirche muß in Polen lernen, behutsamer und auch toleranter in der Gesellschaft aufzutreten, wenn sie nicht, wie die beiden letzten Wahlen (Parlamentswahl und Präsidentschaftswahl) zeigten, auf der Verliererseite dastehen möchte. Nach der Wahlniederlage von Walesa verkündigte Bischof T. Pieronek, Sprecher des polnischen Episkopats: »Wir schlagen uns an die Brust«. Polen hatte nämlich am 17. November 1995 gegen einen katholischen Sonderweg gestimmt.

Heute sucht die katholische Kirche ihren neuen Platz in der Gesellschaft. Ihr geht es sowohl darum, die Gläubigen enger um sich zu scharen, als auch um die Verankerung christlicher Normvorstellungen in der Rechtsordnung. In der Wochenzeitung »Przeglad Katolicki« beklagte ein katholischer Pfarrer bitterlich, daß nach der Einführung des Religionsunterrichts in den Schulen Anfang der neunziger Jahre die Kinder und Jugendlichen kaum noch zur Sonntagsmesse kommen. Was die Erwachsenen betrifft, so besuchten vor drei Jahren noch über 75 % die Sonntagsmesse. Nach einer Umfrage im September 1995 sank nun ihr Anteil auf etwas über 50 %. Daß es heute ein katholischer Pfarrer schwerer hat, seine Schäfchen zu beraten, zeigen die Umfrageergebnisse, nach denen unter den Kirchgängern 39 % eher »linksorientiert beten« und »66 %

rechtsorientiert beten«. 70 % der Befragten sprachen sich entgegen den Entscheidungen der katholischen Hierarchie für eine Milderung des Abtreibungsgesetzes aus.

Es gibt kaum einen Zweifel, daß das gesellschaftliche Vertrauen in die Institution »katholische Kirche« sinkt. Sich dessen bewußt, versucht sie, außerhalb der Kirchenmauern zu wirken. Um Kräfte in einer vereinten politischen Bewegung zu sammeln, kündigte Ende November 1995 Kardinal J. Glemp die Schaffung von kleinen katholischen Betriebszellen, das heißt die »Katholische Aktion«, in allen Unternehmen und Institutionen an. Wenn auch der Seelsorge und den caritativen Aktivitäten Priorität zukommen sollte, so bedeutet das nicht, nicht auch gleichzeitig politische moralische Richtweisungen an die Mitglieder der katholischen Zellen zu geben. So heißt es in der »Katholischen Tageszeitung« vom 21. November, daß die »Katholische Aktion« unter anderem an die Herausgabe von Zeitschriften denke, in denen der Bevölkerung klare Verhaltenshinweise unter anderem bezüglich des Verfassungsreferendums gegeben werden sollen. Es wäre an der Zeit, heißt es in katholischen Kreisen, politische Lösungen anzustreben, um im Lande eine neue Evangelisierung in die Wege zu leiten.

In diesem Bereich scheint sich die Zusammenarbeit mit der *Vereinigung der Christlich-Nationalen* gut anzubahnen, wie es während der Feierlichkeiten zum fünften Jahrestag dieser Partei demonstriert wurde. Kardinal J. Glemp zelebrierte nämlich höchstpersönlich in der Warschauer Kathedrale eine Sondermesse. Die Partei versteht sich, wie einer ihrer Führer erklärte, als eine »katholische, traditionsbewußte, nationalgesinnte und ideologische Partei«, die weder mit einer »zivilisierten« noch mit einer »herausgeputzen Rechten« etwas zu tun haben wolle. Ihre Kampfparole lautet deshalb, daß »der Ideologie im Interesse des Volkes Priorität eingeräumt werden« müßte.

Zum fünften Jahrestag der Partei wurde eine bedeutsame Broschüre eines Gemeindepfarrers vorgelegt, in dem alle katholischen Pfarrer aufgerufen werden, diese Partei in den Parlamentswahlen zu unterstützen, um somit die parlamentarische Mehrheit erzielen zu können. So heißt es in der Broschüre, die in allen katholischen Kirchengemeinden verbreitet wurde, daß die Seelsorge nur dann von Erfolg gekrönt sein könne, wenn sie sich zur Pflicht mache, gläubige Katholiken als Sejm-Kandidaten aufzustellen, die vom Gemeindepfarrer ausgewählt oder wenigstens begutachtet werden müßten. Solche Vorschläge seien dann an alle Gemeinden der Wojewodschaft weiterzuleiten. Ohne die katholischen Pfarrer, heißt es, könne man kein christliches Polen aufbauen.

Das Transformationsland Polen entwickelt sich wirtschaftlich dynamisch. Die Volkswirtschaft boomt. 1995 gelang es Polen als erstem Transformationsland in Mittel- und Osteuropa, wieder die Produktionsgröße von 1989 zu erreichen. Mit einem Zuwachs des Bruttoinlandsprodukts 1995 um circa 7 % ist seit dem Ende der Übergangsrezession 1992 das höchste Wirtschaftswachstum zu verzeichnen. Die Lage der meisten Unternehmen hat sich verbessert, der private Verbrauch wurde belebt. Doch die Arbeitslosenrate ging dagegen nur geringfügig zurück von 16 % im Jahre 1994 auf 14,9 % im Jahre 1995. Die günstigen Wirtschaftsergebnisse sind dank des expandierenden Privatsektors erzielt worden. Durch Neugründungen und Privatisierungsprozesse wurde sein Gewicht stetig erweitert. Polen konnte seine Kreditwürdigkeit wiedergewinnen. Dieses spiegelt sich nicht nur in einer steigenden Länderbonität wider, sondern in der Rückkehr auf internationale Kapitalmärkte.

Deutschland ist der größte Handelspartner Polens. Über ein Drittel aller Geschäfte werden mit Deutschland abgewickelt. Umgekehrt hat Polen Rußland, den bisherigen größten osteuropäischen Handelspartner Deutschlands, verdrängt. Das Preisklima blieb angespannt. Die Konsumgüterpreise stiegen auch im letzten Jahr um etwa 27 %. Die Inflationsbekämpfung ist weiterhin Schwerpunkt der Kontroversen zwischen dem Finanzministerium und der Zentralbank. Die Auslandsverschuldung beträgt immer noch 44 Milliarden US-Dollar und macht 37 % des Bruttoinlandsprodukts aus, eine Belastung für den Haushalt und damit für die Gesellschaft.

Unlängst wurde Polen in die Organisation für Wirtschaftliche Zusammenarbeit und Entwicklung (OECD), den Klub der entwickelten Länder, aufgenommen. Doch ist der zivilisatorische Abstand, nach Kriterien gemessen wie Bruttoinlandsprodukt (BIP) pro Kopf der Bevölkerung, Stand des Gesundheitswesens, Bildungswesen, Rechtsstand, Rechtsbewußtsein, zu entwickelten Industrieländern immer noch sehr groß.

Pro Kopf der Bevölkerung macht das BIP etwa 3400 US-Dollar aus, etwa 13 % des BIP pro Kopf der Bevölkerung westeuropäischer Länder, wenn auch die Kaufkraftparität höher liegt und etwa 7000 US-Dollar ausmacht. Das Bruttosozialprodukt beträgt etwa 100 Milliarden US-Dollar, während dasjenige Spaniens weit über 500 Milliarden US-Dollar groß ist. In der Polnischen Akademie der Wissenschaft wurde unlängst errechnet, daß Polen bei der gegenwärtigen Wirtschaftsdynamik etwa 50 Jahre benötige, um die Größe Spaniens zu erwirtschaften.

Die Infrastruktur verbessert sich, obwohl die polnischen Straßen durch die Überlastung des Transitverkehrs heute zu den gefährlichsten und schlechtesten in Europa gehören. Erfreulich ist, wie sich die Dichte der Telefonanschlüsse verbessert hat. So kommen in der Stadt zwanzig Anschlüsse auf hundert Einwohner, auf dem Lande sind es immer noch nur 5,5 Telefone. Über 2000 Dörfer sind jedoch weiterhin ausgeschlossen und verfügen über keinen Telefonanschluß. Im Jahre 1995 betrug die Höhe des Durchschnittsgehalts in der Industrie 900 Zl, im Landesmaßstab 870 Zl, die durchschnittliche Rente oder Pension beträgt etwa 500 Zloty.

Nach dem letzten Jahresbericht des Internationalen Instituts für Verwaltung in Lausanne und dem Weltwirtschaftsforum in Genf nimmt Polen den 45. Platz in der sozialen und wirtschaftlichen Entwicklung ein (USA 1., Singapur 2., Schweiz 5., Deutschland 6., Holland 7., Tschechien 38., Ungarn 46.). Geprüft wurden 360 Indikatoren, wie Einmischung der Behörden in die Dynamik der Marktwirtschaft, niedriges Investitionsniveau, hoher Energieverbrauch, Arbeitslosenrate, Infrastruktur oder Inflationshöhe.

III. Ausblick

Bis zur Vollendung der Demokratie muß noch viel Wasser die Weichsel hinunterfließen. Dagegen entwickelt sich die Marktwirtschaft zügig, auch ohne Schocktherapie. Wichtig wird es in den kommenden Jahren sein, wieder Kompromisse, wenn auch auf ganz anderer Basis als in den achtziger Jahren, zu schließen. Das dürfte wahrlich nicht unerreichbar sein. Ohne Kompromisse, nur mit Konfrontationsprogrammen, wird Polens Entwicklung geschadet. Eine wichtige Aufgabe wird es für die kommenden Regierungen sein, der Armutsentwicklung entgegenzuwirken.

Die polnische Volkswirtschaft zählt heute zu den erfolgreichsten in Osteuropa, nicht nur was den Transformationsprozeß, sondern auch was die effektive Wirtschaftsdynamik betrifft. Wenn sich Polen erneut abkapseln würde und weniger ausländische Investitionen ins Land fließen, wird das zukünftige Wirtschaftswachstum in Frage gestellt.

Der Transformationsprozeß ist ein großes Unterfangen, vielschichtiger und komplizierter, als es in den ersten Jahren programmiert werden konnte. Der Optimismus vieler Ökonomen, nur streng nach Modellen konstruiert, war realitätsfremd. Auch in der Zukunft wird man sich nicht allein nach Modellen richten können. Sie müssen entsprechend den praktischen Notwendigkeiten immer wieder angepaßt werden. Auf die Segnungen einer sozialen Marktwirtschaft und eines funktionierenden Rechtsstaates warten noch viele Polen. Viele haben aber bereits ein anderes Leben begonnen. Im 21. Jahrhundert wird in Polen nicht nur Wirtschaftsentwicklung, sondern auch mehr soziale Verantwortung, mehr Kommunitarismus gefragt sein, wieder mehr Solidarität, damit ein gesundes Gemeinwesen entsteht, wonach sich alle sehnen.

In Zeiten des Umbruchs sollte man an die Worte Immanuel Kants erinnern, der bereits vor über 200 Jahren davon sprach, daß die Notwendigkeit zu entscheiden weiter reicht als die Möglichkeit zu erkennen. Es ist wie bei einem Wanderer, der erst, wenn er auf einer Höhe angekommen ist, den zurückgelegten Weg mit all seinen Wendungen und Krümmungen im Zusammenhang überblickt, den wahren Zusammenhang der Taten, Leistungen und ihre Konsequenz.

Bischof Jeremiasz

Die Verantwortung der Kirchen im Europa des Umbruchs

I. Die Schwierigkeiten mit dem Bild Europas heute

Die Undurchsichtigkeit des Bildes

Dem allgemeinen Eindruck zum Trotz läßt sich die These aufstellen, daß heute in Europa vieles undurchsichtig ist, wenn es um die Frage geht, was denn die Wirklichkeit ist und was nur vorgespielt wird. Wie steht es zum Beispiel mit den Folgen der Verspeisung von Rindfleisch aus England? Oder ein anderes Beispiel: Wie steht es mit den Äußerungen über die Aufnahme Polens in die Europäische Union (EU) und die NATO? Was steht hinter den ausgewogenen diplomatischen Äußerungen: die aufrichtige Absicht oder das Unwissen über die Folgen bei dem Sprechenden oder gar ein Spiel, um die erworbenen Vorteile zu sichern?

Das Ausmaß der Schwierigkeiten läßt sich an der Tatsache sehen, daß wir faktisch nicht wissen, ob die Verspeisung des Rindfleischs aus England negative Folgen haben wird. Die Meinungen der Experten gehen auseinander. Man weiß nicht, wem Glauben zu schenken ist. Ähnlich steht es mit der Aufnahme Polens in die EU und die NATO. Wenn die Aufnahme in die EU trotz schwieriger und möglichst langer Anpassungszeit noch positive Folgen haben mag, so sind die Folgen der Aufnahme in die NATO kaum abzusehen. Es gibt so viele Komponenten der Lage, die nach der Aufnahme entstehen kann, daß kein Politiker oder militärischer Experte eine eindeutig negative oder positive Antwort wagen wird. Die letzten Gründe der Entscheidung werden sich also nicht sosehr auf wissenschaftlich fundierte Erkenntnisse berufen können, sondern in den Bereich greifen, den wir normalerweise als Bereich des »Glaubens« qualifizieren, also den Bereich, wo eigentlich das Irrationale bestimmend ist, wo die persönlichen Erfahrungen, Einschätzungen, Vorstellungen, aber auch Emotionen und Vorurteile viel zu sagen haben.

Es scheint, daß mehrere Beispiele für die Undurchsichtigkeit angeführt werden können, zum Beispiel auch die Lage innerhalb der Wirtschaft. Eine Antwort auf die Frage, ob wir uns in der Zeit der Rezession oder des Wirtschaftswachstums befinden, hängt in Polen davon ab, ob eine Partei an der Macht ist oder diese Macht gerade verloren hat. Man fragt sich, ob die steigende Zahl der an der Armutsgrenze lebenden Menschen einen zeitlich bedingten Preis für das Wachstum darstellt oder als ständiger Faktor hingenommen werden muß. Dies ist um so erstaunlicher, als die Gründe der Armut - so meinen einige Wissenschaftler - nicht mehr im Mangel an Ressourcen oder an Produktionsmöglichkeiten liegen. Die Errungenschaften der Wissenschaft und ihre Anwendung in der Technik ermöglichen die Produktion von allen nötigen Gütern im Überfluß. In einer Untersuchung für die Generalversammlung der Europäischen Ökumenischen Kommission für Kirche und Gesellschaft im September 1995 schreibt Patrick Vivert: »Alle Hungersnöte sind ohne Ausnahme auf Phänomene zurückzuführen, die aus dem schlechten Zusammenleben der Menschen resultieren (Krieg, Zerstörung, religiöser Kampf etc.). Die Ressourcen zur Befriedigung aller Bedürfnisse sind durchaus vorhanden, doch mangelt es dort, wo sie auftreten, oftmals an einer sozialen, politischen und rechtlichen Ordnung. Des weiteren gibt es keine Korrelation zwischen Bevölkerungsdichte, Demographie und Hunger. Dasselbe gilt auch für die Wohnungsnot. Technisch gesehen wäre es möglich, allen Bewohnern der Erde ein Dach über dem Kopf zu geben, und auch die finanziellen Mittel dafür fehlen nicht."

Die Gefahr der Konfessionalisierung der nationalen und wirtschaftlichen Konflikte

Der Konflikt auf dem Gebiet Exjugoslawiens wirft viele Fragen auf, die vorläufig unbeantwortet bleiben. Zu den einfachsten wird die Frage nach den Gründen gehören, die die westlichen Staaten bewogen haben, die Teilung Jugoslawiens tatkräftig zu unterstützen. Sie haben das in der Zeit getan, in der sie selber sich auf den Weg zum Einen Europa gemacht haben. Hier kann man sich mit den simplifizierenden Antworten nicht begnügen. Zu ihnen gehört die Antwort, daß die Teilung Jugoslawiens der beste Weg war, um das Schlimmere zu verhindern. Weiter drängt sich hier die Frage nach dem totalen Versagen der Kirchen und der internationalen Organisationen auf. Schließlich kommt dazu noch die Frage nach den Gründen der Grausamkeit dieses Krieges. Im orthodoxen Milieu wird immer wieder die Frage nach den Gründen der einseitigen Berichterstattung der Massenmedien aufgeworfen. Infolge dieser Berichterstattung muß der Eindruck entstehen, daß nur die Serben an allem schuld sind, vergewaltigt und gemordet haben.

Alle diese Fragen lassen sich mit dem Hinweis auf die aktuellen politischen Interessen und Sympathien nur zum Teil erklären. Die Grausamkeit des Krieges und alles, was sich um diesen Krieg konzentriert hat, läßt ahnen, daß die Menschheit hier an die Grenze ihrer Gefallenheit gekommen ist, die im Bau des Konzentrationslagers Auschwitz und des Gulag ihren Ausdruck schon einmal gefunden hat.

Wenn es sich so verhalten kann, dann müssen um so mehr die Erklärungen beunruhigen, die allzuschnell über alles Bescheid wissen möchten. Diese Erklärungen neigen dazu, einen Sündenbock zu finden und ihn dann entsprechend zu behandeln. Als ein Beispiel in dieser Reihe würde ich den Artikel von Ulrich March unter dem Titel »Rom, Byzanz und das postkommunistische Europa« aus der Frankfurter Allgemeinen Zeitung am Samstag, dem 23. März 1996, nennen. Neben einer Reihe eindeutig unwahrer Behauptungen – nach 1453 haben sich alle orthodoxen Kirchen nach Moskau orientiert; der byzantinische Kaiser und der russische Zar werden als Oberhäupter der Kirche angesehen; keine Spannungen zwischen Kirche und Staat bestehen im Bereich der Ostkirche; es gibt keine Erfahrung in Demokratie; und anderes mehr – legt der Artikel dem Leser folgende Gedanken nahe: »Schon dem Ostkaiser Arcadius gelingt es, die sein Reich bedrohenden Westgoten nach Westen abzulenken und sie somit seinem Bruder Honorius auf den Hals zu hetzen.« Es fehlt dann auch im Osten alles: der Grundsatz der permanenten Kontrolle der Regierung, Gewaltenteilung, Volkssouveränität, freie Marktwirtschaft und Rechtsstaatlichkeit sowie die Menschen- und Bürgerrechte. Eine weitere Feststellung ist, daß »die eigentliche Grenze zwischen West- und Osteuropa sehr viel weiter östlich verläuft, nämlich am Peipussee, an den Karpaten und an der Save«. Alles ist also klar festgelegt, sowohl die Grenze als auch das, was aus dem Osten auf den Westen kommen kann.

Es geht mir aber nicht um eine Antwort auf unwahre Behauptungen und um die Fragen, um die man streiten kann. Dieser Artikel zusammen mit anderen ähnlichen Äußerungen stellt vor die Frage: Sind die Christen in Europa und womöglich auch andere Europäer in die geistliche Lage gekommen, in der wir gezwungen werden, uns mit den tiefen Gründen der Unterschiede zwischen dem christlichen Osten und dem christlichen Westen zu befassen? Vieles weist darauf hin.

Die Schwierigkeiten innerhalb der ökumenischen Bewegung

Sowohl in der Konferenz Europäischer Kirchen (KEK) als auch im Ökumenischen Rat der Kirchen (ÖRK) läßt sich eine Art Müdigkeit und steigende Ratlosigkeit bemerken. Deutlich schwächer ist auch das Interesse der Mitgliedskirchen an Programmen dieser ökumenischen Organisationen.

Einer kritischen Bemerkung über die Arbeit von KEK und ÖRK muß jedoch einiges vorausgeschickt werden. Beide Organisationen haben eine historische Rolle im Leben der Kirchen in ehemals kommunistischen Ländern gespielt. Die Beziehungen, die KEK und ÖRK vermittelt haben, waren für diese Kirchen lebensnotwendig. Die Hilfsprogramme haben oft nicht nur zum Überleben verholfen, sondern sie stärkten auch oder ermöglichten gar die Verkündigung des Evangeliums in der Gesellschaft, die durch dem Christentum feindlich gesinnte Kräfte regiert war. Es ist sicher, daß im Rückblick auf die Vergangenheit der ökumenischen Bewegung es Grund genug gibt, Gott zu preisen und zu loben und Ihm für die Menschen zu danken, die es verstanden haben, in der schweren Zeit Kontakte zu pflegen und Hilfe zu organisieren.

Der Grund für die heutigen Schwierigkeiten liegt vor allem darin, daß man lange Zeit den schwerwiegenden theologischen Fragen aus dem Weg gegangen ist. Ausgeblieben ist zum Beispiel der ernste theologische Dialog über die Ordination der Frau, über den Primat des römischen Bischofs, über die ekklesiologischen Folgen der Teilnahme an der Eucharistie. Unabgeschlossen ist auch das Gespräch über das »filioque« (die christologische Formel, daß der Geist vom Vater und vom Sohne ausgehe).

Die Erörterung dieser Fragen in der politisch ungünstigen Lage – so scheint es gewesen zu sein – hätte zur Schwächung der ökumenischen Beziehungen in der vergangenen Zeit führen können. Jetzt aber gilt es, alles zu tun, um die bisherige Arbeit von KEK und ÖRK zu unterstützen und zugleich die theologische Arbeit zu intensivieren. Der theologischen Arbeit müßte die Priorität eingeräumt werden.

Einige Bemerkungen zur geistlichen Lage heute

Die Folgen der Säkularisierung sowohl im Westen als auch im Osten äußern sich nicht nur in einer Abwendung von der Kirche, im Verzicht auf die Teilnahme am Gottesdienst oder in den formellen Austritten aus den Kirchen. Schwerwiegender scheinen die »Vermaterialisierung der Erwartungen« auf der einen Seite, und auf der anderen Seite eine Anfälligkeit für die Einflüsse von verschiedenen religiösen Sekten und Gruppen, die fragwürdige oder direkt gefährliche psychisch-geistliche Experimente anbieten.

Das geistliche Leben des Menschen duldet kein Vakuum. Wenn die gesunden, im Laufe der Jahrhunderte erprobten Formen des geistlichen Lebens fehlen, dann führt das nur kurzfristig zu einer laizistischen (säkularen) Lebenshaltung. Langfristig wird der Mangel an einem klar formulierten Rhythmus des geistlichen Lebens einer Gesellschaft oder eines Volkes zu einem Zustand führen, in dem sehr leicht auch die wahnsinnigste Ideologie die Oberhand gewinnt oder es zum Zerfall der Moral kommt.

Die Berichterstattung in den Massenmedien, besonders im Fernsehen, führt oft zur Erzeugung einer Stimmung, in der die Emotionen das Entscheidende zu sagen haben und man vergißt, nach den der Wirklichkeit entsprechenden Gründen dieser Emotionen zu fragen. Es scheint aber, daß das größte Problem darin besteht, daß eine auf den Konsum orientierte Wirkung der Massenmedien langfristig die Kultur unterwandert.

Liebe, Verantwortung, Gerechtigkeit werden langsam zu Begriffen, die in den Dienst einer materialistisch-egoistischen Lebensvorstellung gestellt werden. Der Glaube an Gott, das Gebet, die Hinwendung zum Jenseits werden als unnötig und eher störend abgewertet. Die Macht dieser Vorstellung darf daran gemessen werden, daß nicht nur Politiker, sondern auch die Theologen und die Prediger über die Liebe so sprechen, als ob der Gekreuzigte Jesus für die Wirkung der Liebe in der Geschichte der Menschheit belanglos wäre.

II. Die Aufgaben der Kirchen

Den Herausforderungen gemeinsam begegnen

Eine christliche Antwort auf die gegenwärtigen Herausforderungen müßte von der Tatsache ausgehen, daß diesen Herausforderungen nur gemeinsam begegnet werden kann. Die globalen, ganzheitlichen – man möchte sagen »katholischen« – Herausforderungen zwingen zu einer ähnlichen (»katholischen«) Antwort.

Eine solche Antwort fordert zugleich auf, auf die wirkliche oder nur gehoffte Erweiterung des Einflußgebietes zu verzichten.

Die Hauptschwierigkeit im gemeinsamen Zeugnis besteht in der Entfremdung, die auf dem mangelnden Wissen über die anderen Kirchen beruht. Dem Westen ist das schreckliche Ausmaß der Verfolgung und der Verluste der Orthodoxen Kirche im Zwanzigsten Jahrhundert nicht bewußt; es bleibt unbeachtet. Die Orthodoxen haben oft eine längst überholte Vorstellung von den westlichen Kirchen, sowohl von der Römisch-Katholischen Kirche wie auch von den Evangelischen Kirchen.

Propagandistischer Mißbrauch der Unwissenheit, an dem oft genug die Christen auch mitschuldig sind, führt zu einem steigenden Mißtrauen, das verheerende Folgen haben kann. Der Abbau des Mißtrauens gehört sicher zu den primären Aufgaben aller Christen heute. Man möchte sagen, daß wir durch die politische Entwicklung der letzten Zeit dazu fast gezwungen sind. Die heutige Lage auf dem europäischen Kontinent bedarf dringend einer Analyse, die über eine politische, wirtschaftliche und soziale Analyse hinausgeht. Es fällt auf, daß in Europa eine Linie immer deutlicher wird, die zu einer trennenden Grenze werden kann. Man wird sehr leicht verführt, diese Grenze auch konfessionell zu begründen.

Zur Ausbildung der Gemeinsamkeit kann auch die Einsicht verhelfen, daß weder die Römisch-Katholische Kirche und die Evangelischen Kirchen im Westen noch die Orthodoxe Kirche im Osten das Monopol auf die Bewußtseinsbildung haben.

Die Notwendigkeit einer neugefaßten und ökumenischen Anthropologie

Es scheint, daß zu den wichtigsten Aufgaben der europäischen Kirchen eine neue Formulierung der Anthropologie gehören müßte. Die Politiker und die Massenmedien haben die Neigung, den Menschen als das Wesen zu betrachten, dessen Ziele mit der Befriedigung der materiellen Bedürfnisse und der Teilnahme an den demokratischen Entscheidungen sowie am kulturellen Leben schon verwirklicht werden. Diese Sicht entspricht nicht dem biblischen Bild des Menschen. Kurz gesagt, der Mensch wird sich nur mit Brot und Spielen nicht zufriedengeben. Freilich wird man dazu oft genug meisterhaft verführt. Eine der Gefahren heute besteht darin, daß die Menschen zum Objekt sowohl der politischen Machtspiele als auch der auf Verbrauch gezielten Produktion werden.

Die Errungenschaften der Technik der Transplantationen und der Gentechnik bringen vielen die Freude des vollen Lebens. Ihnen haftet jedoch eine tiefe Ambivalenz an. Die Kirchen stehen ziemlich ratlos vor diesen Problemen da. Meistens läßt man die Dinge laufen. Die Wissenschaftler entbehren oft der notwendigen christlichen seelsorgerlichen Begleitung. Das Ausmaß des Problems bekommt man erst zu spüren, wenn in den Zeitungen Notizen erscheinen, daß irgendwo in Afrika, Asien oder Rußland die Menschen, darunter immer mehr Kinder, als Geber der Organe mißbraucht werden, ohne ihren Willen und oft ohne ihr Wissen. Das Problem der Euthanasie stellt ein weiteres Beispiel dar. Schon heute ist in manchen Ländern einiges zur Praxis geworden, was nur sehr schwierig als menschenwürdig betrachtet werden kann.

Nötig wäre eine Antwort auf diese Fragen, die mit dem biblischen Bild des Menschen wie auch mit der Tradition des theologischen Denkens des Ostens und Westens im Einklang stehen würde und möglichst breite Zustimmung finden könnte. Für die Christen dürfte diese Antwort in keinem Fall im Widerspruch zur Offenbarung stehen.

Es scheint, daß die Geschichte Europas durch drei christliche Gedanken determiniert wurde, nämlich: durch die Trinitätslehre im Bereich der Vorstellungen über Gott und die Rolle des Menschen in der Welt, durch den aus dem Erlösungswerk Jesu Christi kommenden Auftrag der Mission, und durch die Erwartung des Wiederkommens Jesu Christi.

Die Trinitätslehre als Grundlage der Vision vom Einen Europa

Das zukünftige Europa müßte pluralistischen, multikulturellen und multikonfessionellen Charakter haben. Es müßte also die Vielfalt genauso wie die Einheit zur Geltung kommen. Gebraucht wird ein Zentrum, das Sammelpunkt für die Umgebung ist, das die Aktivitäten koordiniert, mit Leben beschenkt, aber nicht dominiert, das dem einzelnen und dem Peripherischen hilft, zu leben und zur Geltung zu kommen. Das einzelne müßte dem Zentrum gegenüber gleichberechtigt bleiben, sich behaupten können, aber wiederum das Zentrale nicht in Frage stellen, sondern zur Geltung kommen lassen. Der Pluralismus und die Einheit sind für die orthodoxe Theologie nur im Lichte der Trinitätslehre richtig zu verstehen. Dieses Thema – also: die Trinitätslehre und die moderne Demokratie – müßte neu angesprochen werden.

Der heilige Sergius von Radonesch im 14. Jahrhundert hat im Glauben an die Heilige Dreifaltigkeit die notwendige Grundlage zur Überwindung der politischen Spaltungen gesehen. Das von der Trinitätslehre geprägte Denken des Menschen verfügt über die Fähigkeit, die Pluralität und die Einheit zu respektieren und harmonisch miteinander existieren zu lassen. Hier sei bemerkt, daß einige Forscher und Theologen, darunter Vater Aleksander Schmemann, der Meinung gewesen sind, daß die rationalistischen Ideologien in einer Zeit entstanden, in der das theologische Bewußtsein der lokalen Kirchen geschwächt und die Trinitätslehre zu einer abstrakten Glaubensformel degradiert worden war.

Es hat eine Unterschiebung stattgefunden. Christsein als Zugehörigkeit zum Volk Gottes (λαοσ του θεου) wurde durch Zugehörigkeit zu einer Nation ersetzt.

Die missionarische Sendung

So wie der Sohn Gottes von Gott dem Vater in die Welt gesandt worden ist, so wurden die Jünger Jesu Christi in die Welt gesandt. Die Verkündigung der Frohen Botschaft führte zur Entstehung der Kirche an vielen Orten. Die Existenz der Kirche an diesen Orten bedeutete den Beginn der Heiligung ihrer Mitglieder und der Umgebung. Jahrhundertelang dauerte es, bis die Kultur entstand, die manchmal »christlich« genannt wird und die nicht nur das Lichte und Schöne in sich enthält. Nichtsdestoweniger ist es diese vom Evangelium geprägte Kultur, die uns zu dem Punkt gebracht hat, wo wir heute stehen.

Den missionarischen Auftrag heute kann man auch so interpretieren: Verschwindet die Kirche, so verschwindet langsam auch die Kultur der Liebe. Die Mission wurde durch die Apostel nicht um Jesu Christi willen, sondern um der Welt willen ausgeführt. Jesus Christus ist für das Leben der Welt gestorben.

Nur in der Kirche und durch die Kirche ist unser Herr Jesus Christus in der Welt gegenwärtig. Zum Gelingen des Einen Europa gehört auch das Fortbestehen der Kirche. Ohne Mission ist die Existenz der Kirche in Frage gestellt. Man müßte mit allem Nachdruck betonen, daß die Präsenz der Kirche zu den Voraussetzungen der Gemeinschaft der Völker in Europa gehört. Das heißt aber auch, daß die Konfessionen auch einmal gelernt haben müssen, nach den Prinzipien zu leben, die sie verkündigen.

Der eschatologische Aspekt

Das letzte Buch der Offenbarung spricht von Babylon und vom neuen Jerusalem. Der grundsätzliche Unterschied zwischen beiden besteht darin, daß Babylon eine Stadt – eine Institution – ist, die nur irdisch ist, das neue Jerusalem hingegen »von Gott aus dem Himmel« herabkommt (Apokalypse 21, 2), nachdem der erste Himmel und die erste Erde vergangen sind und der neue Himmel und die neue Erde Wirklichkeit geworden sind. Den gleichen Gedanken drückt der Hebräerbrief (13, 14) mit den Worten aus: »Wir haben hier keine bleibende Stadt (πολισ), sondern die zukünftige suchen wir.«

Diese eschatologische Dimension des christlichen Glaubens läßt jedes Versprechen der lichten Zukunft – besonders nach all den historischen Erfahrungen – mit Vorsicht zur Kenntnis nehmen. Das Reich Christi ist nicht von dieser Welt. Oder noch anders gesagt: Das Königreich Gottes darf durch keine sozialistische, kapitalistische oder irgendwelche andere Ordnung ersetzt werden.

Das heißt jedoch nicht, daß dadurch das Bemühen um eine gerechte Gesellschaft, um einen Rechtsstaat, als Dienst an Babylon diskreditiert werden darf. Umgekehrt: Jedes, auch das kleinste, Tun in der Nachfolge Christi schließt sich dem Werk Christi in dieser Welt an. Der Apostel Paulus geht soweit, daß er sogar folgendes zu sagen wagt: »Nun freue ich mich in den Leiden, die ich für euch leide, und erstatte (ανταναπληρω) an meinem Fleisch, was an den Leiden Christi noch fehlt, für seinen Leib, das ist die Gemeinde (εκκλησια)« (Kolosserbrief 1, 24).

Für unsere irdische Wirklichkeit bis zur Parusie bleibt jedoch eine Ambivalenz in Kraft: Die Erlösung ist uns umsonst geschenkt; aber unser Tun ist nicht sinnlos. Die Einheit der Kirche Christi ist ihr gegeben, die Kirche bleibt eins, die Eine Kirche, trotz aller Spaltungen; aber von den Christen ist ein jeder berufen, unermüdlich für die Einheit zu kämpfen.

Auch im Bereich des politischen, sozialen, ökonomischen Lebens können wir uns einem Ideal nähern; wehe aber, wenn wir diese – für uns scheinbar die schönste – Wirklichkeit für absolut erklären.

Die eschatologische Dimension und die historische Erfahrung rufen uns zur Besinnung und zur Nüchternheit angesichts jeder neuen Lage und jeder neuen Vision.

Friedhelm Solms

Polen und Deutsche im gemeinsamen Europa

I.

Am 12. Juni 1991, einem für die deutsche Nachkriegsgeschichte unverändert ebenso schmerzlichen wie ernüchternden Gedenktag an den Berliner Aufstand von 1953 gegen das DDR-Regime, wurde in Bonn der »Vertrag der Bundesrepublik Deutschland und der Republik Polen über gute Nachbarschaft und freundschaftliche Zusammenarbeit« unterzeichnet. Er bildet den Abschluß des deutsch-polnischen Vertragswerks, das ein integraler Bestandteil ist der abschließenden vertraglichen Regelung der deutschen Frage, die im Moskauer Vertrag vom 12. September 1990 - dem sogenannten »Zwei-plus-Vier-Vertrag« - kodifiziert worden ist. Ihrer in diesem Vertrag eingegangenen Verpflichtung, die seit Ende des Zweiten Weltkrieges bestehende Grenze mit Polen in einem völkerrechtlich verbindlichen Vertrag anzuerkennen, war die deutsche Bundesregierung mit dem Abschluß des deutsch-polnischen Grenzvertrags nachgekommen, der am 14. November 1990 in Warschau unterzeichnet wurde. Er bestätigt die Oder-Neiße-Grenze als endgültige Westgrenze Polens, die »jetzt und in Zukunft« unverletztlich ist, und enthält die Verpflichtung beider Seiten, auf Gebietsansprüche für alle Zeit zu verzichten. Außenminister Genscher nannte bei der Unterzeichnung die Anerkennung der Grenzen ein »Gebot des Friedens« und sprach vom Beginn eines europäischen Gemeinschaftswerks.

Der 1990 in Warschau angesprochene Abschluß eines weiteren Vertrags über gute Nachbarschaft und Zusammenarbeit zwischen Deutschland und Polen sollte indes auf sich warten lassen. Mehr als ein halbes Dutzend Verhandlungsrunden war nötig, bis nach oft stockenden Gesprächen und Meinungsverschiedenheiten, insbesondere wegen der Minderheitenrechte, das Vertragswerk schließlich im Juni 1991 paraphiert werden konnte.

Zur Unterzeichnung kamen Polens damaliger Ministerpräsident und sein Außenminister am 17. Juni nach Bonn. Gemeinsam mit Bundeskanzler Kohl und Außenminister Genscher setzten sie ihre Unterschriften unter diesen »Vertrag über gute Nachbarschaft und freundschaftliche Zusammenarbeit«. Zu der Zeremonie hatte Kohl im übrigen auch den früheren Bundeskanzler Willy Brandt gebeten.

In der Präambel dieses Nachbarschafts- und Kooperationsvertrags von 1991, die – wie alle solche Präambeln – dem so oft beschworenen »Geist« solcher Verträge auch eine sprachliche Form geben soll, heißt es: Der Vertrag wird geschlossen

»in dem Bestreben, die leidvollen Kapitel der Vergangenheit abzuschließen, und in der Entschlossenheit, an die guten Traditionen und das freundschaftliche Zusammenleben in der jahrhundertelangen Geschichte Deutschlands und Polens anzuknüpfen;

angesichts der historischen Veränderungen in Europa, insbesondere der Herstellung der Einheit Deutschlands und des tiefgreifenden politischen, wirtschaftlichen und sozialen Wandels in Polen;

überzeugt von der Notwendigkeit, die Trennung Europas endgültig zu überwinden und eine gerechte und dauerhafte europäische Friedensordnung zu schaffen«, und

»im Bewußtsein der Bedeutung, welche die Mitgliedschaft der Bundesrepublik Deutschland in der Europäischen Gemeinschaft und die politische und wirtschaftliche Heranführung der Republik Polen an die Europäische Gemeinschaft für die künftigen Beziehungen der beiden Staaten haben«, sowie

»eingedenk des unverwechselbaren Beitrags des deutschen und des polnischen Volkes zum gemeinsamen kulturellen Erbe Europas und der jahrhundertelangen gegenseitigen Bereicherung der Kulturen beider Völker sowie der Bedeutung des Kulturaustauschs für das gegenseitige Verständnis und für die Aussöhnung der Völker«.

Im folgenden soll nun die These begründet werden,

daß (1) das deutsch-polnische Vertragswerk und insbesondere der gerade zitierte Vertrag von 1991 zumindest der Intention nach ein Verhältnis zwischen diesen beiden Staaten begründen soll, das der deutsch-französischen Entente nachgebildet ist, auch wenn die letztere vertraglich anders ausgestaltet ist;

daß (2) jedoch die praktisch-politische Ausgestaltung dieses Verhältnisses, insbesondere was die zitierten Absichtserklärungen von deutscher Seite angeht, noch immer, wenn überhaupt, nur in Bruchstücken gelungen ist;

daß (3) diese Schwierigkeiten sich zusätzlich durch externe Faktoren, die mit der Gesamtproblematik der europäischen Integration zusammenhängen, gefährlich zu vertiefen drohen;

und schließlich daß (4) gleichwohl der beiderseitige Wille zur Verständigung und Versöhnung weiterbesteht und der mit dem deutsch-polnischen Vertragswerk eingeschlagene Weg schon deshalb unumkehrbar ist, weil er einerseits vom gemeinsamen Schicksal Polens und Deutschlands nicht abtrennbar und zum anderen determiniert ist vom gemeinsamen Interesse beider Länder an und in Europa.

Der Titel »Polen und Deutsche im gemeinsamen Europa« thematisiert einen politischen Prozeß, der zwei Aspekte enthält: zum einen die im polnisch-deutschen Vertrag von 1991 explizit postulierte Integration Polens in die Europäische Union, und zum anderen den vor allem von Polen selbst energisch geforderten Eintritt in die NATO, die Nordatlantische Allianz. Die Aporien beider Entwicklungen werden zunächst getrennt analysiert, um daran das Problematische eines Junktims zwischen den beiden Projekten zu illustrieren. In einem weiteren längeren Teil soll dann versucht werden zu zeigen, daß die evidenten Schwierigkeiten und zeitlichen Verzögerungen des Beitritts von Polen zu diesen beiden Institutionen über das übliche politische Taktieren hinaus tieferliegende Ursachen haben, die man mit dem Stichwort einer »Krise der gesamteuropäischen Lebenswelt« charakterisieren kann, und daß deshalb eine Lösung auch der institutionellen Krise erst möglich werden könnte auf der Basis einer Reflexion jener historischen und kulturellen Traditionen, die jenes gemeinsame europäische Erbe bilden, das neuerdings so häufig beschworen wird.

Vor dem Hintergrund der oben zitierten Absichtserklärungen im Hinblick auf Polens Beitrittswunsch zu NATO und EU ist zunächst eine kurze Chronik der laufenden Ereignisse lehrreich, und zwar in Form einer Gegenüberstellung der deutschen und der polnischen Position.

Das elementare Interesse der deutschen Außen- und Sicherheitspolitik nach der Vereinigung der beiden deutschen Staaten muß es sein, eine gesamteuropäische Sicherheitsstruktur zu etablieren, in der Kriege zwischen allen europäischen Staaten ebenso undenkbar werden, wie das unter den NATO-Mitgliedern fünfzig Jahre lang bereits der Fall ist. Deutschland müßte also in seine Politik für Europa alles das einbringen, was gesamteuropäischer Stabilität dient und sie fördert, aber ausnahmslos alles ablehnen, was dieses Ziel erschweren oder gar verhindern kann. Das Prinzip des Gewaltverzichts – zentrales Bestimmungsstück der UN-Charta – hat sich in dieser Hinsicht für die deutsche Ostpolitik (und insbesondere im Verhältnis zu Polen) als ungewöhnlich erfolgreiches Modell erwiesen. Schon die Perspektive auf ein nach einem solchen Prinzip konstruiertes System kollektiver Sicherheit in Europa könnte stabilisierend wirken.

Grundvoraussetzung für die Funktionsfähigkeit eines solchen Konzepts freilich ist, daß eine politische Einflußgröße von Gewicht sich dafür entschlossen einsetzt. Das neue Deutschland könnte ein solcher Faktor sein, wenn es sich das zutrauen würde. Immerhin offeriert die Geschichte Europa erstmals die realistische Option, Kriege zwischen seinen Staaten auf friedlichem Weg dauerhaft abzuschaffen, wie das schon die Erste Vollversammlung des Weltrats der Kirchen 1948 gefordert hatte (»Krieg soll nach dem Willen Gottes nicht sein«). Mit einem europäischen System kollektiver Sicherheit, das alle Länder Europas umfaßt, könnte dieses Ziel historisch erstmals erreichbar werden.

Zwar haben die Außenminister Frankreichs und Deutschlands schon 1994 in einer aufsehenerregenden Erklärung versprochen, Polen bei seinen Bemühungen um eine Vollmitgliedschaft in der EU (Europäische Union), der NATO (North Atlantic Treaty Organization) und der WEU (Westeuropäische Union) verstärkt zu unterstützen. Sie sprachen in dieser gemeinsamen Erklärung sogar davon, daß die Zusammenarbeit zwischen diesen drei Ländern »ein Dreieck« werden solle, »ein Beispiel für historische Aussöhnung«, das dem europäischen Integrationsprozeß eine neue Dimension hinzufüge. Insbesondere im Hinblick auf die Europäische Union gehe es nicht mehr länger um das »ob«, sondern nur noch um das »wie und wann« eines polnischen Beitritts. In ähnlicher Form hatte sich zuvor auch bereits US-Präsident Clinton vor dem polnischen Parlament geäußert. Einschränkend aber, und daran hat sich in der Zwischenzeit kaum etwas geändert, fügte der deutsche Außenminister damals schon hinzu, er könne weder ein Datum für den Beitritt nennen noch sagen, ob Polen das erste Land sein werde, das den EU-Beitritt vollziehen kann. Sicher sei nur, daß Polen zu den ersten Ländern gehören werde, »die in die EU kämen« – eine Auskunft, die dem damaligen Außenminister Olechowski bereits ahnungsvoll als »hinhaltend« erschien.

Freilich wäre es unredlich zu verschweigen, daß es damals auch in Polen gegen die als »unumkehrbar« erklärte Politik der Westorientierung substantiellen Widerstand in führenden polnischen Regierungskreisen gab und wohl noch heute gibt. Denn in der derzeit regierenden Koalition in Polen finden sich Stimmen, die Polen in einer Art »grauer Pufferzone« zwischen Ost und West sehen wollen und denen die Offerte Rußlands für eine garantierte Neutralität Polens durchaus attraktiv erscheint. Die dem früheren polnischen Präsidenten Walesa zugeschriebene Äußerung, die Beziehungen zu Rußland seien zu 40 % von Angst und zu 60 % von Hoffnung geprägt, gehört wohl in diesen Kontext.

Widerstand gegen den insbesondere von Polen gewünschten raschen NATO-Beitritt kam zunächst überraschenderweise von deutscher Seite. Ursprünglich hatte die Bundesrepublik Deutschland innerhalb des NATO-

Rats für eine schnelle Aufnahme der sogenannten Visegrad-Staaten Polen, Slowenien, Tschechische Republik und Ungarn plädiert. Eine erneute Teilung des Kontinents, so versuchte der deutsche Außenminister im Oktober 1994 die komplette und überraschende Kehrtwendung nun zu erläutern, liege weder im Interesse deutscher noch europäischer Außenpolitik. Er fügte dann hinzu: »Es kann nicht im Interesse der Staaten Mittel- und Osteuropas sein, wenn der Preis für die Aufnahme in das (westliche) Bündnis die Rückkehr zu Konfrontation und Blockbildung in Europa wäre und dabei genau diese Beitrittsstaaten zu echen Frontstaaten werden würden« – eine Einschätzung im übrigen, deren Plausibilität nicht leichthin zu dementieren ist. Damit aber hatte sich der deutsche Außenminister, offenbar mit Rücksicht auf die massiv vorgetragenen russischen Vorbehalte, gegen seinen Kollegen Verteidigungsminister gestellt, der damals als erster und einziger deutscher Minister für eine auch zeitliche Koppelung von EU- und NATO-Erweiterung plädierte. Der deutsche Außenminister Kinkel wähnte sich jedoch auf der Seite der sicheren Majorität innerhalb der NATO, deren Verteidigungsminister mehrheitlich dagegen opponierten, daß sich neue EU-Mitglieder auf diese Weise quasi durch die Hintertür Zutritt zur NATO verschaffen könnten. Kinkel hatte diese Position aber in einen konzeptionellen Rahmen gestellt, der jedenfalls ein Gespür für die Dimensionen des strittigen Problemezusammenhangs erkennen läßt, wenn er zugleich betonte, das Ziel müsse eine »kooperative Sicherheitsordnung für ganz Europa sein«. Damit solle Rußland und anderen Staaten, die der NATO nicht beitreten, die Möglichkeit gegeben werden, »die NATO als Partner verstehen zu lernen«.

Dieser Prozeß aber brauche Zeit und müsse daher durch zwei flankierende Maßnahmen gefördert werden. Der eine Schritt sei, die OSZE zur zentralen, die ehemaligen Blockgrenzen überspannenden Institution kollektiver Sicherheit für ganz Europa auszubauen. Zum andern bleibe für die kommenden Jahre die Erfüllung des NATO-Programms »Partnerschaft für den Frieden« vorrangig. Damit war, so schien es, von autorisierter deutscher Seite das Terrain abgesteckt und die Definition des Prozesses, der schließlich zum Beitritt Polens und anderer Länder zu NATO und EU führen sollte, nur noch eine Frage diplomatischer Arrangements.

Manches veränderte sich dann allerdings wieder radikal durch die Rede, die der deutsche Bundeskanzler vor fast genau einem Jahr (also im Sommer 1995) vor dem polnischen Parlament, dem Sejm, hielt. Dort plädierte Kohl, alle Vorbehalte deutscher, polnischer, europäischer und atlantischer Bedenkenträger mit royaler Geste beseite schiebend, für einen Beitritt Polens zu NATO und EU und fixierte dafür auch gleich noch den

Zeitrahmen: bis zum Jahr 2000. Aus polnischer Perspektive hatte Kohl damit vorwiegend deutsche Interessen formuliert: Ein polnischer EU-Beitritt biete die Chance, daß die deutsche Ostgrenze keine »Zivilisationsgrenze« mehr bilde und sich die Kluft zwischen Arm und Reich nicht noch weiter vertiefe. Mit Polens NATO-Beitritt wäre Deutschland dann auch kein Frontstaat mehr, weil damit die mögliche Konfliktgrenze um etwa 700 Kilometer nach Osten verschoben würde.

Das war auch die Meinung eines Teils des polnischen politischen Establishments. Andere waren jedoch sogleich skeptisch. In einem offiziösen Kommentar aus dem polnischen Außenministerium wurden Bedenken geäußert, das von Bundeskanzler Kohl hergestellte Junktim laufe in Wahrheit auf einen weiteren zeitlichen Aufschub des Beitritts zu sowohl der NATO als auch der EU hinaus. Man müsse sich fragen, so hieß es in einem polnischen Zeitungsartikel vom Juli 1995, »warum beispielsweise die Erfüllung der komplizierten Erfordernisse des gemeinsamen Marktes oder der gemeinsamen Agrarpolitik der EU Bedingungen für den Beitritt Polens zur Verteidigungsgemeinschaft sein sollten oder umgekehrt«. Die dadurch ausgelösten Irritationen in Bonn und Brüssel verstärkten sich noch, als der neue polnische Außenminister Rosati kurz nach seinem Amtsantritt erklärte, Polen betrachte seinen unverändert angestrebten raschen Beitritt zur NATO auch als einen Schutz vor Deutschland: »Wir wollen ein Sicherheitssystem, in dem Polen von allen Seiten her sicher ist. Es geht nicht nur um Rußland, sondern auch um Deutschland.« Polen dürfe seine eigene Ostpolitik nicht vernachlässigen und werde deshalb in das NATO-Bündnis die Doktrin einbringen, daß mit Rußland eng kooperiert werden müsse.

Zeitlich fiel das alles zusammen mit der Wahl von Aleksander Kwasniewski zum polnischen Präsidenten, die im Westen weithin als eine Rückkehr der Kommunisten an die Macht gesehen wurde. In einem Kommentar des Wall Street Journal stand denn auch zu lesen, die Polen hätten sicherlich das Recht, frühere Kommunisten zu ihren politischen Führern zu wählen. Den Westen aber binde keinerlei Verpflichtung, solche Führer als geachtete Mitglieder in seine supranationalen Institutionen aufzunehmen. Die westlichen Staaten könnten auch kein Interesse an neuen Mitgliedsstaaten haben, die über offene Grenzen ihre innere Instabilität exportierten und anderen Partnern dafür die Rechnung präsentieren.

Aufgeschreckt von mancherlei Befürchtungen, hat der neue polnische Präsident deshalb Anfang Januar 1996 Gespräche in Bonn, Paris und Brüssel geführt. Auch die Regierungserklärung des neuen polnischen

Premiers Cimoszewicz im Februar 1996 war konzipiert als Versuch, die Besorgnisse über »die Rückkehr der Kommunisten an die Macht« (Wallstreet Journal) zu entkräften. Der Ministerpräsident betonte, Polen halte unverändert daran fest, Mitglied sowohl der Europäischen Union als auch der NATO zu werden, und werde alles tun, um seine Strukturen so rasch als möglich diesen beiden Institutionen anzupassen.

Zwei Ereignisse brachten für Polen und die anderen Kandidaten eines Beitritts zur Europäischen Union dann doch eine gewisse Klärung. Die damals amtierende Präsidentin der EU, Italiens Außenministerin Suzana Agnelli, teilte im April 1996 den beitrittswilligen osteuropäischen Ländern förmlich mit, worauf es diesen ankam: eine zeitliche Perspektive. Spätestens sechs Monate nach Abschluß der sogenannten »Maastricht-II-Regierungskonferenz« sollen, so Signora Agnelli, die Beitrittsverhandlungen mit jedem Kandidaten einzeln beginnen. Die ersten Verhandlungspartner würden aber nicht die osteuropäischen Staaten sein, sondern Malta und Zypern.

In einer auch zeitlich parallelen Erklärung dazu hat dann aber EU-Kommissionspräsident Jacques Santer die ohnehin nur verhaltene Euphorie weiter gedämpft. Angesichts der komplexen EU-Agrarmarktregelungen rechne er mit langen Übergangsfristen, was im Klartext heißt, daß sich für die osteuropäischen Länder selbst nach einem EU-Beitritt die lukrativen westeuropäischen Agrarmärkte nur ganz allmählich öffnen werden.

Ähnlich kompliziert ist die Situation, was die sogenannte Osterweiterung der NATO betrifft. Die Präsidentenwahlen in Rußland und den USA wurden zum Anlaß genommen, für 1996 alle offiziellen diplomatischen Verhandlungen zu sistieren. Ob und mit wem im Jahr 1997 erste konkrete Beitrittsverhandlungen geführt werden, ist noch völlig offen. Darüber heute eine Prognose zu wagen, käme einem Versuch politischer Mantik gleich.

Was folgt aus dieser notwendigerweise knappen Schilderung der gegenwärtigen Situation? Zunächst zur NATO. Die NATO-Osterweiterung ist, so wird immer wieder betont, vor allem eine politische Entscheidung darüber, ob die beitrittswilligen Staaten die »Werte und Prinzipien der Nordatlantischen Allianz, also der NATO, tatsächlich unterstützen wollen und können«. Dafür hat der NATO-Rat sogenannte »Mindestbedingungen« formuliert. Dazu gehört, daß Demokratie und Marktwirtschaft dauerhaft eingeführt sein müssen. Dazu gehört auch die zivile Kontrolle des Militärs, auch wenn das vermutlich von den Militärführern der Länder, die einst dem Kommando der Warschauer Vertragsorganisation (WTO) unterstanden, nicht als eine solche vorrangige Voraussetzung angesehen wird; denn wo bisher überhaupt zivile Strukturen im Militär eingeführt wurden, befinden sie sich bereits wieder in der Rückbildung. Sodann muß ein eigener Beitrag zur Sicherheit des nordatlantischen Vertragsgebiets geleistet werden einschließlich einer angemessenen Beteiligung an den Kosten. Die neue Mitgliedschaft muß außerdem einen Sicherheitszuwachs auch für die bisherigen NATO-Mitglieder bedeuten, und schließlich darf durch die Aufnahme der Beitritt anderer Kandidaten nicht behindert werden. Jeder Beitritt muß zudem durch alle 16 bisherigen NATO-Mitglieder ratifiziert werden. Erst wenn alle diese Konditionen erfüllt sind, bestehen für jedes neue NATO-Mitglied die Sicherheitsgarantien nach Artikel 5 des NATO-Vertrags, nämlich eine an Bedingungen geknüpfte Beistandspflicht der NATO im Fall eines bewaffneten Angriffs. Vor allem jene Länder, die im Gegensatz zu Polen erst relativ spät politische Selbständigkeit errreicht haben, verbinden deshalb mit dem NATO-Beitritt vor allem die traditionelle Vorstellung, gerade eine an den professionellen Standards der NATO orientierte Armee sei und bleibe auch weiterhin vorrangig ein wichtiges Attribut nationalstaatlicher Souveränität mit entsprechend hohem Status und Prestige in der Gesellschaft. Die Streikräfte werden deshalb immer häufiger – und das sollte zu ernsten Bedenken Anlaß geben – als die eigentlichen Wegbereiter angesehen für die Bemühungen, Anschluß an die westlichen Strukturen zu finden.

Erwartet wird bisher allgemein – und so sind auch die Verhandlungskonzeptionen zeitlich strukturiert –, daß die osteuropäischen Länder der NATO früher beitreten können als der EU. Das soll zwar den inhaltlichen Zusammenhang zwischen der Erweiterung von NATO und EU unterstreichen, bedeutet aber keine notwendige zeitliche Parallelität und erst recht keinen Automatismus.

Was die daraus sich ergebenden Prioritäten betrifft, so entsprechen sie – weltpolitisch gesehen – den faktischen Machtverhältnissen. Seit dem Ende des Kalten Kriegs wird kein einzelnes Ereignis die Zukunft Europas so nachhaltig beeinflussen wie die Erweiterung der NATO nach Osteuropa. Die Konsequenzen dieses Plans, der vor allem von seiten der beitrittswilligen Ländern forciert wird, müssen deshalb äußerst sorgfältig und mit hohem Verantwortungsbewußtsein politisch analysiert und bewertet werden, zumal sich die Ausdehnung des NATO-Gebiets wegen des Fehlens einer akuten Bedrohung durch Rußland nur schwer rechtfertigen läßt: ein Faktum, das auch in der NATO-Führung anerkannt wird. Statt dessen schließt die NATO-Erweiterung bis an die geographischen

Grenzen Rußlands das Risiko einer neuen Spaltung Europas und möglicherweise einer neuen Konfrontation ein. Europa steht deshalb vor einer kritischen Phase seiner Entwicklung. Die standardisierte These mancher US-amerikanischen Außenpolitiker, auf dem Territorium des ehemaligen Warschauer Paktes sei ein »machtpolitisches Vakuum« entstanden (so der immer noch einflußreiche Henry Kissinger), kann in dieser Situation ebensowenig ein Argument sein wie die Behauptung aus einem außenpolitischen Grundsatzpapier der Führung der Russischen Föderation, Osteuropa sei eine »historisch entstandene Sphäre der Interessen Rußlands«. Beides wäre der anachronistische Rückfall in jenes »Balance of Power«-Denken, das die Weltpolitik in der Zeit zwischen 1945 und 1989 beherrscht hat. Das wichtigste Postulat im Hinblick auf die NATO-Osterweiterung scheint daher zunächst zu sein, sich nicht durch eine Eskalation negativer Reaktionen gegenseitig zu verunsichern und damit den Boden für ein erneutes Mißtrauen vorzubereiten. Deshalb muß sich die NATO von einer militärischen Verteidigungsallianz zu einem Instrument für Frieden und Sicherheit im gesamten Europa entwicklen, und zwar Schritt für Schritt parallel zum Beitritt neuer Mitglieder. Das aber fordert eine sicher erst noch auszuhandelnde Einbeziehung der Russischen Föderation in ein System kollektiver Sicherheit, wie es als Modell in der UN-Charta skizziert ist. Erst in einem solchen Rahmen aber können Polen und Deutsche jene gutnachbarschaftlichen Beziehungen voll entwicklen, die der deutsch-polnische Vertrag von 1991 vorsieht.

Europapolitisch – und das allein heißt heute Außenpolitik – kann es nur eine Strategie zum Frieden geben, auch wenn der vielleicht nicht ewig währen wird, wie der große Philosoph Immanuel Kant das noch hoffte, und das ist eine Strategie der umfassenden Verständigung unter Einschluß aller sicherheitspolitischen, wirtschaftspolitischen und kulturpolitischen Aspekte. Es wäre in der Tat absurd, wie der deutsche Bundespräsident Roman Herzog vor dem Europaparlament in Straßburg betont hat, »wenn Europa die Strategie der Integration gerade in dem Moment vergessen würde, in dem der Rest der Welt beginnt, sie ebenfalls zu lernen«. Deshalb wird die Zukunft Europas entscheidend von der Bündelung seiner Kräfte auch in Bildung, Kultur und Wissenschaft abhängen.

Vermutlich ist Europa die Weltregion mit der höchsten Vielfalt unterschiedlicher Sprachen und Lebensformen. Und doch war Europa – seit der griechischen Antike – stets mehr als bloß ein geographischer Begriff. »Wenn wir heute eine Bilanz unseres geistigen Besitzes aufmachen würden«, so hat, früher als die meisten anderen, Ortega y Gasset eindringlich diese Einsicht formuliert, »dann würde sich herausstellen, daß das meiste davon nicht unserem jeweiligen Vaterland, sondern dem gemeinsamen europäischen Fundus entstammt. In uns allen überwiegt der Europäer bei weitem...«

Die Vision Jean Monnets von der Einheit Europas, entwickelt schon in den frühen fünfziger Jahren, war deshalb ein Projekt praktischer Zukunftsgestaltung und ist so auch aufgefaßt worden von seinen europäisch gesinnten Mitstreitern Robert Schuman, Alcide de Gasperi, Paul-Henri Spaak und schließlich auch Konrad Adenauer. In dieser Vision schimmerte freilich noch ein anderer, längst vergangener Mythos Europas in Gestalt eines wiederbelebten Traums von einem römisch-christlichen Europa, eines kontinentalen Projekts nach dem Vorbild des Heiligen Römischen Reiches durch. Solche Projektionen reichten über die Bildung der Montan-Union und der ersten europäischen Wirtschaftsgemeinschaft (EWG) bereits hinaus; denn die römischen Verträge – im Streit über Maastricht und die gemeinsame europäische Währung längst vergessen – waren eine originäre europäische Revolution mit ausgeprägten außen- wie sicherheitspolitischen Konsequenzen und vor allem mit kulturellen Implikationen, die das bloß Ökonomische transzendieren sollten. Diese Gemeinsamkeiten werden deshalb strukturbildend bleiben selbst dann, wenn der europäische Integrationsprozeß vollends ersticken sollte in einer aufgeblasenen Bürokratie und einem nur byzantinisch zu nennenden System kommerzieller und technokratischer Verordnungen und Vergünstigungen. Von der umfassenden Vision Monnets könnte Europa gerade heute profitieren, schon weil das Konzept einer Föderation europäischer Staaten bereits von den Gründervätern als ein Modell für die neue Weltordnung konzipiert war.

Vaclav Havels Satz »Wenn ihr den Osten nicht stabilisiert, destabilisiert der Osten euch« sollte also vor allem denen zu denken geben, die in den kommenden Monaten und Jahren darüber zu verhandeln und dann zu entscheiden haben, wie der institutionelle Rahmen aussehen soll, in dem in Zukunft Polen und Deutsche in Europa leben werden. Das mag über die Erweiterung von EU und NATO noch hinausgehen. Zunächst einmal aber wird es vor allem darum gehen. Und im Hinblick auf die »Voraussetzungen« und »Mindeststandards«, von denen oben die Rede war, sieht die Bilanz Polens in der Tat dann nicht schlecht aus.

Denn inzwischen hat Polen die geforderten Mindeststandards für seine Eingliederung in die Atlantische Allianz zum größten Teil erfüllt. So hat es als erstes Land ein individuelles Partnerschaftsprogramm über die künftige Zusammenarbeit im Rahmen der »Partnerschaft für den Frieden« vereinbart, dessen Erfüllung die NATO als eine Voraussetzung für einen Beitritt zur Atlantischen Allianz ansieht. Auf allen entscheidenden NATO-Ebenen arbeitet Polen seitdem am häufigsten und sorgfältigsten von allen übrigen Beitrittskandidaten mit. Polen wäre sogar im Gegensatz zu den anderen Beitrittsstaaten bereit, die Stationierung von fremden NATO-Streitkräften und die Lagerung von Nuklearwaffen auf dem eigenen Territorium auch in Friedenszeiten zu konzedieren. Als eine seiner ersten Amtshandlungen hat der jetzige polnische Präsident zudem die Streitkräfte einer zivilen Führung unterstellt und damit formal einer weiteren wichtigen Vorbedingung entsprochen.

Auch im Hinblick auf den Beitritt zur EU erfüllt Polen bereits 1996 eine Reihe entscheidender Voraussetzungen. Das Bruttoinlandsprodukt ist mit 6% eines der höchsten in Europa, die Inflationsrate geht drastisch zurück. Das Reformkonzept des derzeitigen Wirtschafts- und Finanzministers, die »Strategie für Polen«, hält sich strikt an die Vorgaben der internationalen Kreditgeberinstitutionen. Als assoziiertes Mitglied der EU werden in Polen schrittweise die Rechtsstandards der EU eingeführt, wobei das Land die nicht unbeträchtlichen Anpassungskosten größtenteils selbst trägt. Ehrgeiziges Ziel ist die vorzeitige Erfüllung der Kriterien des Vertrags von Maastricht zum Eintritt in die Europäische Währungsunion.

II.

Vielleicht gäbe das alles trotz der geschilderten Hindernisse Grund zu vorsichtigem Optimismus. Die angesprochenen politischen Prozesse werden jedoch überschattet von einer viel tiefer liegenden Krise, die das gesellschaftliche Bewußtsein über alle geographischen Grenzen hinaus stärker bestimmt, als es bei oberflächlicher Betrachtung erscheint. Manche nennen das eine Sinnkrise, was in Wahrheit eine Krise des europäischen Verständnisses der Moderne ist und mit den Ängsten und Enttäuschungen zu tun hat, die sich einstellen, weil nicht länger verdrängt werden kann, daß die überkommenen geistigen Fundamente das Auseinanderbrechen des tradierten Weltverständnisses nicht mehr auffangen können. Anders ausgedrückt: Was vordergründig im Ökonomiejargon vor allem in Westeuropa als Wirtschaftskrise mit steigender Arbeitslosigkeit und mangelnder globaler Wettbewerbsfähigkeit bezeichnet wird, ist wohl mehr die schleichende Erosion dessen, was einmal als das europäische Erbe der Moderne galt.

Zu den grundlegenden Prozessen, die die Moderne geprägt haben, zählt der Prozeß der Säkularisierung. Man mag das bedauern, aber diese

Entwicklung läßt sich nicht rückgängig machen. Der Verzicht aber auch der Wissenschaft auf das Orientierungsmonopol, das bis dahin Kirche und Religion beanspruchten, kennzeichnet die Krise einer Zeit, die manche die Postmoderne nennen. Diejenigen freilich, die darin eine »revanche de dieu« – Rache Gottes – sehen, urteilen zumindest voreilig. Richtig ist: Das 20. Jahrhundert war das Zeitalter von Aufstieg und Fall der Säkularreligionen. »Glauben Sie an nichts, aber fügen Sie Ihren Zeitgenossen möglichst wenig Leid zu, und arbeiten Sie«: das hatte, als einer unter vielen, der große Kritiker und Agnostiker Paul Valéry seinen Zeitgenossen zu Beginn dieses Jahrhunderts angeraten. Aber einer Welt, die lange Zeit auf ihre Gottlosigkeit stolz war, sind nun auch die weltlichen Glaubensgewißheiten verlorengegangen. Der so oft herbeigewünschte neue Mensch hat sich, nach beispiellosen Grausamkeiten und unbeschreiblichem Leid in diesem Jahrhundert, am Ende doch unverändert als der Alte Adam erwiesen. Arbeit, Demokratie, Wissenschaft – die zentralen Bestimmungsstücke der Moderne seit 200 Jahren – haben heute ihren Glanz verloren und sind zu Symbolen einer allgemeinen Enttäuschung und Indifferenz geworden. Das alles deutet offenbar darauf hin, daß der Prozeß der Säkularisierung wohl mißlungen ist. An keinem Datum der modernen Zeitgeschichte läßt sich das besser studieren als an den Ereignissen des Jahres 1989, die für viele Zeitgenossen den Beginn einer Zeitenwende markieren. Aber die meisten von denen, die das erlebt haben, sind heute wie gelähmt von der Folgenlosigkeit der Ereignisse, deren Zeugen sie wurden. Quer durch alle gesellschaftlichen Schichten, Generationen und Völker Europas wächst drohend das Gefühl, den Kairos, die großen Chancen dieses historischen Augenblicks verpaßt zu haben. So wurde – um ein signifikantes Beispiel zu nennen – in Deutschland eine gründliche Selbstprüfung der bis zur Handlungsunfähigkeit erstarrten Politik der alten Bundesrepublik versäumt und auch der ostdeutsche, an dem berühmten »Runden Tischen« entstandene Verfassungsentwurf ungelesen verworfen, statt ihn mit heranzuziehen für die Formulierung einer nun wirklich demokratischen und diesmal dann vom Volk selbst zu beschließenden Verfassung, so wie Artikel 146 des alten Grundgesetzes das fordert. Das bevölkerungsstärkste Land in Europa besitzt keine vom Volk als dem Souverän mit einem Referendum bestätigte Verfassung. Die sich immer noch weiter vertiefende Entfremdung zwischen Ostdeutschen und Westdeutschen ist davon nur ein Reflex, der freilich Folgen hat, die bis weit ins nächste Jahrtausend reichen werden.

Das lenkt den Blick zurück auf die Ursachen der »neuen Unübersichtlichkeit«, wie Jürgen Habermas die gegenwärtige Befindlichkeit genannt hat. An der empirischen Geschichte von Arbeit, Demokratie und Wissenschaft zeigt sich nämlich zugleich – und darin mag ein Moment von hoffnungsvoller Zuversicht liegen –, wie religionsförmig der oben thematisierte Prozeß der Säkularisierung verlaufen ist, und zwar im gesamten Europa. Evident aber wird auch, daß er neue Dogmen und damit neue Formen weltlicher Intoleranz hervorgebracht hat. Fast zwangsläufig sind damit die Chancen einer authentischen Re-Spiritualisierung der europäischen Gesellschaften in ihrer zumindest virtuellen kulturellen Einheit wieder etwas größer geworden, zumal die gepriesene Wertfreiheit, die das Signum der modernen Wissenschaft war, längst einen Wertverlust nach sich gezogen hat, der zum Signum einer allseits beklagten allgemeinen Orientierungslosigkeit und fast totalen Verunsicherung geworden ist.

Ein kurzer historischer Rückblick auf die Entwicklungsgeschichte jener drei großen Begriffe Arbeit, Demokratie, Wissenschaft mag deshalb besser einschätzen lehren, ob ihnen noch etwas von einer utopischen Kraft zur Kohärenz geblieben ist, die auch ein vereintes Europa zusammenhalten könnte.

Arbeit ist noch immer das Wertzentrum der Industriegesellschaft. Sie konnte dazu werden, als das Christentum die Arbeit moralisch aufwertete und damit jene theologische Lehre verwarf, die Arbeit als Folge des Sündenfalls bestimmte und sie als Zeichen verdienter Knechtschaft ansah. Die neue, moderne Auffassung von Arbeit entstand erst durch die religiös motivierte Vorstellung, daß der arbeitende Mensch ein Mitarbeiter sein könnte bei der Schöpfung Gottes, des »ersten großen Arbeiters«, wie Jacques Le Goff das so treffend formuliert hat. Selbst in Zeiten, wo die Arbeit in allen Industriegesellschaften tendenziell abnimmt, muß das nicht zwangsläufig einen weiteren Zuwachs an Säkularisierung bedeuten. Vita activa und vita contemplativa – das hat uns die große Philosophin Hannah Arendt als Vermächtnis hinterlassen – stehen in einem engeren Zusammenhang, als wir im allgemeinen zu denken uns angewöhnt haben.

Ähnliches gilt für das Zentrum und das Ziel dessen, was wir Demokratie nennen. Zwar ist sie – jeder Tag liefert dafür neue Beispiele – die »Herrschaft der Laien«, wie das der deutsche Pädagoge Hartmut von Hentig ein bißchen boshaft genannt hat. Aber was sie zusammenhält, sind die Ausdrucksformen einer »civil religion«, einer Zivilreligion, auch wenn dieser Begriff inzwischen viel zu oft strapaziert wird. Daß das so ist, hat wohl niemand genauer analysiert und präziser auf den Begriff gebracht als ihr schärfster Kritiker, Alexis de Tocqueville. Zwar kann und darf man nicht übersehen, daß die bisherigen Formen der Zivilreligion mehr und mehr an kultureller und sozialer Kohäsions- und Bindungsfähigkeit verloren haben. Aber wenn das konstantinische Zeitalter des Konkubinats von Staat und Kirche wohl endgültig zu Ende geht, wird von der Entwicklung neuer und dauerhafter Bindekräfte im Rahmen eines reformierten Verständnisses von Zivilreligion vielleicht alles abhängen für das Überleben von Demokratie als Staats- und Gesellschaftsform gerade in einem vereinten Europa, das den erstarrten Konfessionalismus und die abendländische Überheblichkeit hinter sich läßt.

Auch Kultur und Wissenschaften haben nach 1989 viele Chancen verpaßt. Man muß sich nur ebenso umfassend wie genau an die Bedeutung von Kultur und Wissenschaft für die vielschichtigen Freiheitsbewegungen in Mittel- und Osteuropa erinnern, um einzusehen, welches Potential an Gestaltungs- und Prägungskräften sowie an sozialem Zusammenhalt gerade die Kulturwissenschaften für ein größer werdendes Europa bilden könnten. Die Idee eines freien und geeinten Europas verband sich ja für lange Zeit eher mit den Visionen von Intellektuellen als mit den monetären Profitkalkülen von Managern und dem Regelungsdrang von Bürokraten. Dafür ist Jean Monnet, der große französische Europäer, der über jeden Zweifel erhabene Zeitzeuge. Richtig ist, daß innerhalb des alten, ursprünglich aus der Montan-Union hervorgegangenen EG-Europas trotz Maastricht und seiner ziemlich unzeitgemäßen Umbenennung in »Europäische Union« die anfängliche Dynamik und Euphorie längst in der Routine von Bürokraten und Bankern erstickt ist. Das war in Mittel- und Osteuropa zunächst ganz anders: Hier wurden die Kräfte des Aufbruchs von 1989 getragen von Wissenschaft, Kultur und Kunst. Nur während der Dreyfus-Affäre zu Beginn dieses Jahrhunderts haben Intellektuelle durch ihre öffentliche Wirksamkeit eine vergleichbare politische Wende – eine Revolution im Wortsinn – herbeiführen können. Dieser zunächst durch nichts in Frage zu stellende Erfolg beruhte kaum auf politischer Erfahrung oder gar polit-ökonomischem Sachverstand, sondern nahezu ausschließlich auf intellektueller Redlichkeit, die sich in einmaliger Weise mit moralischem Gemeinsinn verband. Nach 1989 lag deshalb die Vermutung nahe, daß in Europa auf längere Zeit zwei politische Kulturen in einem produktiven Konflikt aufeinandertreffen würden: auf seiten der ökonomisch schwächeren Länder Ost- und Mitteleuropas Intellektuelle mit hoher moralischer Glaubwürdigkeit, aber ohne ausreichende realpolitische Erfahrung, und auf seiten der durch Marktwirtschaft regulierten, kapitalorientierten Länder Westeuropas versierte Experten jeder Couleur und Fachkompetenz mit einer statustypischen Indifferenz gegenüber Problemen der Moral. Manche haben sich von dieser Mentalitätsdifferenz – voreilig, wie sich heute zeigt – eine nachhaltige Belebung der Debatte über den Königsweg zur europäischen Einigung versprochen. Um so größer ist daher die Enttäuschung, und zwar auf allen Seiten. Nur kurze Zeit haben in den Ländern Ost- und Mitteleuropas real praktizierte Moral, bürgerlicher Gemeinsinn und politischer Anstand den politischen Diskurs prägen oder gar dominieren können. Heute muß man konstatieren, daß auch hier das, was nur noch Ahnungslose als sogenannte »Realpolitik« bezeichnen, an deren Stelle getreten ist. Die Experten haben die Moralisten langsam aber unaufhaltsam aus dem öffentlichen und politischen Leben verdrängt. Trotzdem nützen in dieser Situation sentimentale und bedauernde Kommentare wenig: Die Trivialisierung des Charisma ist historisch keine Singularität. Die Namen von Mahatma Gandhi, Martin Luther King und – so steht zu befürchten – eines gar nicht fernen Tages auch Nelson Mandela sind dafür in diesem Jahrhundert die bedauernswerten Zeitzeugen.

Von sogenannten politischen und ideologischen Meinungsmachern verführt, werden für die beobachtbaren Rückfälle hinter die demokratischen Errungenschaften in »die alten Strukturen« – auch zur Entlastung des saturierten Teils der westeuropäischen Gesellschaften – die politische Unerfahrenheit, ja Unreife und die zu hohen, schlechterdings unerfüllbaren Erwartungen der mittel- und osteuropäischen Bevölkerungen verantwortlich gemacht. Das ist ebenso naiv wie gefährlich. Denn die jetzigen EU-Staaten haben kein Recht, denjenigen Ländern demokratische Unreife vorzuwerfen, denen sie aus nationalem Egoismus die Chance vorenthalten, zu gleichberechtigten Partnern auf dem europäischen Markt zu werden. Das gilt insbesondere vor dem Hintergrund des Credos von der unauflösbaren Einheit von Martkwirtschaft und Demokratie, das US-Präsident Clinton 1994 in einer Rede vor dem polnischen Parlament so eindringlich beschworen hat. Das paßt zu dem hier und da publik gemachten Verdacht, die derzeitigen europäischen NATO-Mitglieder hätten die Debatte um die Osterweiterung der NATO vermutlich auch deshalb inszeniert und konsequent verlängert, weil sich damit die Aufnahme osteuropäischer Länder noch etwas weiter hinausschieben ließe.

Aber weder die zentralen Probleme der westeuropäischen Länder noch die Herausforderungen der postkommunistischen Zeit in Osteuropa sind isoliert lösbar. Die Europäer im Osten wie im Westen werden die evidente derzeitige Krise nicht mehr durch »business as usual«, durch bloße Verlängerung eingeschliffener Handlungsmuster, durch ein beharrlich wiederholtes »weiter so« oder durch die Stabilisierung eingeübter Denkgewohnheiten lösen können. Denn hinter dem in den Massenmedien in aller Breite präsentierten Spektakel der Tagesereignisse bemerken immer mehr Bürgerinnen und Bürger, auch bei sich selbst, die Trägheit und Immobilität der politischen wie mentalen Denkstrukturen, jene »wheels of custom«, die Mühlräder des Gewohnten, wie Francis Bacon das schon vor Jahrhunderten treffend genannt hat. Um diese politische wie mentale Trägheit zu überwinden, ist freilich eine Politik notwendig, die in langen Fristen über einzelne Legislatur- und Wahlperioden hinweg denkt und plant: eine im demokratischen Diskurs zu entwickelnde Politik der Mentalitäten, die von den Intellektuellen, Wissenschaftlern und Künstlern auch deshalb mitgetragen und mitgestaltet werden muß, weil sie darin das Ethos ihrer Aufgabe in der Gesellschaft von morgen wiederentdecken können als moralische Verpflichtung, auch öffentlich zur Erhaltung und Mehrung des Gemeinwohls beizutragen.

Es ist wahr: Insbesondere die Wissenschaftsgeschichte ist eine Geschichte der Entmoralisierung. Im Zuge der Ausdifferenzierung der sich spezialisierenden akademischen Disziplinen verschwindet die Moralität, weil die Wissenschaft wie die Gesellschaft selbst arbeitsteilig verfährt und sich für die Klärung ethisch-moralischer Grundfragen schon aus wissenschaftsmethodischen Gründen für unzuständig erklären muß. In ihrer gegenwärtigen Verfassung können deshalb die Wissenschaften, selbst wenn sie es wollten, der rat- und orientierungslosen Gesellschaft sozusagen keine Mores mehr lehren, weil die ihnen mit der Zeit selbst abhanden gekommen sind.

Es ist heute zu einem banalen Ressentiment geworden, als Grund für diesen Orientierungsverzicht der Wissenschaften das Zeitalter der Aufklärung haftbar zu machen. Das ist ebenso apodiktisch wie sinnlos. Alle Industriestaaten auf der nördlichen Halbkugel verdanken der technisch-wissenschaftlichen Zivilisation ihre Existenz, und das weitere Überleben sichert nicht deren Abschaffung, sondern nur deren ebenso überlegte wie entschlossene Reformation. Dafür könnte eine Limesfigur der Aufklärung das Vorbild abgeben: jener neben Rousseau und Voltaire inzwischen etwas in den Hintergrund getretene Enzyklopädist des aufgeklärten Denkens mit Namen Denis Diderot. Er, der im 18. Jahrhundert der erste und zugleich bis heute der stilbildende Anwalt des öffentlichen Anspruchs der Intellektuellen war, betonte am Selbstverständnis des intellektuellen Bürgers vor allem das hohe Maß seiner sozialen und politischen Selbstverpflichtung. Nach Diderots Verständnis führt der aufgeklärte Intellektuelle keine separate Existenz fern von der Alltagswelt. Diese ist ihm gar nicht so fern und fremd, wie er gerne vorgibt, weil er selbst in der notwendigen intellektuellen Distanz noch weiß, daß jeder Mensch nur in Gesellschaft mit anderen sich selbst behaupten und so überleben kann.

Deshalb muß er auch von sich aus, so fordert Diderot, seine eigene Soziabilität voll entwickeln und sich so selbst in einem elementaren Verständnis nützlich machen. Sein Ideal ist die Bürgergesellschaft, und deren Prinzipien kennt er besser als jeder andere. Sie freilich wäre, fernab jeder staatskirchenrechlich verfaßten Konfessionalität, zu komplettieren durch die Zivilreligion. Beide zusammen – »civil society« und »civil religion« – können deshalb die Selbstüberschätzung des Intellektuellen ebenso domestizieren, wie sie seine Weltfremdheit aufbrechen. Aus dem Interesse an der Überlebensfähigkeit beider und weiterhin orientiert am unvollendeten Projekt der Aufklärung läßt sich der Öffentlichkeitsauftrag des Intellektuellen ebenso ableiten wie seine Verpflichtung, zum Allgemeinwohl beizutragen.

Am Ende des zweiten Jahrtausends christlicher Zeitrechnung ist das allerdings eine Aufgabe, die den einzelnen überfordert. Auch die Nationalstaaten, deren Entstehung sich ebenfalls dem historischen und geistigen Kontext der Aufklärung im 18. Jahrhundert verdankt, können ihre gesetzlichen Verpflichtungen gegenüber ihren Bürgerinnen und Bürgern als Einzelstaat kaum noch allein erfüllen. Immerhin beginnt sich aber zumindest in Umrissen die Einsicht durchzusetzen, daß die vielbeklagte Orientierungskrise der Gegenwart eine gesamteuropäische Herausforderung ist in Dimensionen, die die sozioökonomische Überlebensfähigkeit ebenso wie den kulturellen Selbstbehauptungswillen des gesamten europäischen Kontinents in Frage stellen. In einer solchen Situation sehen sich Polen und Deutsche im Prozeß der Einigung Europas vor Aufgaben gestellt, für die es in ihrer bisherigen Geschichte keine Parallele gibt. Denn jeder Rekurs auf die Geschichte Europas sieht sich mit zwei Gefahren konfrontiert: die vermutete Einheit Europas in grauer Vorzeit zu datieren und damit eine historische Teleologie von Kreta bis Brüssel zu konstruieren, oder den seit der Zeit zwischen den beiden Weltkriegen sich abzeichnenden Vorgang einer politischen Einigung Europas mit historischen Einsichten und Postulaten politischer Theoretiker wie Sully oder Kant, Victor Hugo oder Winston Churchill zu unterfüttern. Beides ist grund- und sinnlos, weil der eine Rekurs Europa sozusagen präexistent macht, der andere die Vorgeschichte Europas auf bloße diplomatische Konzepte und Allianzprojekte reduziert. Gleichwohl hat manches auch real ko-existiert: Die »république des lettres« eines Erasmus und Voltaire, eines Leibniz und Diderot wurde getragen von jenem sich konsolidierenden Handels-, Rechts- und Vertragsraum der europäischen Staatenwelt, der schon am Ende des 18. Jahrhunderts die Bewunderung von Philosophen und Völkerrechtlern auf sich zog. Dabei sind heute aber durchaus

Skrupel angebracht, diese historische Dominanz Europas absichtsvoll erneut zu thematisieren, auch wenn mit Blick auf das »European miracle« zunächst vorwiegend außerhalb von Europa nach Gründen dafür gesucht wird, warum gerade jene kleine Halbinsel am Rand des asiatischen Kontinents, die doch zunächst kulturell hoffnungslos hinter dem ostasiatischen Raum zurücklag, in – historisch betrachtet – relativ kurzer Zeit den Aufstieg zu einem der führenden »global players« schaffen konnte.

Jede systematische Referenz auf frühere Zeiten hat unvermeidlich Züge eines Kanonisierungsversuchs. Auch das Konzept des Burckhardtschen »concordia discors«, einer eher fragwürdigen »Einheit in der Vielfalt« als Prinzip einer nach innen und außen offenen europäischen Geschichte, ist wohl nicht mehr als eine allzu absichtsvolle Dogmatisierung. Aber vielleicht reizt ja heute gerade der Gedanke an den ökonomisch prosperierenden und politisch aufstrebenden asiatischen Raum dazu, auf jene historische Phase Bezug zu nehmen, in der Europa zur globalen Wirtschaftsmacht wurde, um auf diese Weise frühe Wahrnehmungen der Spannung zwischen kultureller Differenz und ökonomischer Dominanz, die es zu allen Zeiten gegeben hat, zur Korrektur heutiger Positionen wieder nutzbar machen zu können. Daher ist die heutige Zeit eine weltgeschichtliche Situation, in der weder geschichtsphilosophische Reminiszenzen noch heilsgeschichtliche Gewißheiten allein eine Haltung begründen können, mit der man sich zwischen Opportunismus und Selbstermutigung auf einem schmalen Grat bewegen kann. Nach einem Wort von Hölderlin wächst aber das Rettende gerade dann, wenn die Auswegslosigkeit am größten ist. Danach könnte in einer Kooperation zwischen Polen und Deutschen, die aus Einsicht in die Notwendigkeit die Institution des souveränen Nationalstaats überwindet, jener durch nichts zu ersetzende Beitrag zur Bewahrung des Friedens und der Lebenswelt werden, zu dem die Gerta-Scharffenorth-Stiftung einen bescheidenen Beitrag leisten will.

Dokumente

1. Die Lage der Vertriebenen und das Verhältnis des deutschen Volkes zu seinen östlichen Nachbarn. Eine evangelische Denkschrift, herausgegeben vom Rat der Evangelischen Kirche in Deutschland, Hannover 1965[1] *(Auszug)*

Vorwort
I. Umfang und Zusammenhang der Probleme
II. Die Vertriebenen in Gesellschaft und Kirche
III. Zur gegenwärtigen Lage in den Gebieten jenseits der Oder-Neiße-Linie
IV. Völkerrechtliche Fragen
V. Theologische und ethische Erwägungen
VI. Die deutschen Ostgrenzen als politische Aufgabe

Die Überprüfung der völkerrechtlichen und der theologisch-ethischen Aspekte hat gezeigt, daß die Frage der deutschen Ostgrenzen sich nicht mit absoluten Argumenten des Rechtes und der Ethik, mit den Mitteln einer Theologie der Schöpfung und der Geschichte lösen läßt. Von hier aus kann nur eine Hilfe für Entscheidungen geleistet werden, denen das deutsche Volk und seine Nachbarn nicht ausweichen können. Es handelt sich dabei um politische Entscheidungen, die in vernünftiger Einschätzung der Situation und in verantwortungsvoller Mitarbeit an einer dauerhaften Friedensordnung zwischen den Völkern getroffen werden müssen. Die in dieser Denkschrift dazu aufgeführten rechtlichen, ethischen und theologischen Überlegungen, die auch in ein politisches Handeln eingehen müssen, sollen dahin wirken, eine neue Bewegung in die politischen Vorstellungen des deutschen Volkes hineinzubringen und auch den Nachbarn im Osten einen Dialog auf neuer Ebene anzubieten.

In diesem Dialog geht es konkret um die Fragen, wieweit die Vertriebenen ein Recht auf Rückkehr in die alte Heimat haben und wieweit ein Recht auf Rückgabe der abgetrennten Gebiete besteht. Es ist unvermeidlich, beide Fragen in den gehörigen politischen und geschichtlichen Gesamtzusammenhang von heute zu stellen. Eine künftige haltbare Friedensordnung kann im Verhältnis des deutschen Volkes zu seinen östlichen Nachbarn nur im Zeichen eines neuen Anfanges verwirklicht werden. Über den gegenwärtigen Zustand einer so gut wie völligen Entfremdung und gegenseitiger Furcht- und Haßgefühle hinaus muß es zu einer Versöhnung kommen, die auch zwischen Völkern möglich ist. Dem Frieden der Welt und einer Neuordnung Europas sind die beteiligten Völker ein äußerstes Maß an Anstrengung schuldig, die zwischen ihnen stehenden Fragen unter Berücksichtigung der beiderseitigen Standpunkte zu erörtern und neu zu regeln.

Die politische Führung der Bundesrepublik hat in diesen Fragen eine mehr abwarteende Haltung gezeigt und immer wieder den eigenen Rechtsstandpunkt vertreten. Für diese Zurückhaltung gab es, wie man zugeben muß, wichtige innenpolitische Gründe. Die Unterstellung eines Viertels des früheren deutschen Staatsgebietes unter fremde Verwaltung und die Vertreibung der Bevölkerung aus

---

[1] Abgedruckt in: Die Denkschriften der Evangelischen Kirche in Deutschland, herausgegeben von der Kirchenkanzlei der Evangelischen Kirche in Deutschland, 3. Auflage, Gütersloh 1988. Aus dem umfangreichen Text dieser Denkschrift sind hier wiedergegeben die Kapiteldisposition sowie der Wortlaut von Kapitel VI.

ihr stellen an die nationale Disziplin des ganzen Volkes so hohe Anforderungen, daß die Gefahr einer nationalistisch bestimmten Radikalisierung jedenfalls nicht von der Hand zu weisen war. Daß eine solche Radikalisierung bis heute ausgeblieben ist, ist ein sehr bemerkenswerter Zug der deutschen Nachkriegsgeschichte. Die Opfer, die von dem deutschen Volk erwartet werden, leistet es nur, wenn es geschichtlich denkt und sich darin der Einsicht in eine höhere Notwendigkeit beugt. Diese Einsicht aber kann erst allmählich heranreifen. Auch auf der internationalen Ebene hat eine zögernde Behandlung der deutschen Ostgebiete seitens der verantwortlichen Politik der Bundesrepublik ihre guten Gründe. Sie kann von dem in der westlichen Welt völkerrechtlich als gesichert geltenden Fortbestand des Deutschen Reiches in den Grenzen von 1937 ausgehen. Eine vorzeitige definitive Anerkennung der im Potsdamer Protokoll von 1945 getroffenen Regelungen gilt als politisch unkluge Preisgabe wertvoller Grundlagen und Objekte künftiger Friedensverhandlungen.

In dieser abwartenden Haltung kommt zugleich der richtige Grundsatz zum Ausdruck, daß die im Zusammenhang mit den Kriegshandlungen geschehene Okkupation der Ostgebiete und die Übertragung ihrer Verwaltung an einen anderen Staat sich nicht ohne weiteres in eine völkerrechtlich und politisch gleichermaßen unvertretbare einseitige Annexion verwandeln kann und daß das Unrecht der Vertreibung nicht mit Stillschweigen übergangen werden darf. Die hier strittigen Fragen und alle territorialen Änderungen bedürfen gemeinsamer vertraglicher Regelungen. Der Wert dieser Regelungen ist von der beiderseitigen Zustimmung zu dem damit angestrebten neuen Anfang abhängig. An dieser Stelle wird auch deutlich, daß der negative Begriff »Verzicht« eine ganz und gar unzulängliche Bezeichnung für den deutschen Beitrag zu einer Friedensregelung ist, die eine neue Partnerschaft zwischen Völkern begründen soll. Wenn die künftige Regelung der Gebietsfragen das Verhältnis zwischen den beteiligten Völkern stabilisieren soll, dann muß sie das Ergebnis eines wirklichen Dialogs und Ausdruck des Willens zur Versöhnung sein.

Es ist nicht Aufgabe einer kirchlichen Denkschrift, Vermutungen darüber anzustellen, wann der richtige Zeitpunkt gekommen ist, die abwartende Haltung gegenüber unseren östlichen Nachbarvölkern aufzugeben. Aber das formale Argument, daß nur eine künftige gesamtdeutsche Regierung zu so weittragenden Entscheidungen befugt sei, kann es nicht länger rechtfertigen, auch die Klärung der hier auf dem Spiele stehenden Grundsatzfragen auf unbestimmte Zeit zu verschieben. Das deutsche Volk muß auf die notwendigen Schritte vorbereitet werden, damit eine Regierung sich ermächtigt fühlen kann zu handeln, wenn es nottut. Solche Vorbereitung ist auch darum unabweisbar geworden, weil die weltpolitische Situation sich gegenüber den 50er Jahren deutlich verändert hat. Während sich damals in Ost und West zwei ideologisch bestimmte Machtblöcke gegenüberstanden, die ein selbständiges Handeln einer deutschen Regierung nahezu ausschlossen, sind heute die Fronten in Bewegung geraten. In dieser Lage erwarten auch die westlichen Verbündeten der Bundesrepublik Deutschland von dieser einen Beitrag zur Entspannung, der nur möglich ist, wenn die Regierung damit rechnen kann, im deutschen Volk Verständnis und Zustimmung zu einem Schritt im Geiste der Versöhnung gegenüber unseren östlichen Nachbarvölkern zu finden.

Welche Schritte im einzelnen das Ziel der Versöhnung und Neuordnung am besten fördern, kann wiederum nicht in dieser Denkschrift erörtert werden. Sicher ist nur, daß es nicht genügen wird, den deutschen Rechtsstandpunkt starr und einseitig zu betonen, daß auf der anderen Seite aber einer deutschen Regierung auch nicht zugemutet werden kann, ihren Rechtsstandpunkt von vornherein und bedingungslos preiszugeben. Vielmehr wird es zunächst darauf ankommen, im deutschen Volk selbst und nach außen eine Atmosphäre zu schaffen, in der dann auch in einzelnen Schritten Akte der Versöhnung mit den östlichen Nachbarn möglich werden.

Das setzt gewiß voraus, daß auch bei diesen Völkern der Wille zur Versöhnung besteht oder geweckt werden kann. Sie müssen sich also die kritische Frage gefallen lassen, ob sie in ihrer so oft zur Schau getragenn Selbstgerechtigkeit gegenüber Deutschland verharren wollen. Aber das Gespräch darüber kann erst in Gang kommen, wenn das deutsche Volk zu erkennen gegeben hat, daß es seinerseits der Versuchung widerstehen will, sich in Selbstgerechtigkeit zu verhärten.

Die vorliegende Denkschrift maßt sich also nicht an, den zum politischen Handeln berufenen Instanzen die Handlungswege vorzuzeichnen. Aber sie sieht eine Aufgabe der Kirche darin, dem deutschen Volk die Ziele, auf die es ankommt, deutlicher bewußt zu machen, als das in der innerdeutschen Diskussion meist geschieht, und die in dieser Diskussion so oft zutage tretenden Widerstände gegen diese Ziele auszuräumen. Ist damit der Handlungsraum der Politiker erweitert, so bleibt es ihre Aufgabe, von dieser Möglichkeit den rechten Gebrauch zu machen.

2. Erklärung der in Berlin-Spandau versammelten Mitglieder der Synode der Evangelischen Kirche in Deutschland (März 1966)[2]

Vertreibung und Versöhnung

Die in Berlin-Spandau vom 13. bis 18. März 1966 versammelten Synodalen der Evangelischen Kirche in Deutschland haben sich in mehreren Referaten und einer eingehenden Aussprache mit der vom Rat im Oktober 1965 veröffentlichten Denkschrift über »Die Lage der Vertriebenen und das Verhältnis des deutschen Volkes zu seinen östlichen Nachbarn« befaßt. Sie nehmen den Widerspruch ernst, der gegen die Denkschrift auch von vielen treuen Gemeindegliedern, namentlich von solchen geäußert worden ist, die aus ihrer angestammten Heimat vertrieben worden sind. Die Denkschrift bindet die Gewissen nicht als Glaubenswahrheit.

[2] Die Synode tagte vom 13. bis 18. März 1966. Die Erklärung der Mitglieder vom 18. März ist enthalten in: Vertreibung und Versöhnung. Die Synode der Evangelischen Kirche in Deutschland zur Denkschrift »Die Lage der Vertriebenen und das Verhältnis des deutschen Volkes zu seinen östlichen Nachbarn«. Im Auftrag der Synode herausgegeben von Erwin Wilkens, Stuttgart 1966, Seite 59-65. Diese Erklärung wurde durch Mitglieder der Synode auf einer Arbeitstagung in Potsdam-Babelsberg vom 14. bis 16. März 1966 vorbereitet, die folgende Formulierung vorlegten (Auszug): »Wir sind dankbar, daß unsere evangelische Kirche in nüchterner Offenheit und seelsorgerlicher Verantwortung zu einer Lebensfrage unseres Volkes hilfreich gesprochen hat. Die Denkschrift nimmt die Nöte derer, die ihre Heimat verloren haben, ernst und weicht den Fragen nach Recht und Unrecht nicht aus; aber sie stellt alles unter das biblische Zeugnis von der Versöhnung. Dieses Zeugnis hat heiligende, friedensstiftende und ordnende Kraft. Die Denkschrift ermutigt die Deutschen und ihre östlichen Nachbarvölker, in der Macht der fünften Bitte des Vaterunsers einander zu begegnen: ›Vergib uns unsere Schuld, wie wir vergeben unseren Schuldigern.‹«

Sie will ein redliches Angebot zum Nachdenken und zur Aussprache über die hier behandelten Probleme sein. Sie soll die Gewissen schärfen und dem Frieden in der Welt dienen. Ein kirchliches Wort zu politischen Fragen muß mit Nachdruck geltend machen, daß politische Entscheidungen die personale Würde und Freiheit des Menschen zu achten haben. Das erfordert ein unvoreingenommenes, sachgerechtes Prüfen der politischen und sozialen Verhältnisse.

1. Hinter uns liegt eine Zeit nationalsozialistischer Übersteigerung. Dieser Geist war gerade im Verhältnis zwischen uns und unseren östlichen Nachbarn oft auf beiden Seiten wirksam und hat großes Unheil angerichtet. Auch die Kirche hat diese Gefahren nicht deutlich genug erkannt und ihnen unkritisch Vorschub geleistet. Solchen Entwicklungen gilt es, in unserem wie in jedem anderen Lande zu wehren. Aber auch die Leugnung einer Bindung an das eigene Volk können wir nicht gutheißen. Solche Bindung ernst zu nehmen, ist dem Christen erlaubt, ja geboten, sofern sie nicht zu einer Vergötzung führt und die offene Zuwendung zu Menschen anderer Völker hindert. Unsere Aufgabe ist es, ein Verhältnis zur Geschichte und zur heutigen Stellung unseres Volkes zu finden, das weder in Selbstgerechtigkeit noch in Selbstaufgabe mündet, sondern zu der Selbstachtung verhilft, mit der allein wir unseren Nachbarvölkern frei gegenübertreten können.

Gerade weil wir um die besondere Schuldverstrickung unseres Volkes in der jüngsten Vergangenheit wissen, setzen wir den irrigen Vorstellungen von einer Kollektivschuld unseres Volkes die Einsicht entgegen, daß wir eine Haftungsgemeinschaft bilden. In ihr stehen wir sowohl für die Folgen der im deutschen Namen begangenen Unrechtstaten als auch für das Unglück ein, das Mitbürger ohne persönliche Schuld erlitten haben. Sie umschließt das ganze deutsche Volk, auch die Jugend, die jene Jahre nicht bewußt und handelnd miterlebt hat. Ohne diese Einsicht können die Voraussetzungen für die notwendige Partnerschaft mit den Nachbarvölkern und für eine dauerhafte Friedensordnung nicht geschaffen werden.

2. Die Vertreibung geht unser ganzes Volk an. Sie ist weit mehr als nur ein vielen Einzelnen zugefügtes Leid. Wir alle, nicht nur die Vertriebenen, sind von ihr betroffen. Es ist unser aller Pflicht, mit den sich daraus ergebenden Aufgaben fertig zu werden. Wurde den Vertriebenen auferlegt, sich in fremder Umgebung einzulegen, so muß von den Nichtvertriebenen die Liebe der Ostdeutschen zu ihrer Heimat und der Schmerz um ihren Verlust besser als bisher verstanden und mitgetragen werden. Die reiche Geschichte Ostdeutschlands ist ein wesentliches Stück deutscher Geschichte. Vielgestaltig und fruchtbar ist der Beitrag der Ostdeutschen zu unserem politischen, kulturellen und kirchlichen Leben. Der Verlust ihrer Heimat bedeutet für unser ganzes Volk eine Schädigung, deren Schwere uns inmitten des chaotischen Kriegsendes und der angestrengten Aufbauzeit nicht immer genügend gegenwärtig war.

Auch die evangelische Kirche hat schwere Einbußen erlitten. Viele Gemeinden wurden zerstört, Landeskirchen oder Teile von ihnen gingen verloren. Im Ostkirchenausschuß und in den im Konvent der zerstreuten evangelischen Ostkirchen zusammengeschlossenen Hilfskomitees wurde viel Dankenswertes geleistet, um der Verwurzelung der Vertriebenen in ihrer neuen Heimat zu dienen und zugleich das Erbe unserer zerstörten evangelischen Gemeinden und Landeskirchen zu bewahren. Den von dieser Zerstörung nicht betroffenen Kirchen und Gemeinden bleibt die Aufgabe, die besonderen geistlichen Erfahrungen der evangelischen Kirchen und Gemeinden aus dem Osten aufzunehmen und lebendig zu erhalten.

Der Verzicht der Vertriebenen auf Vergeltung, ihre Selbsthilfe und ihre Mitarbeit beim Wiederaufbau der ebenfalls weithin zerstörten neuen Heimat verdienen Dank und Anerkennung. Ebenso sollen die Anstrengungen des ganzen Volkes im Lastenausgleich und in mannigfachen Hilfen öffentlicher, privater und kirchlicher Art nicht vergessen werden. Sie haben dazu beigetragen, daß viele Vertriebene eine neue Existenz aufbauen und neue Aufgaben in Gesellschaft, Staat und Kirche übernehmen konnten. Trotzdem bleibt noch viel zu tun. Die Denkschrift hat darauf hingewiesen, daß allein mit der wirtschaftlichen Eingliederung das Ziel, zu einer neuen Gemeinschaft aus Einheimischen und Vertriebenen zusammenzuwachsen, noch nicht erreicht ist. Was dazu geschehen kann, muß für uns alle und von uns allen zusammen geschehen.

3. Die Aufgabe der Aussöhnung mit den östlichen Nachbarn ist allen Deutschen gestellt. Gerade die Vertriebenen können in ihrer Verbundenheit mit der alten Heimat und auf Grund ihres schweren Erlebens einen Beitrag dazu leisten, den andere nicht erbringen können.

Rechte Aussöhnung setzt nach christlicher Erkenntnis gegenseitige Vergebung voraus. Mit Bewegung und Dankbarkeit haben die Synodalen aus dem Brief der katholischen Bischöfe Polens vom 18. November 1965 vernommen, daß hier Vergebung für deutsche Schuld gewährt und um Vergebung für polnische Schuld gebeten wird. Wir wissen,wie sehr wir der Vergebung unserer östlichen Nachbarn bedürftig bleiben. Zugleich bitten die Synodalen alle Glieder unseres Volkes, insbesondere die durch Vertreibung und Heimatverlust unmittelbar betroffenen, Vergebung zu gewähren. Mit allen Christen können wir es nicht lassen zu beten: »Vergib uns unsere Schuld, wie wir unseren Schuldigern vergeben«. Wer mit Gott in Christus versöhnt ist, wird zur Versöhnung auch mit unseren östlichen Nachbarn bereit.

4. Die Vertreibung ist völkerrechtlich ein Unrecht; die Vertriebenen haben zu Recht in ihrer Heimat gewohnt. Wir müssen aber die Vertreibung im Zusammenhang mit dem Unrecht und dem Leid sehen, die beide im deutschen Namen während des Krieges den Völkern im Osten zugefügt worden sind. Heute haben wir zu bedenken, daß inzwischen Rechte auch von der neu angesiedelten polnischen Bevölkerung geltend gemacht werden. Viele Menschen sind dort aufgewachsen und sehen dieses Land als ihre Heimat an.

Angesichts dieser Lage rät die Denkschrift nicht zu einseitigem Verzicht als politischer Vorleistung, wohl aber zu Nüchternheit und zur Bemühung um einen friedlichen Ausgleich. Die Hoffnung auf diesen mag für viele Menschen im Blick auf die politische Lage unerfüllbar erscheinen. Zwar kann es nur durch die Regierungen zu Verhandlungen über die strittigen Positionen kommen; wir meinen aber, daß eine wichtige Vorbereitung geleistet werden kann, wenn auf beiden Seiten Kräfte am Werk sind, die auf das gemeinsame Ziel hin in ihrem Umkreis zu Versöhnungsbereitschaft und Friedensgesinnung beitragen.

Für die deutsche Seite bedeutet Verständigungsbereitschaft, daß wir begangenes und erlittenes Unrecht nicht gegeneinander aufrechnen dürfen. Wir dürfen zu keiner Zeit eine Lösung durch Gewalt erstreben. Eine Vertreibung darf nie wieder geschehen. Eine Friedensordnung zu schaffen, erfordert Freiheit von Angst, gegenseitige Achtung und die Bereitschaft zum Opfer. Das bedeutet für uns, daß wir die Lebensrechte unserer östlichen Nachbarvölker, ihrer Menschen und ihrer Staaten, zu achten haben. Wären wir dazu nicht bereit, so wären unser Verzicht auf Gewalt und unser Wille zum Frieden nicht glaubwürdig.

Auf die Wirkung des Rufes zur Versöhnung hoffen wir auch in der politischen Öffentlichkeit unserer östlichen Nachbarn. Auch ihre Bereitschaft zur Verständigung ist eine Voraussetzung dafür, daß eine Friedensordnung zustande kommt. Wir bitten unsere östlichen Nachbarn, eingedenk der Liebe, die sie zu ihrem eigenen Volke stets empfunden haben, Verständnis dafür zu gewinnen, daß auch wir für die Lebensrechte des deutschen Volkes eintreten, insbesondere für seine friedliche Wiedervereinigung.

5. Das Wort von der Versöhnung ist in seinem vollen Gehalt nicht begriffen, wenn aus ihm die Zumutung an das deutsche Volk herausgehört wird, ohnmächtig zu resignieren. Wie es gegenüber unseren östlichen Nachbarn die Bereitschaft zu friedlichem Ausgleich bekunden soll, so soll es zugleich uns selbst dazu verhelfen, ein neues und positives Verhältnis zur Geschichte unseres eigenen Volkes zu gewinnen und nach Gottes Führung in ihr zu fragen. Die Bereitschaft zur Versöhnung befreit uns von dem Zwang, nach rückwärts zu blicken, über eigene und fremde Taten zu rechten und Geschichte ungeschehen machen zu wollen. Sie ermutigt uns, quer durch alle trennenden Gegensätze hindurch die Menschen auf der anderen Seite als Partner zu suchen, weil sie Gottes Geschöpfe sind wie wir.

3. Bericht der Synode der Evangelischen Kirche Augsburgischer Konfession in Polen (Oktober 1965)[3]

Die heutige Sitzung der Synode findet in einem Zeitpunkt statt, der voll verschiedener Spannungen in der Welt ist. Man spürt sie auf allen Kontinenten. Die wichtigste Aufgabe der Gegenwart, die vor der ganzen Menschheit steht, ist die Erhaltung des Friedens. Alle Menschen guten Willens, besonders aber alle Christen, die doch Fürsprecher und Verkünder der Versöhnung sind, und sein sollen, müssen dazu beitragen, daß ein geistiges Klima entsteht, das ein Zusammenleben und ein Zusammenwirken aller Völker ermöglichen würde, in dem das Bestreben zur Besserung der Lebensbedingungen all derer, die im Elend leben, respektiert würde, in dem alle Menschen ein besseres und würdigeres Dasein im Frieden fristen könnten. Wir, polnische Protestanten, bemühen uns, unseren Möglichkeiten gemäß, auch auf diesem Gebiet aktiv zu sein, und begrüßen mit Freude alle Ereignisse, die zur friedlichen Regelung strittiger Fragen in der Welt führen.

In letzter Zeit haben wir mit Genugtuung die Stimmen aus der Deutschen Bundesrepublik wahrgenommen, wo die Kammer der Evangelischen Kirche in Deutschland für öffentliche Verantwortung sich über das Verhältnis zwischen Deutschland und Polen in versöhnlichem und friedlichem Geiste ausgesprochen hat. In dem veröffentlichten Memorandum fordert die Kammer eine Überprüfung der bisherigen unrealen westdeutschen Ostpolitik der Regierung der Deutschen

---

[3] Bericht von der Synode am 24. Oktober 1965, im Auszug wiedergegeben nach dem in Polen übersetzten Manuskript, enthalten in: Gerta Scharffenorth, Bilanz der Ostdenkschrift. Echo und Wirkung in Polen - Darstellung, Analyse, Dokumentation, Hamburg 1968, Seite 122 f. In diesem und in den folgenden aus den Minderheitskirchen Polens stammenden Dokumenten sind sprachliche Unebenheiten der deutschen Fassung nicht geglättet worden.

Bundesrepublik, die auf Revisionismus und Vergeltung basiert, und verlangt eine neue, reale, auf einer neuen Grundlage gegründete Politik dem östlichen Nachbar gegenüber. Im besonderen warnt das Memorandum die Regierung der Deutschen Bundesrepublik vor territorialen Ansprüchen Polen gegenüber, das heißt vor Beanspruchung der Gebiete, die im Laufe der Jahre für die Entwicklungsbedingungen des polnischen Nachbars unentbehrlich geworden sind, und verlangt Respektierung der Lebensrechte der Polen. Das Memorandum fordert die Umsiedler auf, ihre bisherige Einstellung zu ändern und sich mit den gegenwärtigen, in Potsdam nach dem Kriege festgelegten Grenzen auszusöhnen.

Die Veröffentlichung des erwähnten Memorandums seitens der Evangelischen Kirchen in Deutschland ist eine Tatsache, die die polnischen Protestanten mit Genugtuung anerkennen, obwohl nicht alle Ausführungen begründet und für uns annehmbar sind. Trotzdem kann das Memorandum für die weitere Entwicklung der Verhältnisse zwischen dem polnischen und dem deutschen Volk, ja sogar für ganz Europa und für den Weltfrieden von großer Bedeutung sein. Es freut uns ganz besonders, daß diese mutige Stimme aus evangelischen Kreisen hervorgegangen ist im Moment, als die Vertreter der Römisch-Katholischen Hierarchie in der Deutschen Bundesrepublik Kritik übten an der patriotischen Stellung, die das polnische Römisch—Katholische Episkopat betreffend die Oder-Neiße-Grenze zum Ausdruck brachte. Wir begrüßen diese Stimme unserer deutschen Glaubensbrüder als vielversprechende Ankündigung einer besseren Zukunft zwischen den benachbarten Völkern und sprechen unseren deutschen Glaubensbrüdern herzliche Anerkennung aus. Wir polnischen Protestanten betrachten nämlich samt dem ganzen polnischen Volk die gegenwärtige westliche Grenze Polens nicht nur als gerecht und endgültig, sondern auch als Friedensgrenze. Ich bin überzeugt, daß dies die einstimmige Meinung der Synode unserer Kirche ist.

4. Erklärung der Synode der Evangelisch-Reformierten Kirche in Polen betreffend das Memorandum des Rates der Evangelischen Kirche in Deutschland (November 1965)[4]

Die Synode der Evangelisch-Reformierten Kirche begrüßt mit großer Genugtuung das Memorandum des Rates der Evangelischen Kirche Deutschlands betreffs der Umgesiedelten, der Ostgrenze und der Beziehungen zu den Nachbarn, besonders zu Polen.

Wir sind von der Tatsache tief ergriffen, daß in der brüderlichen Evangelischen Kirche Deutschlands, ohne Rücksicht auf etwaige Konsequenzen, in Anlehnung an die Macht Gottes, in Fragen, die für das friedliche Zusammenleben der Völker ungeheuer wichtig sind, evangelische Stimmen laut werden, und zwar von seiten maßgebender Vertreter der Kirche, die ihre Ansicht über das Leben des Deutschen Volkes und seinen Platz in der europäischen Völkerfamilie aussprachen.

Während des Krieges und der Besetzungsperiode, als unser Volk auf verbrecherische Weise im Namen Deutschlands bedrängt wurde, waren wir schmerzlich

---

[4] Nach: Reformierte Kirchenzeitung 107. Jahrgang Nr. 7 vom 1. April 1966; enthalten in: G. Scharffenorth, Bilanz der Ostdenkschrift (siehe Anmerkung zu Dokument 3), Seite 124-126.

betroffen, daß dieses bedauerliche Wirken einem Lande entstammte, das sich seiner Reformation rühmte, eines Landes, das große Kirchenmänner hatte. Andererseits freuten uns die Nachrichten, daß mitten im allgemeinen moralischen Niedergang Proteststimmen erschallten, Stimmen von Christusbekennern, die sich in der Bekennenden Kirche zusammenfanden: daß es Menschen gab, die ihr Leben dem Zeugnis für das ewige Evangelium der Gerechtigkeit, der Wahrheit und des Friedens opferten. Sie waren es, die den guten Ruf ihres Volkes hochhielten und die Kirche nach dem fürchterlichen verbrecherischen Krieg wieder aufbauten.

Wir begrüßten deshalb das Stuttgarter Schuldbekenntnis als Äußerung des Buße-Geistes, von dem alles, was gut und gesegnet ist, stammt, in christlicher Erfahrung und im christlichen Leben. Mit gleicher Aufmerksamkeit hörten wir im vergangenen Jahr die Stimmen betreffend der Kriegsverbrechen; wir sind der Ansicht, daß eine konsequente Abrechnung mit der dunklen Vergangenheit und die Bestrafung der fürchterlichen Verbrechen im Interesse Deutschlands liegt.

Heute verfolgen wir mit regem Interesse und brüderlicher Sympathie die Einstellung, welche das Memorandum zum Ausdruck bringt. Wir wollen unterstreichen, daß nicht alle Thesen und Formulierungen dieses Dokumentes dem entsprechen, was wir als Angehörige der großen evangelischen Familie gern hören würden. Wir verstehen jedoch, daß das Memorandum vor allem eine Stimme Deutscher an Deutsche ist, als eine Stimme von Protestanten an Protestanten, ein Appell von Christen an Christen. Wir sind uns dessen bewußt, daß ein solches Auftreten in Anbetracht der inneren politischen und sozialen Verhältnisse in der BRD einen großen Glaubensmut voraussetzte. Und dafür sind wir Euch dankbar.

Wenn wir vom Memorandum sprechen, tun wir es als Kirchenvolk. Nach Christi Willen soll die Kirche immer Gottes Gnade, Liebe und Frieden verkünden. Die Kriegs- und Besetzungszeit wurde für unser Land und unsere Kirche zu einer Zeit so furchtbarer Knechtschaft, die jeder menschlichen Vorstellung spottet. Jeden Tag begegnete uns Tod und Gefängnis, Todesurteil ohne Gerichtsverhandlung, Verbrennen und Erhängen unschuldiger Menschen, mit Martern durch Henker ohne Gewissen und ohne Erbarmen, wobei Tausende von Menschen in Frost und Hungertod getrieben wurden. All das können wir trotz bestem Willen lebenslang nicht vergessen.

Wir wissen, daß in der Deutschen Bundesrepublik viele Leute leben, die nicht gezögert haben, derartige Grausamkeiten zu begehen, nicht gezögert haben, eines Menschen unwürdige Taten zu begehen, die elementare, moralische, ethische und religiöse Normen vergessen haben. Diese Menschen rufen am lautesten von Gerechtigkeit, von Vergeltung vermeintlicher Unrechte, vom Recht der Rückkehr in unsere westlichen Gaue, wo jetzt 8 Millionen Polen wohnen. Heute, zwanzig Jahre nach Kriegsende, fällt es uns schwer, ruhig an unsere Tragödie zurückzudenken. Unser Vaterland war in Trümmern, auch die Kirche war zugrunde gerichtet, sie mußte, nachdem sie zahlreiche Bekenner und Pfarrer auf Schlachtfeldern, in Konzentrationslagern, in Krematorien und auf Galgen verloren hatte, ihre Organisation von Grund auf wieder aufbauen, ihr Leben unter vielen Schwierigkeiten wieder organisieren, die in Trümmern und Asche liegenden Kirchen und Gemeindehäuser wieder aufrichten.

Nun arbeiten wir wieder, dank Gottes Gnade und Güte, und wollen in Frieden unsern Dienst für Gottes Sache und unsere Nächsten tun. Wir wünschen unserem Vaterland und allen Menschen guten Willens auf der ganzen Welt Frieden. Wir glauben, daß wohlgesinnte Menschen im Deutschen Volke aus den schweren Erfahrungen, die ihr Volk betroffen haben, verursacht durch jene Unverantwortlichen, die vergessen haben, daß sie Menschlichkeit verpflichtet, etwas lernen werden und in ihrem Volke Gehör finden. Daß sie dazu beitragen werden, Vertrauen und Achtung für das eigene Vaterland wieder zu gewinnen, damit ein Wille zu friedlichem Zusammenleben mit anderen Völkern entstehe.

Die Synode der Evangelisch-Reformierten Kirche in Polen begrüßt das Memorandum des Rates der Evangelischen Kirche Deutschlands mit voller Hochachtung, als Ausdruck von politischem Realismus und gutem Willen, der aus dem Glauben fließt.

Indem die Synode das Obige unseren Glaubensbrüdern in der Deutschen Bundesrepublik zur Kenntnis bringt, sendet sie dem Rate der Evangelischen Kirche Deutschlands die besten Wünsche: der Herr möge ihr Gnade und Hilfe des Heiligen Geistes in ihrem christlichen Dienst erteilen und ihren allgemeinen Brudersinn festigen, zur *Ehre Gottes und des Herrn der Kirche, Jesus Christus.*

5. Erklärung des Polnischen Ökumenischen Rates zur Denkschrift des Rates der Evangelischen Kirche in Deutschland (Dezember 1965)[5]

Der Polnische Ökumenische Rat hat mit größter Aufmerksamkeit und mit Interesse die Denkschrift des Rates der Evangelischen Kirche in Deutschland zur Lage der Umsiedler und dem Verhältnis des deutschen Volkes zu seinen östlichen Nachbarn entgegengenommen. Die Denkschrift ist ein Wort von Deutschen zu Deutschen. Sie ist in erster Linie Gegenstand des Interesses der Empfänger, an welche sie gerichtet ist. Sie ist jedoch zugleich ein Dokument, welches Lebensfragen auch der polnisch-deutschen Beziehungen behandelt. Insofern kann es nicht anders sein, als daß sie auch auf polnischer Seite Interesse erweckt. Zudem ist sie ein aus christlicher Verantwortung entstandenes Wort evangelischer Kirchen. Abgesehen also von ihrer wichtigen öffentlichen Bedeutung ist sie ein Dokument von theologisch-kirchlichem Charakter. Alle diese Gründe haben den Polnischen Ökumenischen Rat dazu veranlaßt, die Denkschrift zu analysieren und sie nach allen Seiten zu durchdenken. Zu diesem Zweck hat der Polnische Ökumenische Rat auf den 21. Dezember 1965 eine Sondersitzung einberufen, die Denkschrift des Rates der Evangelischen Kirche in Deutschland zu untersuchen.

Auf dem Programm der Tagung standen zwei darstellende Referate sowie die Voten der Gruppen des Polnischen Ökumenischen Rates, also: der Autokephalen Orthodoxen Kirche in der Volksrepublik Polen; der altkatholischen Gruppe, das heißt der Polnischen Katholischen Kirche und der Mariavitenkirche; ferner der protestantischen Gruppe, das heißt der Evangelisch-Augsburgischen Kirche, der Kirche der Reformierten, der Methodistenkirche, der Kirche der Christlichen Baptisten, der Vereinigten Evangeliums-Kirche. Außerdem umfaßte das Programm der Versammlung die in dieser Erklärung enthaltene Stellungnahme des Polnischen Ökumenischen Rates zur Denkschrift des Rates der Evangelischen Kirche in Deutschland.

Das erste Referat war der Versuch, der theologisch-kirchlichen Herkunft der Denkschrift nachzugehen. Diese Denkschrift wurzelt in der Erfahrung und Hal-

[5] Wiedergegeben nach: Evangelischer Kirchendienst Ost, Mai-Heft 1966; enthalten in: G. Scharffenorth, Bilanz der Ostdenkschrift (vgl. Anmerkung zu Dokument 3), Seite 126-129.

tung der Bekennenden Kirche in Deutschland, das heißt jenes Teiles der Deutschen Evangelischen Kirche, welche sich in der Zeit des Hitlerismus entschieden den Versuchen widersetzt hat, das Christentum in den Dienst des faschistischen Staates zu stellen und seinen Widerstand mit großen, teilweise heroischen, ja märtyrergleichen Opfern hat bezahlen müssen. Der Polnische Ökumenische Rat sieht in der Veröffentlichung der Denkschrift sowie in deren Text selbst die treue Weiterführung jener Einstellung, deren Auslegung gewesen ist *einmal* die Erklärung der Bekenntnissynode vom Jahre 1934, welche das Programm des Kampfes um die Reinheit und Heiligkeit der Evangelischen Kirche enthält, *sodann* das Stuttgarter Schuldbekenntnis vom Jahre 1945, welches ein Zeugnis der Buße darstellt und des Glaubens an einen Sieg des Friedens und der Liebe. Auf dem Hintergrund des heute in der Deutschen Bundesrepublik herrschenden politischen Klimas war die Veröffentlichung der Denkschrift nicht nur ein Ausdruck für das Gefühl christlicher Verantwortung, sondern auch für den Mut der Kirche, wie er in der Zeit des Hitlerismus für die Bekenner der Bekennenden Kirche so bezeichnend gewesen ist. Für diesen Akt der Treue gegenüber der christlichen Berufung und der Tapferkeit, deren Quelle das Evangelium ist, ist der Polnische Ökumenische Rat den Verfassern der Denkschrift dankbar und sieht in ihr ein wertvolles Zeugnis des Glaubens.

Die Untersuchung des Inhaltes der Denkschrift ermöglicht die Herausstellung der menschlichen Werte dieses Dokumentes, das die Notwendigkeit einer Anerkennung unserer Grenze an der Oder und Neiße auf Grund einer nüchternen, dem gesunden Menschenverstande entsprungenen, politischen Überlegung nahelegt. Die Analyse erwies zugleich die Mängel und Fehler sowie die falschen Prämissen, von denen die Denkschrift nicht frei ist. Einer dieser Fehler und Irrtümer ist die Auffassung von der Umsiedlung der deutschen Bevölkerung aus den westlichen und nördlichen polnischen Gebieten. Die Rede von einem Unrecht ist einem fremden Vokabular entnommen, nämlich dem der sogenannten Landsmannschaften, revisionistischer und revanchistischer Kreise, welche sich der Unterstützung seitens der staatlichen Behörden in der Deutschen Bundesrepublik erfreuen. Ein anderer Mangel ist die Nichtausnutzung der Erfahrungen der Deutschen Demokratischen Republik. Dieser zweite deutsche Staat – neben der Bundesrepublik – hat aus freiem Willen und von eigenen politischen Grundsätzen her ein mit Bezug auf die polnisch-deutschen Beziehungen einzigartiges Beispiel des Zusammenlebens und der Freundschaft mit dem polnischen Volk und dem polnischen Staat gegeben, indem er dem Revisionismus absagte und die Grenze an der Oder und Neiße als eine endgültige anerkannte.

Die hier erwähnten Fragen, die unserer Meinung nach nicht richtig erfaßt sind, sollen uns jedoch nicht die Werte der Denkschrift verdunkeln, die ja ein Zeichen ist für das Suchen nach neuen Wegen bei der Lösung der nicht leichten Probleme, welche das politische und gesellschaftliche Leben in der Deutschen Bundesrepublik belasten und ihren Widerhall finden in den zwischenstaatlichen Beziehungen, hauptsächlich der Länder, die die Opfer der deutschen Aggression der Zeit des Zweiten Weltkrieges waren. Wir schätzen die Denkschrift ebenfalls hoch als ein Dokument von theologisch-kirchlichem Charakter und wünschen sehr, daß es zum Ansporn werde zu neuen Überlegungen und einem Wandel der Auffassungen, welche, leider, unter einem Teil der westdeutschen Bevölkerung vorhanden sind.

Daher geben wir gleichzeitig unserm Schmerz darüber Ausdruck, daß die bekannte »Botschaft« der polnischen römisch-katholischen Bischöfe an den deutschen römisch-katholischen Episkopat über den rein kirchlichen Bereich hinausgeht und auf nicht eindeutige Art und Weise politische Fragen anrührt, die für die ganze polnische Nation lebenswichtig sind. Die Botschaft wird von revisionistischen und antipolnischen Kreisen in der Deutschen Bundesrepublik dazu ausgenützt, die Bedeutung der Denkschrift des Rates der Evangelischen Kirche in Deutschland abzuschwächen, ja sie wird sogar dazu gebraucht, die Verfasser der Denkschrift von der Position der Revanchisten aus anzugreifen. Dabei möchten wir doch gern und wünschen es sehr sowohl der evangelischen als auch der katholischen Bevölkerung Westdeutschlands, daß sie auf eine schöpferische, christliche Weise nochmals die Problemtik der Umsiedler und der Grenzen im Zusammenhang sowohl mit den politischen Realitäten wie auch innerhalb der Kategorien von Schuld und Sühne, von Verantwortung und Gehorsam des Glaubens durchdenke.

Im Vertrauen auf die Entschiedenheit der bekennenden Haltung, wie sie in der Evangelischen Kirche in Deutschland sich bezeugt hat, hoffen wir, daß die von der Denkschrift abgesteckten Grundlinien weiter in der Diskussion des Kirchenvolkes bestehen bleiben und in der Zukunft einen fruchtbaren Dialog über das Thema der gegenseitigen Beziehungen zwischen der Deutschen Bundesrepublik und Polen ermöglichen.

6. Hirtenbrief des polnischen katholischen Episkopats (Februar/März 1966)[6]

Den Seelsorgern und Gläubigen sowie allen Menschen guten Willens übersenden wir brüderliche Grüße im Herrn.

Wir Bischöfe der Kirche Christi, denen die Worte gelten: »Gehet hin und lehret!« fühlen uns verpflichtet, zu Euch zu sprechen, die Ihr zusammen mit uns das Volk Gottes bildet, in einer Situation, die von besonders großer Bedeutung für das Leben der Kirche ist, sowie zur Bezeugung ihrer Einheit.

Die katholische Kirche hat im Laufe der letzten Jahre auf dem Zweiten Vatikanischen Konzil große göttliche Dinge erlebt. Dieses Konzil war nicht nur für die Kirche selbst das größte Ereignis der letzten Zeit, sondern vermochte es auch, das ganze Christentum und sogar – in gewissem Maße – die ganze Welt zu interessieren. Auch unter unserer Bevölkerung sehen wir ungewöhnliches Interesse für die Angelegenheiten des Konzils und opferbereiten geistlichen Anteil der Gläubigen an ihm. Man durfte hoffen, daß unsere Aufmerksamkeit nach der Beendigung der Beratungen des Konzils noch stärker jenen Werten und neuen Gehalten zugewendet werden wird, die auf dem Konzil aus dem Heiligen Geist und unseren Anstrengungen geboren wurden.

Aber die Beschaffenheit des menschlichen Bewußtseins will es, daß in ihm immer das am stärksten haftet, was das neueste, letzte ist. Gleich nach den Konzil ereigneten sich in unserer Gemeinschaft neue Dinge, die scharf das Bewußtsein der Polen durchdrangen und in der Welt lauten Widerhall erweckt haben. Es erwuchs ein Problem, das seinem Charakter nach religiösen, konziliären, ökumenischen Inhaltes ist, das zugleich unser, polnisches, millenniäres Problem ist. Es ergab sich im Zusammenhang mit unserem Brief, der an die Bischöfe in beiden deutschen Staaten gerichtet war, einen der 56 Briefe, die anläßlich des Millenniums der Taufe Polens an die Bischöfe in der ganzen Welt entsandt wurden.

---

[6] Hirtenbrief, datiert vom 10. Februar 1966, verlesen am 6. März 1966. In: Oskar Golombek (Herausgeber), Die Katholische Kirche und die Völkervertreibung, Köln 1966, S. 230-238.

Wir geben uns Rechenschaft über die riesige Bedeutung, die unser Brief in den letzten Wochen und Monaten angenommen hat, wie gesegnet die Früchte und Folgen sind, die er bisher hervorgerufen hat, nicht nur für unser Volk, sondern auch für die Entspannung der besorgniserregenden nachbarlichen Spannungen in unserer europäischen Region.

Unser Brief hat bei der Weltöffentlichkeit sehr hohe moralische Bewertung gefunden, nicht nur der katholischen, sondern auch der protestantischen Kreise und aller Menschen guten Willens, einschließlich gewisser kommunistischer und atheistischer Kreise.

Die öffentliche Meinung der ganzen kulturellen Welt bekundet den polnischen Bischöfen höchste Anerkennung für ihren christlichen und pastoralen Mut und bezeichnet ihren Brief an die deutschen Bischöfe als eines der wichtigsten Friedensdokumente der aktuellen Zeit. Sie bezeichnet ihn auch als ein Dokument, das mutig die praktischen Schlußfolgerungen aus den Beschlüssen des Konzils zieht und von der lebendigen Präsenz der Kirche in der heutigen Welt zeugt. Unser Brief hält sich vollauf im Rahmen der friedlichen Bemühungen des Heiligen Vaters Pauls VI., die in der reinsten Absicht unternommen wurden, der Welt geistige und moralische Hilfe zu leisten.

Wir verstehen, daß alle Elemente unserer polnisch-deutschen nachbarlichen Vergangenheit der früheren Jahrhunderte und insbesondere die jüngsten schrecklichen und grauenhaften Kriegserlebnisse das ungewöhnliche Interesse für den Brief verstärkt haben, mit dem wir uns an die katholischen Bischöfe und ihre Gläubigen in den deutschen Ländern wandten. In unserem Vaterland hat dieses Interesse breite Bevölkerungskreise einbezogen. Wir halten es deshalb für unsere bedeutungsvolle Pflicht, uns mit diesen Worten an alle zu wenden, die diese Worte erwarten.

Unseren Brüdern im Priesteramt danken wir für die geistige Einheit, die sie mit uns bewahrt haben. Den gläubigen Katholiken zollen wir Worte der Anerkennung für ihre würdige und vertrauensvolle Haltung. Jenen ungläubigen Brüdern, mit denen wir die humanitas und die Vaterlandsliebe teilen, die ernsthaft nach der Wahrheit suchen und imstande sind, das Gute dieser Vorhaben zu erfassen, sagen wir ein herzliches Grußwort und behalten nicht in der Erinnerung fest, was manche in der ersten Erregung und Entrüstung sprachen und taten.

In der Polemik, die sich um die wichtigsten Probleme entfachte, die selbst allerdings nicht immer auf entsprechendem Niveau geführt wurde, sind an die Spitze Probleme gerückt, auf die jetzt, da die Anspannung ungehemmter Gefühle nachläßt, zurückgekehrt werden muß, da es nun möglich ist, der Wahrheit besonnen ins Auge zu sehen. Erwägen wir:

1. Das Verhältnis der polnischen Bischöfe zu unseren Grenzen.
2. Die Frage, in wessen Namen wir sprachen, und:
3. Das große Problem, das in den Worten: »Wir gewähren Vergebung und bitten um Vergebung« enthalten ist.

1. Das Problem der Grenzen und des Wohls des Vaterlandes

Wir, die polnischen Bischöfe, können es nicht für möglich halten, daß unter der polnischen Bevölkerung ein ernsthaft denkender Mensch uns des Verrates am Vaterland und seinen lebenswichtigen Interessen bezichtigen könnte. Deshalb fühlen wir uns, obwohl derartige, für uns abbrüchige Beschuldigungen an unsere Adresse in der Presse, vor der Jugend gewisser Schulen und vor den Werktätigen auf vielen Versammlungen erhoben wurden, innerlich nicht gezwungen, uns gegen sie zu wehren. Die tausendjährige Geschichte des katholischen Polens erweist, daß die Geistlichkeit mit den Bischöfen an der Spitze immer vom Geist des gesunden Patriotismus erfüllt war und ihn im Vaterland gefestigt hat. Was uns anbetrifft, die wir vor Euren Augen leben und arbeiten, könnt Ihr selbst unser Verhalten unparteiisch beurteilen. Unsere Arbeit ist solcher Art, daß sie in der Nation die höchsten Werte aufbaut und dadurch die staatliche Organisation festigt, da sie danach strebt, den Menschen im Bewußtsein seiner Bürgerpflichten zu erziehen.

Wir wissen sehr gut, daß für das ganze Volk die Frage des Territoriums des Staates eine Bedingung der Existenz des Staates selbst ist. Wir haben unsere Oder-Neiße-Grenze niemals zur Diskussion gestellt, da wir unseren jetzigen Besitzstand als das »Sein oder Nichtsein« unseres Staates betrachten. Wir haben das vielmals nachdrücklich zum Ausdruck gebracht, insbesondere letztens auf den Feierlichkeiten, die wir anläßlich des zwanzigjährigen Bestehens unserer kirchlichen Organisation in den Westgebieten begingen.

Diesen Brief an die deutschen Bischöfe betrachten wir als eine Fortsetzung der Äußerungen in Olsztyn und Wroclaw. So wurde er auch von gewiegten Staatsmännern der ganzen Welt beurteilt. Den geistigen Schmerz, den wir durchleben mußten, fügen wir ohne Protest unserem bischöflichen Kreuz hinzu. Wir äußern zugleich unsere Zufriedenheit, daß zu einem gewissen Moment die gesunde Vernunft die Oberhand über Voreingenommenheit gewann und daß die maßgeblichen Stellen aufgehört haben, uns einer antinationalen, den Interessen der Staatsraison widersprechenden Betätigung zu bezichtigen. Für die polnische Staatsraison ist das die einzige vernünftige Haltung, denn sie kann nicht, ohne Schaden anzurichten, allen rings umher einreden, daß sie Gegner des gegenwärtigen Besitzstandes Polens seien.

2. In wessen Namen haben wir gesprochen?

Es wurde – von verschiedener Geistes- und Willenseinstellung her – die Frage gestellt, in wessen Namen die polnischen Bischöfe schreiben, und vor allem, in wessen Namen sie Vergebung gewähren, in wessen Namen sie um Vergebung bitten. Wir sprachen nicht von der Position der Geschichtswissenschaften aus, denn nicht das ist die Aufgabe des Briefes. Wir waren vor allem vom Wunsch geleitet, den deutschen Bischöfen unsere historischen Verbindungen im Laufe von 1000 Jahren in Erinnerung zu bringen, von Verbindungen, deren wir Polen uns eher nicht zu schämen brauchen, um dann in ernsten Worten an das Unrecht zu erinnern, das unser Volk erlitten hat. Als Antwort erhielten wir im Brief der deutschen Bischöfe die Anerkennung dieser schmerzlichen Wahrheit. Die Kritik sucht deshalb unnötigerweise im Hirtenbrief eine rein historische Methode. Unser Schweigen über die kulturellen Verbindungen mit dem Osten ist begründet. Wenn wir einen Brief an die orthodoxen Bischöfe richteten, dann würden wir das an entsprechender Stelle erwähnen.

Wir sind weder im Namen der Bevölkerung, noch im Namen des Volkes im weltlichen und politischen Sinne aufgetreten. Denn obwohl das polnische Volk in seiner absoluten Mehrheit katholisch ist und seine Zugehörigkeit zur Kirche bekundet, halten wir Bischöfe uns nicht auf Grund dessen für die politischen Führer des Volkes. Unsere Berufung ist anderer Art. Wir sind die Vertreter der Kirche Christi im polnischen Volk, und unser Recht auf diese Vertretung reicht so weit, wie der nationale Geist Polens innerlich mit dem Gefühl der Zugehörigkeit zur katholischen Kirche verwachsen ist.

Wir sprachen als Vertreter der katholischen Gemeinschaft im polnischen Volk, und unser Recht, das Wort zu ergreifen, schöpften wir aus unserer von

Christus gegebenen Mission, der Dienstbarkeit, die wir in der Kirche leisten. Das Recht, aufzutreten, schöpften wir aus dem Glauben und der Treue Euer aller, das heißt jener, denen wir dienen wollen, nicht mit politischer Klugheit, nicht durch den Aufbau dieser oder jener Gesellschaftsordnung, sondern dadurch, daß wir den Weg zu Christus zeigen. Da aber der Weg zu Christus durch das tägliche Leben führt, haben die alltäglichen Dinge immer ihre moralische Verbindung mit Tatsachen der Erlösung und erfordern die Einführung der Ordnung Christi, die eine Ordnung der Klugheit und der Gnade Gottes ist. Möge also niemand von denen, die sich nicht in lebendiger Verbundenheit mit der katholischen Gemeinschaft fühlen, glauben, daß wir in seinem Namen sprachen. Die polnischen Bischöfe sind übrigens Bürger der Nation und haben als solche die gleichen Rechte und Pflichten wir alle anderen Staatsbürger.

3. Wir sagten: »Wir gewähren Vergebung und bitten um Vergebung.«

Wir waren fast alle Zeugen des Völkermordes, der vor Jahren auf unserem Boden wütete. Die Mehrzahl der damaligen polnischen Bischöfe und Priester haben Konzentrationslager, Gefängnisse und verschiedene Qualen erlitten. Wir sprechen zur Bevölkerung, die das alles in Erinnerung hat, und zur Jugend, die man an diese schrecklichen Dinge erinnert. Wir wundern uns also nicht, daß unser Wort »wir vergeben« so große Bewegung hervorgerufen hat. Wir wundern uns nicht, bitten jedoch zugleich, diese Frage nochmals mit ruhigem Geist durchzudenken.

Wir haben nicht die Absicht – obwohl wir das apostolisch sehr wünschen würden – diejenigen zu belehren, die an alles nur ihren eigenen menschlichen Maßstab anlegen. Wir wenden uns an jene Menschen, die daran glauben, daß Jesus Christus, der auf der Erde lebte, der die ewige Weisheit Gottes ist, Gott selbst und Gebotgeber ist. Wir wenden uns an jene, die an das Wort Christi glauben. Und Christus verkündet, daß er der Menschheit ein neues Gebot bringt. Sein Gebot ist schwierig. »Ich gebe euch ein neues Gebot, daß ihr einander liebet« (Johannes 13,34). Im Gebot der Liebe ist das schwierigste Element enthalten, ein Gebot, das auf menschliche Art schwer befolgbar zu sein scheint, das Gebot, den Feind zu lieben: »Liebet eure Feinde, tuet Gutes jenen, die euch hassen« (Matthäus 5,44). Vielen scheint das im Widerspruch zur menschlichen Denkweise zu stehen, besonders dann, wenn ihr Denken sich nur im Rahmen der Zeitlichkeit bewegt und die Hilfe der Gnade bei der Erfüllung alles Guten, besonders des schwierigsten Guten ausschließt. Aber dieses Gebot ist die Bedingung für die Hoffnung, ist der Anreiz zu allen Anstrengungen, zum gesellschaftlichen Fortschritt und zur Lösung von scheinbar unüberwindlichen Gegensätzen.

Wir beobachten, wie die heutige Welt eine Krise der starren, nur von Menschen gesetzten Maßstäbe erlebt. Diese Maßstäbe beweisen ihre Unzulänglichkeit für die Lösung der sozialen Fragen, noch mehr für die Lösung der internationalen Konflikte. Dort, wo Gesetzbücher versagen, wo saatliche Faktoren nicht zur Verständigung gelangen können und machtlos sind, dort streben – außerhalb der offiziellen Politik und des Krieges – Menschen guten Willens, die sich über die Grenzen, Sprachen und Gesellschaftsordnungen hinweg zur Gemeinschaft der großen menschlichen Familie bekennen, nach der Erlangung einer Verständigung. In riesigem Maße hat zur Erkenntnis dieser Erscheinung, die über die Zukunft entscheiden wird, der unvergeßliche Papst Johannes XXIII. beigetragen. Der Heilige Vater Paul VI. führt dieses Werk energisch fort. Er zögerte sogar nicht, vor dem Forum der Organisation der Vereinten Nationen zu erscheinen, wo alle Völker der Welt ihn mit Anerkennung und Erleichterung aufnahmen.

Dasselbe hatten auch wir im Sinne, als wir an die deutschen Bischöfe und Katholiken schrieben. Wir wollten ihnen sagen, daß, wenn wir nach tausend für uns vorwiegend schweren und widerlichen Jahren nachbarlich zusammenleben wollen, dies nur auf dem Wege des gegenseitigen Verstehens geschehen kann, das sich nicht auf Gesetzbücher, sondern auf das Gewissen und den Geist der Völker gründet, besonders jener, die der katholischen Kirche angehören.

Wir hatten den christlichen Mut, der deutschen Volksgemeinschaft klar ihre Sünden an unserer Volksgemeinschaft vor Augen zu führen. Wir glauben, daß unsere Anklage zugleich auch die Aufforderung zur Buße und Änderung der Denkart für die Zukunft war. Wir haben Worte der Vergebung für jene ausgesprochen, die ihre Schuld einsehen und den guten Willen haben, mit uns friedlich zusammenzuleben: die verstehen, daß die Lande, die wir besitzen und die wir mühevoll bewirtschaften, nicht nur seit langem unsere Piastenheimat sind, sondern auch für unsere Existenz notwendig sind. Wir haben vergeben, so wie Christus am Kreuz vergeben hat und durch das Geheimnis des Kreuzes allen und uns vergeben hat, die wir zu Euch sprechen, und Euch, die Ihr uns höret. Christus der Herr hat uns vergeben und wird uns bis zum letzten Augenblick unseres Lebens vergeben!

4. Wir sagten: »Und bitten um Vergebung.«

Hat das polnische Volk Grund dazu, um Vergebung zu bitten? Bestimmt nicht! Wir sind überzeugt, daß wir als Nation viele Jahrhunderte hindurch dem deutschen Volk kein politisches, wirtschaftliches oder kulturelles Unrecht angetan haben. Aber wir bekennen auch den christlichen Grundsatz, der letztens auch in gewissen Werken der Literatur so unterstrichen wird, nämlich, daß es »keine schuldlosen Menschen gibt« (Albert Camus). Wir sind überzeugt, daß wenn auch nur ein einziger Pole sich als ein unwürdiger Mensch erwiesen hätte, wenn auch nur ein einziger im Laufe der Geschichte eine unwürdige Tat begangen hätte, wir schon Grund hätten zu sagen: »Wir bitten um Vergebung«, wenn wir ein Volk von edlen, großmütigen Menschen, ein Volk mit besserer Zukunft sein wollen.

Wir kennen die Gestalt des guten Papstes Johannes, den man den »Pfarrer der Welt« nannte, der durch sein ganzes Leben, das er in Leiden beschloß, seine Leiden für alle aufopferte und alle Menschen ohne Unterlaß für die kleinsten Vergehen seines Lebens um Vergebung bat.

Zu Beginn der großen Fastenzeit steht deutlich vor uns das Bild des Kreuzes, und stehen uns näher die Wunden des leidenden Christus. Möchten wir doch etwas lernen für unser Denken und Handeln aus den Wunden Jesu, aus welchen das Gebot der Liebe und Vergebung erwachsen ist: dieses nämlich hat der ganzen Menschheit das Heil gebracht. Hineingehend in den Gedankenkreis der großen Fastenzeit, in dem Jahr, in dem die Feier der Großen Novene endet, – und gleichzeitig in dem Jahr, in welchem die tausendjährige Geschichte unseres Bundes mit dem Kreuze Christi abschließt, laßt uns nach Golgatha gehen und auf Maria, die schmerzensreiche Mutter Jesu, schauen. Indem wir uns an ihre Seite unter dem Kreuz stellen, in geistiger Verbundenheit mit Maria, werden wir die Herrschaft Gottes in uns und den Auftrag der Nation vielleicht besser und leichter erfassen können. Dann werden wir auch die Bitte des Herrengebetes vollkommener verstehen: Vergib uns unsere Schulden, wie auch wir vergeben.

Treue und gläubige Christen! Wir haben damit die schwierigste Prüfung unserer Denkungsart aufgegeben gegenüber dem Gewissen, gegenüber der Allgemeinen Kirche, gegenüber der Menschheit, sogar gegenüber der ganzen Welt. Es soll ein jeder von uns sich selbst die Frage beantworten, wie er durch diese Feuerprobe hindurchgekommen ist? Ist er imstande, sie im christlichen Geiste zu durchdenken und zu beurteilen? Unser Glaube muß in unserem privaten Leben manchmal innere Anfechtungen durchmachen. Er muß auch zum »Schauspiel für Menschen und Engel« werden, wie die Heilige Schrift sagt.

Möge im ganzen polnischen Volk, das sein Millennium erlebt, der Frieden Christi und erbauliche Eintracht herrschen, diese unerläßlichen Bedingungen für die frohe Millenniumsfeier, die Grundlage unserer christlichen und nationalen Zukunft.

Der Segen des allmächtigen Gottes, des Vaters, des Sohnes und des Heiligen Geistes komme auf Euch herab, auf unser ganzes Vaterland und bleibe bei Euch. Amen!

Gegeben auf der Konferenz des Episkopats Polens in Warschau, am 10. Februar des Millenniums-Jahres 1966.

7. Vertrag zwischen der Bundesrepublik Deutschland und der Volksrepublik Polen vom 7. Dezember 1970 über die Grundlagen der Normalisierung ihrer gegenseitigen Beziehungen[7]

Die Bundesrepublik und die Volksrepublik Polen –

in der Erwägung, daß mehr als 25 Jahre seit Ende des Zweiten Weltkriegs vergangen sind, dessen erstes Opfer Polen wurde und der über die Völker Europas schweres Leid gebracht hat,

eingedenk dessen, daß in beiden Ländern inzwischen eine neue Generaation herangewachsen ist, der eine friedliche Zukunft gesichert werden soll,

in dem Wunsche, dauerhafte Grundlagen für ein friedliches Zusammenleben und die Entwicklung normaler und guter Beziehungen zwischen ihnen zu schaffen,

in dem Bestreben, den Frieden und die Sicherheit in Europa zu festigen,

in dem Bewußtsein, daß die Unverletzlichkeit der Grenzen und die Achtung der territorialen Integrität und der Souveränität aller Staaten in Europa in ihren gegenwärtigen Grenzen eine grundlegende Bedingung für den Frieden sind –

sind wie folgt übereingekommen:

Artikel I

(1) Die Bundesrepublik Deuschland und die Volksrepublik Polen stellen übereinstimmend fest, daß die bestehende Grenzlinie, deren Verlauf im Kapitel IX der Beschlüsse der Potsdamer Konferenz vom 2. August 1945 von der Ostsee unmittelbar westlich von Swinemünde und von dort die Oder entlang bis zur Einmündung der Lausitzer Neiße und die Lausitzer Neiße entlang bis zur Grenze mit der Tschechoslowakei festgelegt worden ist, die westliche Staatsgrenze der Volksrepublik Polen bildet.

(2) Sie bekräftigen die Unverletzlichkeit ihrer bestehenden Grenzen jetzt und in der Zukunft und verpflichten sich gegenseitig zur uneingeschränkten Achtung ihrer territorialen Integrität.

(3) Sie erklären, daß sie gegeneinander keinerlei Gebietsansprüche haben und solche auch in Zukunft nicht erheben werden.

---

[7] Quelle: Bulletin des Presse- und Informationsamts der Bundesregierung, Nr. 171, 8. 12. 1970.

Artikel II

(1) Die Bundesrepublik Deutschland und die Volksrepublik Polen werden sich in ihren gegenseitigen Beziehungen sowie in Fragen der Gewährleistung der Sicherheit in Europa und in der Welt von den Zielen und Grundsätzen, die in der Charta der Vereinten Nationen niedergelegt sind, leiten lassen.

(2) Demgemäß werden sie entsprechend den Artikeln 1 und 2 der Charta der Vereinten Nationen alle ihre Streitfragen ausschließlich mit friedlichen Mitteln lösen und sich in Fragen, die die europäische und internationale Sicherheit berühren, sowie in ihren gegenseitigen Beziehungen der Drohung mit Gewalt oder der Anwendung von Gewalt enthalten.

Artikel III

(1) Die Bundesrepublik Deutschland und die Volksrepublik Polen werden weitere Schritte zur vollen Normalisierung und umfassenden Entwicklung ihrer gegenseitigen Beziehungen unternehmen, deren feste Grundlage dieser Vertrag bildet.

(2) Sie stimmen darin überein, daß eine Erweiterung ihrer Zusammenarbeit im Bereich der wirtschaftlichen, wissenschaftlichen, wissenschaftlich-technischen, kulturellen und sonstigen Beziehungen in ihrem beiderseitigen Interesse liegt.

Artikel IV

Dieser Vertrag berührt nicht die von den Parteien früher geschlossenen oder sie betreffenden zweiseitigen oder mehrseitigen internationalen Vereinbarungen.

Artikel V

Dieser Vertrag bedarf der Ratifikation und tritt am Tag des Austauschs der Ratifikationsurkunden in Kraft, der in Bonn stattfinden soll.

Zu Urkund dessen haben die Bevollmächtigten der Vertragsparteien diesen Vertrag unterschrieben.

Geschehen zu Warschau am 7. Dezember 1970 in zwei Urschriften, jede in deutscher und polnischer Sprache, wobei jeder Wortlaut gleichermaßen verbindlich ist.

Für die Bundesrepublik Deutschland
Willy Brandt
Walter Scheel

Für die Volksrepublik Polen
Józef Cyrankiewicz
Stefan Jedrychowski

9. Vertrag zwischen der Bundesrepublik Deutschland und der Republik Polen über gute Nachbarschaft und freundschaftliche Zusammenarbeit, unterzeichnet in Bonn am 17. Juni 1991[8]

Die Bundesrepublik Deutschland und die Republik Polen –

in dem Bestreben, die leidvollen Kapitel der Vergangenheit abzuschließen, und entschlossen, an die guten Traditionen und das freundschaftliche Zusammenleben in der jahrhundertelangen Geschichte Deutschlands und Polens anzuknüpfen,

angesichts der historischen Veränderungen in Europa, insbesondere der Herstellung der Einheit Deutschlands und des tiefgreifenden politischen, wirtschaftlichen und sozialen Wandels in Polen,

[8] Quelle: Bulletin des Presse- und Informationsamts der Bundesregierung, Nr. 68, 17. 6. 1991.

überzeugt von der Notwendigkeit, die Trennung Europas endgültig zu überwinden und eine gerechte und dauerhafte europäische Friedensordnung zu schaffen,

im Bewußtsein ihrer gemeinsamen Interessen und ihrer gemeinsamen Verantwortung für den Aufbau eines neuen, durch Menschenrechte, Demokratie und Rechtsstaatlichkeit vereinten und freien Europa,

in der festen Überzeugung, daß sie durch die Verwirklichung des langgehegten Wunsches ihrer beiden Völker nach Verständigung und Versöhnung einen gewichtigen Beitrag für die Erhaltung des Friedens in Europa leisten,

in der Erkenntnis, daß die wirtschaftliche Zusammenarbeit ein notwendiges Element der Entwicklung umfassender beiderseitiger Beziehungen auf einer stabilen und festen Grundlage sowie beim Abbau des Entwicklungsgefälles und bei der Stärkung des Vertrauens zwischen beiden Ländern und ihren Völkern ist, sowie in dem Wunsch, diese Zusammenarbeit in der Zukunft wesentlich auszubauen und zu vertiefen,

im Bewußtsein der Bedeutung, welche die Mitgliedschaft der Bundesrepublik Deutschland in der Europäischen Gemeinschaft und die politische und wirtschaftliche Heranführung der Republik Polen an die Europäische Gemeinschaft für die künftigen Beziehungen der beiden Staaten haben,

eingedenk des unverwechselbaren Beitrags des deutschen und des polnischen Volkes zum gemeinsamen kulturellen Erbe Europas und der jahrhundertelangen gegenseitigen Bereicherung der Kulturen beider Völker sowie der Bedeutung des Kulturaustauschs für das gegenseitige Verständnis und für die Aussöhnung der Völker,

überzeugt, daß der jungen Generation bei der Neugestaltung des Verhältnisses beider Länder und Völker und der Vertrauensbildung zwischen ihnen eine besondere Rolle zukommt,

in Würdigung des Vertrags vom 14. November 1990 zwischen der Bundesrepublik und der Republik Polen über die Bestätigung der zwischen ihnen bestehenden Grenze –

sind wie folgt übereingekommen:

Artikel 1

(1) Die Vertragsparteien werden ihre Beziehungen im Geiste guter Nachbarschaft und Freundschaft gestalten. Sie streben eine enge, friedliche und partnerschaftliche Zusammenarbeit auf allen Gebieten an. In europäischer Verantwortung werden sie ihre Kräfte dafür einsetzen, den Wunsch ihrer beiden Völker nach dauerhafter Verständigung und Versöhnung in die Tat umzusetzen.

(2) Die Vertragsparteien streben die Schaffung eines Europa an, in dem die Menschenrechte und Grundfreiheiten geachtet werden und die Grenzen ihren trennenden Charakter auch dadurch verlieren, daß wirtschaftliche und soziale Unterschiede überwunden werden.

Artikel 2

Die Vertragsparteien bekennen sich bei der Gestaltung ihrer Beziehungen und in Fragen des Friedens, der Sicherheit und Zusammenarbeit in Europa und in der Welt insbesondere zu folgenden Grundsätzen:

Oberstes Ziel ihrer Politik ist es, den Frieden zu wahren und zu festigen und jede Art von Krieg zuverlässig zu verhindern.

Sie handeln in Übereinstimmung mit dem Völkerrecht, insbesondere der Charta der Vereinten Nationen, sowie mit der Schlußakte von Helsinki vom 1. August 1975, der Charta von Paris für ein neues Europa vom 21. November 1990 sowie der Dokumente der KSZE-Folgetreffen.

Sie achten gegenseitig ihre souveräne Gleichheit, ihre territoriale Integrität, die Unantastbarkeit ihrer Grenzen, ihre politische Unabhängigkeit sowie den Grundsatz des Verbots der Drohung mit oder Anwendung von Gewalt.

Sie bekräftigen das Recht aller Völker und Staaten, ihr Schicksal frei und ohne äußere Einmischung zu bestimmen und ihre politische, wirtschaftliche, soziale und kulturelle Entwicklung nach eigenen Wünschen zu gestalten.

Sie stellen den Menschen mit seiner Würde und mit seinen Rechten, die Sorge für das Überleben der Menschheit und die Erhaltung der natürlichen Umwelt in den Mittelpunkt ihrer Politik.

Sie verurteilen klar und unmißverständlich Totalitarismus, Rassenhaß und Haß zwischen Volksgruppen, Antisemitismus, Fremdenhaß und Diskriminierung irgendeines Menschen sowie die Verfolgung aus religiösen und ideologischen Gründen.

Sie betrachten Minderheiten und gleichgestellte Gruppen als natürliche Brükken zwischen dem deutschen und dem polnischen Volk und sind zuversichtlich, daß diese Minderheiten und Gruppen einen wertvollen Beitrag zum Leben ihrer Gesellschaften leisten.

Sie bekräftigen die unmittelbare Geltung der allgemeinen Regeln des Völkerrechts im innerstaatlichen Recht und in den internationalen Beziehungen und sind entschlossen, ihre vertraglichen Verpflichtungen gewissenhaft zu erfüllen. Sie werden die Schlußakte von Helsinki, die Charta von Paris für ein neues Europa und die anderen KSZE-Dokumente in allen Bereichen verwirklichen.

Artikel 3

(1) Die Vertragsparteien werden regelmäßige Konsultationen abhalten, um eine Weiterentwicklung und Vertiefung der bilateralen Beziehungen sicherzustellen und ihre Haltung zu internationalen Fragen abzustimmen.

(2) Konsultationen auf der Ebene der Regierungschefs finden so oft wie erforderlich, mindestens einmal jährlich, statt.

(3) Die Außenminister tragen für die Durchführung dieses Vertrags in seiner Gesamtheit Sorge. Sie werden mindestens einmal jährlich zu Konsultationen zusammentreffen. Leitende Beamte der beiden Außenministerien, denen politische, wirtschaftliche und kulturelle Angelegenheiten obliegen, treffen regelmäßig, mindestens einmal jährlich, zu Konsultationen zusammen.

(4) Die Minister anderer Ressorts, darunter die Verteidigungsminister, werden regelmäßig miteinander in Konakt treten. Das gleiche gilt für die leitenden Beamten dieser Ressorts.

(5) Die bereits bestehenden gemeinsamen Kommissionen werden ihre Arbeit nach Möglichkeit intensivieren. Neue gemischte Kommissionen werden bei Bedarf nach gegenseitiger Absprache gebildet.

Artikel 4

Die Vertragsparteien unterstützen die Kontakte und den Erfahrungsaustausch zwischen den Parlamenten zur Förderung der bilateralen Beziehungen und im Hinblick auf die internationale parlamentarische Zusammenarbeit.

Artikel 5

(1) Die Vertragsparteien bekräftigen, daß sie sich der Drohung mit oder Anwendung von Gewalt enthalten werden, die gegen die territoriale Integrität oder die politische Unabhängigkeit der jeweils anderen Vertragspartei gerichtet oder auf irgendeine andere Art und Weise mit den Zielen und Prinzipien der Charta der Vereinten Nationen oder mit der Schlußakte von Helsinki unvereinbar ist.

(2) Die Vertragsparteien werden ihre Streitigkeiten ausschließlich mit friedlichen Mitteln lösen und keine ihrer Waffen jemals anwenden, es sei denn zur

individuellen oder kollektiven Selbstverteidigung. Sie werden niemals und unter keinen Umständen als erste Streitkräfte gegeneinander einsetzen.

(3) Die Vertragsparteien werden den Frieden durch den Aufbau kooperativer Strukturen der Sicherheit für ganz Europa festigen. Sie werden dementsprechend in voller Verwirklichung der Schlußakte von Helsinki, der Charta von Paris für ein neues Europa sowie der anderen KSZE—Dokumente den Prozeß der Sicherheit und Zusammenarbeit in Europa nach Kräften unterstützen und unter Mitwirkung aller Teilnehmerstaaten der KSZE weiter stärken und entwickeln.

Artikel 6

(1) Die Vertragsparteien haben in einem sich wandelnden politischen und militärischen Umfeld in Europa das gemeinsame Ziel, auf eine Stärkung der Stabilität und Erhöhung der Sicherheit hinzuwirken. Sie werden insbesondere zusammenarbeiten, um die sich ergebenden neuen Möglichkeiten gemeinsamer Anstrengungen im Bereich der Sicherheit zu nutzen.

(2) Die Vertragsparteien treten dafür ein, daß Streitkräfte und Rüstungen durch verbindliche und wirksam überprüfbare Vereinbarungen auf ein möglichst niedriges Niveau reduziert werden, das zur Verteidigung ausreicht, aber nicht zum Angriff befähigt.

(3) Die Vertragsparteien werden sich, auch gemeinsam, für den multilateralen und bilateralen Ausbau vertrauensbildender und stabilisierender sowie anderer rüstungskontrollpolitischer Maßnahmen einsetzen, die Stabilität und Vertrauen stärken und zu größerer Offenheit führen.

Artikel 7

Falls eine Situation entsteht, die nach Meinung einer Vertragspartei eine Bedrohung für den Frieden oder eine Verletzung des Friedens darstellt oder gefährliche internationale Verwicklungen hervorrufen kann, so werden beide Vertragsparteien unverzüglich miteinander Verbindung aufnehmen und bemüht sein, ihre Positionen abzustimmen und Einverständnis über Maßnahmen zu erzielen, die geeignet sind, die Lage zu verbessern oder zu bewältigen.

Artikel 8

(1) Die Vertragsparteien messen dem Ziel der Europäischen Einheit auf der Grundlage der Menschenrechte, Demokratie und Rechtsstaatlichkeit höchste Bedeutung bei und werden sich für die Erreichung dieser Einheit einsetzen.

(2) Mit dem Abschluß eines Assoziierungsabkommens zwischen den Europäischen Gemeinschaften und der Republik Polen legen die Europäischen Gemeinschaften, ihre Mitgliedstaaten und die Republik Polen die Grundlage für eine politische und wirtschaftliche Heranführung der Republik Polen an die Europäische Gemeinschaft. Die Heranführung wird von der Bundesrepublik Deutschland im Rahmen ihrer Möglichkeiten nach Kräften gefördert.

(3) Die Bundesrepublik Deutschland steht positiv zur Perspektive eines Beitritts der Republik Polen zur Europäischen Gemeinschaft, sobald die Voraussetzungen dafür gegeben sind.

Artikel 9

(1) Die Vertragsparteien werden sich für die Ausweitung und Diversifizierung ihrer wirtschaftlichen Beziehungen in allen Bereichen einsetzen. Sie werden im Rahmen ihrer innerstaatlichen Gesetzgebung und ihrer Verpflichtungen aus internationalen Verträgen, darunter den Verpflichtungen der Bundesrepublik Deutschland aus der Mitgliedschaft in der Europäischen Gemeinschaft, die günstigsten Rahmenbedingungen, insbesondere auf wirtschaftlichem, rechtlichem und organisatorischem Gebiet, für natürliche und juristische Personen für wirtschaftliche, darunter unternehmerische Tätigkeiten schaffen.

(2) Die Vertragsparteien sind sich einig darüber, daß der in der Republik Polen eingeleitete wirtschaftliche Umgestaltungsprozeß durch internationale Zusammenarbeit gefördert werden soll. Die Bundesrepublik Deutschland ist bereit, sowohl bilateral wie auch multilateral auf die Unterstützung der wirtschaftlichen Entwicklung Polens im Rahmen einer voll entwickelten sozialen Marktwirtschaft hinzuwirken. Damit sollen auch die Bedingungen für eine wesentliche Verringerung der Entwicklungsunterschiede geschaffen werden.

(3) Die Vertragsparteien werden insbesondere die Entwicklung der Zusammenarbeit in den Bereichen Investitionen und Kapitalanlagen sowie industrieller Kooperationen zwischen deutschen und polnischen Unternehmen unter voller Ausnutzung aller verfügbaren Förderungsinstrumente unterstützen. Dabei wird der Zusammenarbeit zwischen kleinen und mittleren Firmen und Betrieben besondere Aufmerksamkeit gelten.

(4) Die Vertragsparteien messen der Zusammenarbeit in der Aus- und Weiterbildung von Fach- und Führungskräften der Wirtschaft eine wichtige Bedeutung für die Ausgestaltung der bilateralen Beziehungen bei und sind bereit, sie wesentlich auszubauen und zu vertiefen.

Artikel 10

(1) Die Vertragsparteien erkennen die Bedeutung normaler Finanz- und Kreditbeziehungen als einen Faktor für den Prozeß der wirtschaftlichen Umgestaltung in der Republik Polen sowie für die Festigung und Belebung ihrer Gesamtbeziehungen an. Sie werden im Rahmen ihrer Verpflichtungen aus internationalen Übereinkünften und im Rahmen ihrer innerstaatlichen Regeln ihre Anstrengungen fortsetzen, um günstige Voraussetzungen für die weitere Entwicklung ihrer finanziellen Zusammenarbeit zu schaffen. In diesem Zusammenhang sind sie sich der Bedeutung bewußt, die den Exportkreditgewährleistungen für die Stärkung ihrer Wirtschaftsbeziehungen zukommt.

(2) Die Vertragsparteien bestätigen ihre Bereitschaft, unter Berücksichtigung der beiderseitigen Interessen und der beiderseits bestehenden Zusammenarbeit mit anderen Ländern, im Rahmen der Europäischen Bank für Wiederaufbau und Entwicklung sowie anderer multilateraler Finanzinstitutionen, insbesondere des Internationalen Währungsfonds und der Weltbank, zusammenzuarbeiten.

(3) Die Vertragsparteien sind der Auffassung, daß die Lösung des Problems der polnischen Verschuldung eine wichtige Voraussetzung für den Erfolg der in der Republik Polen eingeleiteten Wirtschaftsreformen ist. Dementsprechend werden sie in diesem Bereich weiter zusammenarbeiten.

Artikel 11

Die Vertragsparteien sind sich einig über die besondere Bedeutung ihrer Zusammenarbeit bei der Produktion landwirtschaftlicher Erzeugnisse, bei deren Verarbeitung, Transport und Lagerung sowie der Schaffung und Förderung moderner, hochleistungsfähiger landwirtschaftlicher Betriebe, die Kooperationsbeziehungen mit der Nahrungsmittel- und Verarbeitungsindustrie sowie dem Handel unterhalten.

Artikel 12

(1) Die Vertragsparteien messen der partnerschaftlichen Zusammenarbeit zwischen Regionen, Städten, Gemeinden und anderen Gebietskörperschaften, insbesondere im grenznahen Bereich, hohe Bedeutung bei.

(2) Die Vertragsparteien werden diese Zusammenarbeit, insbesondere die Tätigkeit der Regierungskommission für regionale und grenznahe Zusammenarbeit, auf allen Gebieten erleichtern und fördern.

(3) Die Vertragsparteien lassen sich in der regionalen und grenznahen Zu-

sammenarbeit insbesondere von den entsprechenden Konventionen des Europarats leiten. Sie streben die Einbeziehung dieser Zusammenarbeit in die Tätigkeit der entsprechenden europäischen Gremien an.

Artikel 13

Die Vertragsparteien stimmen darin überein, daß in einem zusammenwachsenden Europa die Abstimmung der Raumordnungspolitik der einzelnen Staaten, insbesondere zwischen unmittelbaren Nachbarstaaten, notwendig ist. Sie werden deshalb in der Raumordnung und der räumlichen Planung auf allen Ebenen grenzüberschreitend zusammenarbeiten.

Artikel 14

(1) Die Vertragsparteien werden auf der Grundlage ihrer Übereinkünfte im Bereich der sozialen Sicherung und der arbeits- und sozialpolitischen Zusammenarbeit ihre Beziehungen ausbauen und vertiefen.

(2) Die Bundesrepublik Deutschland wird der Republik Polen bei der Umgestaltung der Systeme der sozialen Sicherung, der Arbeitsförderung und der Arbeitsbeziehungen beratende Hilfestellung leisten.

Artikel 15

(1) Die Vertragsparteien werden die wissenschaftliche und technische Zusammenarbeit zwischen beiden Staaten nach den Prinzipien der Gleichberechtigung und des gegenseitigen Nutzens unter Berücksichtigung der Möglichkeiten moderner Wissenschaft und Technologie zum Wohl der Menschen, zu friedlichen Zwecken und zur Mehrung des Wohlstands entwickeln und erleichtern.

(2) Die Vertragsparteien werden auf der Grundlage bestehender Übereinkünfte die Zusammenarbeit auf diesen Gebieten erweitern und ihre Ergebnisse in gemeinsamen Vorhaben umsetzen.

(3) Die Vertragsparteien werden Initiativen von Wissenschaftlern und Forschungseinrichtungen unterstützen, die auf eine dynamische, harmonische und umfassende Entwicklung dieser Zusammenarbeit gerichtet sind.

(4) Die Vertragsparteien werden den intensiven Austausch von Informationen und wissenschaftlich-technischer Dokumentation unterstützen und den Zugang zu wissenschaftlichen Forschungsinstituten, Archiven, Bibliotheken und ähnlichen Einrichtungen erleichtern.

Artikel 16

(1) Die Vertragsparteien messen der Abwehr drohender Gefahren für die Umwelt und der Erhaltung der natürlichen Lebensgrundlagen auch im Interesse künftiger Generationen große Bedeutung bei. Sie bekräftigen ihre Entschlossenheit, die Zusammenarbeit auf dem Gebiet des Umweltschutzes auf der Grundlage bestehender Übereinkünfte fortzusetzen und auch vertraglich weiter auszubauen.

(2) Im Vordergrund der Zusammenarbeit soll die Erfassung und Beseitigung von Umweltbelastungen in der Grenzregion, insbesondere im Einzugsgebiet der Oder, stehen.

(3) Die Vertragsparteien werden sich darüber hinaus für die Entwicklung abgestimmter Strategien für eine regionale und internationale Umweltpolitik einsetzen, mit dem Ziel einer dauerhaften und umweltverträglichen Entwicklung in Europa.

Artikel 17

Die Vertragsparteien werden zusammenwirken, um sich gegenseitig bei Katastrophen und schweren Unglücksfällen Hilfe zu leisten.

Artikel 18

(1) Die Vertragsparteien streben eine Erweiterung der Transportverbindungen im Luft-, Eisenbahn- und Straßenverkehr sowie in der See- und Binnenschiffahrt unter Nutzung modernster Technologien an.

(2) Die Vertragsparteien bemühen sich, günstige Rahmenbedingungen für die Nutzung ihrer Verkehrswege bei Beförderungen zwischen ihren Hoheitsgebieten und im Durchgangsverkehr zu schaffen.

(3) Die Vertragsparteien streben eine Erweiterung, Verbesserung und Harmonisierung der Kommunikationsverbindungen unter Berücksichtigung der europäischen und internationalen Entwicklung in Normung und Technologie an. Das gilt insbesondere für Telefon-, Telex- und Datenverbindungen.

Artikel 19

(1) Die Vertragsparteien werden alle geeigneten Maßnahmen treffen, um den Reise- und Fremdenverkehr zu fördern und zu erleichtern.

(2) Die Vertragsparteien werden sich bemühen, die Zoll- und Grenzabfertigung auf der Grundlage der Gegenseitigkeit zu verbessern und zu beschleunigen sowie die Zusammenarbeit der jeweiligen Verwaltungen weiter zu entwickeln.

(3) Die Vertragsparteien beabsichtigen, bestehende Grenzübergänge entsprechend dem Verkehrsaufkommen auszubauen und zu modernisieren sowie neue erforderliche Grenzübergänge einzurichten.

Artikel 20

(1) Die Angehörigen der deutschen Minderheit in der Republik Polen, das heißt Personen polnischer Staatsangehörigkeit, die deutscher Abstammung sind oder die sich zur deutschen Sprache, Kultur oder Tradition bekennen, sowie Personen deutscher Staatsangehörigkeit in der Bundesrepublik Deutschland, die polnischer Abstammung sind oder die sich zur polnischen Sprache, Kultur oder Tradition bekennen, haben das Recht, einzeln oder in Gemeinschaft mit anderen Mitgliedern ihrer Gruppe ihre ethnische, kulturelle, sprachliche und religiöse Identität frei zum Ausdruck zu bringen, zu bewahren und weiterzuentwickeln; frei von jeglichen Versuchen, gegen ihren Willen assimiliert zu werden. Sie haben das Recht, ihre Menschenrechte und Grundfreiheiten ohne jegliche Diskriminierung und in voller Gleichheit vor dem Gesetz voll und wirksam auszuüben.

(2) Die Vertragsparteien verwirklichen die Rechte und Verpflichtungen des internationalen Standards für Minderheiten, insbesondere gemäß der allgemeinen Erklärung der Menschenrechte der Vereinten Nationen vom 10. Dezember 1948, der Europäischen Konvention vom 4. November 1950 zum Schutz der Menschenrechte und Grundfreiheiten, des Internationalen Übereinkommens vom 7. März 1966 zur Beseitigung jeder Form von Rassendiskriminierung, des Internationalen Pakts vom 16. Dezember 1966 über bürgerliche und politische Rechte, der Schlußakte von Helsinki vom 1. August 1975, des Dokuments des Kopenhagener Treffens über die menschliche Dimension der KSZE vom 29. Juni 1990 sowie der Charta von Paris für ein neues Europa vom 21. November 1990.

(3) Die Vertragsparteien erklären, daß die in Absatz 1 genannten Personen insbesondere das Recht haben, einzeln oder in Gemeinschaft mit anderen Mitgliedern ihrer Gruppe

– sich privat und in der Öffentlichkeit ihrer Muttersprache frei zu bedienen, in ihr Informationen zu verbreiten und auszutauschen und dazu Zugang zu haben,

– ihre eigenen Bildungs-, Kultur- und Religionseinrichtungen, -organisationen oder -vereinigungen zu gründen und zu unterhalten, die um freiwillige Beiträge finanzieller oder anderer Art sowie öffentliche Unterstützung im Einklang mit den nationalen Rechtsvorschriften ersuchen können und gleichberechtigten Zugang zu den Medien ihrer Region haben,

– sich zu ihrer Religion zu bekennen und diese auszuüben, einschließlich des Erwerbs und Besitzes sowie der Verwendung religiösen Materials, und den Religionsunterricht in ihrer Muttersprache abzuhalten,

– untereinander ungehinderte Kontakte innerhalb des Landes sowie Kontakte über Grenzen hinweg mit Bürgern anderer Staaten herzustellen und zu pflegen, mit denen sie eine gemeinsame ethnische oder nationale Herkunft, ein gemeinsames kulturelles Erbe oder religiöses Bekenntnis teilen,

– ihre Vor- und Familiennamen in der Form der Muttersprache zu führen,

– Organisationen oder Vereinigungen in ihrem Land einzurichten und zu unterhalten und in internationalen nichtstaatlichen Organisationen mitzuarbeiten,

– sich wie jedermann wirksamer Rechtsmittel zur Verwirklichung ihrer Rechte im Einklang mit den nationalen Rechtsvorschriften zu bedienen.

(4) Die Vertragsparteien bekräftigen, daß die Zugehörigkeit zu den in Absatz 1 genannten Gruppen Angelegenheit der persönlichen Entscheidung eines Menschen ist, die für ihn keinen Nachteil mit sich bringen darf.

Artikel 21

(1) Die Vertragsparteien werden die ethnische, kulturelle, sprachliche und religiöse Identität der in Artikel 20 Absatz 1 genannten Gruppen auf ihrem Hoheitsgebiet schützen und Bedingungen für die Förderung dieser Identität schaffen. Sie erkennen die besondere Bedeutung einer verstärkten konstruktiven Zusammenarbeit in diesem Bereich an. Diese soll das friedliche Zusammenleben und die gute Nachbarschaft des deutschen und des polnischen Volkes verstärken und zur Verständigung und Versöhnung zwischen ihnen beitragen.

(2) Die Vertragsparteien werden insbesondere

– im Rahmen der geltenden Gesetze einander Förderungsmaßnahmen zugunsten der Angehörigen der in Artikel 20 Absatz 1 genannten Gruppen oder ihrer Organisationen ermöglichen und erleichtern,

– sich bemühen, den Angehörigen der in Artikel 20 Absatz 1 genannten Gruppen, ungeachtet der Notwendigkeit, die offizielle Sprache des betreffenden Staates zu erlernen, in Einklang mit den anwendbaren nationalen Rechtsvorschriften entsprechende Möglichkeiten für den Unterricht ihrer Muttersprache oder in ihrer Muttersprache in öffentlichen Bildungseinrichtungen sowie, wo immer dies möglich und notwendig ist, für deren Gebrauch bei Behörden zu gewährleisten,

– im Zusammenhang mit dem Unterricht von Geschichte und Kultur in Bildungseinrichtungen die Geschichte und Kultur der in Artikel 20 Absatz 1 genannten Gruppen berücksichtigen,

– das Recht der Angehörigen der in Artikel 20 Absatz 1 genannten Gruppen achten, wirksam an öffentlichen Angelegenheiten teilzunehmen, einschließlich der Mitwirkung in Angelegenheiten betreffend den Schutz und die Förderung ihrer Identität,

– diesbezüglich die notwendigen Maßnahmen ergreifen, und zwar nach entsprechenden Konsultationen im Einklang mit den Entscheidungsverfahren des jeweiligen Staates, wobei diese Konsultationen Kontakte mit Organisationen oder Vereinigungen der in Artikel 20 Absatz 1 genannten Gruppen einschließen.

(3) Die Vertragsparteien werden im Hinblick auf die in diesem Artikel und in den Artikeln 20 und 22 angesprochenen Fragen die Bestimmungen von Artikel 3 anwenden.

Artikel 22

(1) Keine der Verpflichtungen aus den Artikeln 20 und 21 darf so ausgelegt werden, daß sie das Recht begründet, eine Tätigkeit auszuüben oder eine Handlung zu begehen, die in Widerspruch zu den Zielen und Prinzipien der Charta der Vereinten Nationen, anderen völkerrechtlichen Verpflichtungen oder den Be-

stimmungen der Schlußakte von Helsinki einschließlich des Prinzips der territorialen Integrität der Staaten steht.

(2) Jeder Angehörige der in Artikel 20 Abstz 1 genannten Gruppen in der Republik Polen beziehungsweise in der Bundesrepublik Deutschland ist nach Maßgabe vorstehender Bestimmungen gehalten, sich wie jeder Staatsbürger loyal gegenüber dem jeweiligen Staat zu verhalten, indem er sich nach den Verpflichtungen richtet, die sich auf Grund der Gesetze dieses Staates ergeben.

Artikel 23

(1) Die Vertragsparteien werden auf der Grundlage der zwischen ihnen bestehenden Abkommen und Programme den Kulturaustausch in allen Bereichen und auf allen Ebenen intensivieren und ausbauen und damit zur europäischen kulturellen Identität beitragen. Sie werden insbesondere die Zusammenarbeit zwischen Vereinigungen von Künstlern, kulturellen Institutionen und Organisationen unterstützen sowie die direkten Kontakte zwischen deutschen und polnischen Künstlern fördern.

(2) Die bestehende Gemischte Kommission wird mindestens einmal jährlich zusammentreten, um den Stand des Kulturaustauschs in allen Bereichen zu prüfen und Vereinbarungen über die nächsten Vorhaben zu treffen.

Artikel 24

Die Vertragsparteien werden das Abkommen über die Errichtung und die Tätigkeit von Kulturinstituten mit Leben erfüllen und voll ausschöpfen.

Artikel 25

(1) Die Vertragsparteien bekräftigen ihre Bereitschaft, allen interessierten Personen umfassenden Zugang zur Sprache und Kultur des anderen Landes zu ermöglichen, und sie unterstützen entsprechende staatliche und private Initiativen und Institutionen.

(2) Die Vertragsparteien werden die Verbreitung von klassischer und zeitgenössischer Literatur des anderen Landes in Originalsprache und Übersetzung verstärkt fördern.

(3) Die Vertragsparteien setzen sich nachdrücklich dafür ein, die Möglichkeiten auszubauen, in Schulen, Hochschulen und anderen Bildungseinrichtungen die Sprache des anderen Landes zu erlernen. Dabei wird auch die Gründung von Schulen angestrebt, in denen in beiden Sprachen unterrichtet wird. Weiterhin werden sie sich bemühen, die Möglichkeiten des Studiums der Germanistik und Polonistik an den Hochschulen des anderen Landes auszuweiten.

(5) Die Arbeit der unabhängigen deutsch-polnischen Schulbuchkommission wird weiterhin gefördert.

Artikel 26

(1) Die Vertragsparteien unterstreichen die Notwendigkeit einer erheblichen Erweiterung der wissenschaftlichen und schulischen Zusammenarbeit. Sie werden insbesondere die direkte Zusammenarbeit und den Austausch zwischen Schulen, Hochschulen und wissenschaftlichen Forschungseinrichtungen fördern und weiter ausbauen, und zwar sowohl durch den Austausch von Schülern, Studenten, Lehrern und wissenschaftlichen Lehrkräften als auch durch gemeinsame Vorhaben.

(2) Die Vertragsparteien bekräftigen ihre Absicht, die Möglichkeiten gegenseitiger Anerkennung von Studienzeiten und Hochschulabschlüssen zu prüfen.

Artikel 27

Die Vertragsparteien messen der Zusammenarbeit in der beruflichen Bildung große Bedeutung bei und werden sie durch entsprechende Vereinbarungen wesentlich ausbauen und vertiefen.

Artikel 28

(1) Die Vertragsparteien werden bei der Erhaltung und Pflege des europäischen kulturellen Erbes zusammenarbeiten. Sie werden sich für die Denkmalpflege einsetzen.

(2) Die Vertragsparteien werden sich der auf ihrem Gebiet befindlichen Orte und Kulturgüter, die von geschichtlichen Ereignissen sowie kulturellen und wissenschaftlichen Leistungen und Traditionen der anderen Seite zeugen, besonders annehmen und zu ihnen freien und ungehinderten Zugang gewährleisten beziehungsweise sich für einen solchen Zugang einsetzen, soweit dieser nicht in staatlicher Zuständigkeit geregelt werden kann. Die genannten Orte und Kulturgüter stehen unter dem Schutz der Gesetze der jeweiligen Vertragspartei. Die Vertragsparteien werden gemeinsame Initiativen in diesem Bereich im Geiste der Verständigung und der Versöhnung verwirklichen.

(3) Im gleichen Geiste sind die Vertragsparteien bestrebt, die Probleme im Zusammenhang mit Kulturgütern und Archivalien, beginnend mit Einzelfällen, zu lösen.

Artikel 29

(1) Die Vertragsparteien werden in der Überzeugung, daß die Entwicklung zwischenmenschlicher Kontakte eine unerläßliche Voraussetzung für die Verständigung und Versöhnung beider Völker ist, umfassende persönliche Begegnungen zwischen ihren Bürgern fördern.

(2) Die Vertragsparteien unterstützen eine engere Zusammenarbeit zwischen den Parteien, Gewerkschaften, Kirchen und Glaubensgemeinschaften, Sportorganisationen, Stiftungen sowie anderen gesellschaftlichen Organisationen und Verbänden.

(3) Die Vertragsparteien unterstützen die Tätigkeit des Deutsch-Polnischen Forums. Sie begrüßen seine Bemühungen, unter Einbeziehung aller repräsentativen politischen und gesellschaftlichen Kräfte in der Bundesrepublik Deutschland und der Republik Polen, Konzeptionen für die Weiterentwicklung der deutsch-polnischen Beziehungen zu entwerfen und entsprechende Initiativen zu ergreifen.

Artikel 30

(1) Die Vertragsparteien sind davon überzeugt, daß das gegenseitige Kennenlernen und das gegenseitige Verstehen der jungen Generation von grundlegender Bedeutung ist, um der Verständigung und der Versöhnung zwischen dem deutschen und polnischen Volk einen dauerhaften Charakter zu verleihen. Sie legen deshalb besonders großes Gewicht auf möglichst umfassende Kontakte und ein enges Zusammenwirken der deutschen und der polnischen Jugend. Die Vertragsparteien werden deshalb im Rahmen ihrer finanziellen Möglichkeiten die Begegnung und den Austausch von Jugendlichen in jeder Weise fördern. Allen Jugendlichen und Jugendorganisationen in beiden Ländern steht die Teilnahme an Begegnungen und gemeinsamen Vorhaben offen.

(2) Die Vertragsparteien errichten ein Deutsch-Polnisches Jugendwerk. Über seine Rechtsform, Aufgaben und Finanzierung schließen sie ein gesondertes Abkommen.

Artikel 31

(1) Die Vertragsparteien setzen sich für die Zusammenarbeit der Medien, insbesondere von Fernsehen, Hörfunk und gedruckten Medien, ein. Diese Zusammenarbeit soll vor allem der Verständigung und der Versöhnung zwischen Deutschen und Polen dienen.

(2) Die Vertragsparteien kommen überein, daß Publikationen sowie Beilagen

zu Tages- und Wochenzeitungen in der Sprache des anderen Landes frei hergestellt, vertrieben und gelesen werden können. Publikationen des anderen Landes können in Übereinstimmung mit den Artikeln 19 und 20 des Internationalen Paktes über bürgerliche und politische Rechte ungehindert eingeführt und vertrieben werden. Dies gilt auch für Geschenkabonnements und für Veröffentlichungen, die über ihre Auslandsvertretungen verteilt werden.

Artikel 32

(1) Die Bundesrepublik Deutschland erklärt, daß polnische Gräber in der Bundesrepublik Deuschland geachtet werden und ihre Pflege ermöglicht wird. Die Gräber polnischer Opfer der Kriege und der Gewaltherrschaft, die sich in der Bundesrepublik Deutschland befinden, stehen unter dem Schutz der deutschen Gesetze und werden erhalten und gepflegt.

(2) Die Republik Polen erklärt, daß deutsche Gräber in der Republik Polen geachtet werden und ihre Pflege ermöglicht wird. Die Gräber deutscher Opfer der Kriege und der Gewaltherrschaft, die sich in der Republik Polen befinden, stehen unter dem Schutz der polnischen Gesetze und werden erhalten und gepflegt.

(3) Die Vertragsparteien unterstützen die Zusammenarbeit der Organisationen und Institutionen, die auf beiden Seiten für die Gräber von Opfern der Kriege und der Gewaltherrschaft zuständig sind. Sie ermöglichen insbesondere diesen Organisationen und Institutionen die Erfassung, Instandsetzung und Pflege solcher Gräber.

Artikel 33

(1) Die Vertragsparteien werden die konsularischen und Rechtsbeziehungen, darunter den Rechtshilfeverkehr in Zivilsachen, Strafsachen sowie in Sozial- und Verwaltungsangelegenheiten unter Berücksichtigung ihrer Rechtsordnungen sowie bestehender multilateraler und bilateraler Übereinkünfte, insbesondere der Konventionen des Europarats, weiterentwickeln, intensivieren und zum Nutzen ihrer Bürger vereinfachen.

(2) Die Vertragsparteien werden zusammenwirken bei der Bekämpfung des organisierten Verbrechens, des Terrorismus, der Wirtschaftskriminalität, der Rauschgiftkriminalität, des strafbaren Handels mit Kunstwerken, der rechtswidrigen Eingriffe in die Zivilluftfahrt und in die Seeschiffahrt sowie der Herstellung und Verbreitung von Falschgeld. Verfahren und Bedingungen für diese Zusammenarbeit werden gesondert vereinbart.

Artikel 34

(1) Die Vertragsparteien fördern eine umfassende Zusammenarbeit auf bestimmten Gebieten der Gesundheitsvorsorge und bei der gemeinsamen Bekämpfung von Seuchen sowie Krankheiten, wie zum Beispiel Herz-, Kreislauf- und Krebserkrankungen und Aids.

(2) Die Bundesrepublik Deutschland wird der Republik Polen Hilfestellung bei der Umstellung des staatlichen Gesundheitssystems auf ein Krankenversicherungssystem leisten.

Artikel 35

Die Vertragsparteien stiften einen gemeinsamen Preis für besondere Verdienste um die Entwicklung der deutsch-polnischen Beziehungen. Der Preis wird alljährlich von einem Komitee verliehen, über dessen Statut eine gesonderte Vereinbarung geschlossen wird.

Artikel 36

Die Vertragsparteien werden ihre Zusammenarbeit im Rahmen internationaler Organisationen, insbesondere europäischer Organisationen, verstärken. Sie werden einander behilflich sein, die Zusammenarbeit mit internationalen, insbesondere europäischen Organisationen und Institutionen, denen eine Vertragspartei als Mitglied angehört, zu entwickeln, falls die andere Vertragspartei ein entsprechendes Interesse bekundet.

Artikel 37

Dieser Vertrag richtet sich gegen niemanden. Er berührt nicht die Rechte und Verpflichtungen aus geltenden zweiseitigen und mehrseitigen Übereinkünften, die von den Vertragsparteien mit anderen Staaten geschlossen wurden.

Artikel 38

(1) Dieser Vertrag bedarf der Ratifikation; die Ratifikationsurkunden werden so bald wie möglich in Warschau ausgetauscht.

(2) Dieser Vertrag tritt am Tage des Austauschs der Ratifikationsurkunden in Kraft.

(3) Dieser Vertrag gilt für die Dauer von zehn Jahren. Danach verlängert er sich stillschweigend um jeweils weitere fünf Jahre, sofern nicht eine der Vertragsparteien den Vertrag unter Einhaltung einer Frist von einem Jahr vor Ablauf der jeweiligen Geltungsdauer schriftlich kündigt.

Zu Urkund dessen haben die Vertreter der Vertragsparteien diesen Vertrag unterzeichnet und mit Siegeln versehen.

Geschehen zu Bonn am 17. Juni 1991 in zwei Urschriften, jede in deutscher und polnischer Sprache, wobei jeder Wortlaut gleichermaßen verbindlich ist.

Für die Bundesrepublik Deutschland
Helmut Kohl
Hans-Dietrich Genscher

Für die Republik Polen
Jan Krzysztof Bielecki
Krzysztof Skubiszewski

8. Vertrag zwischen der Bundesrepublik Deutschland und der Republik Polen über die Bestätigung der zwischen ihnen bestehenden Grenze, unterzeichnet in Warschau am 14. November 1990[9]

Die Bundesrepublik Deutschland und die Republik Polen –

IN DEM BESTREBEN, ihre gegenseitigen Beziehungen in Übereinstimmung mit dem Völkerrecht, insbesondere der Charta der Vereinten Nationen, und mit der in Helsinki unterzeichneten Schlußakte der Konferenz über Sicherheit und Zusammenarbeit in Europa sowie den Dokumenten der Folgekonferenzen zukunftsgewandt zu gestalten,

ENTSCHLOSSEN, gemeinsam einen Beitrag zum Aufbau einer europäischen Friedensordnung zu leisten, in der Grenzen nicht mehr trennen und die allen europäischen Völkern ein vertrauensvolles Zusammenleben und umfassende Zusammenarbeit zum Wohle aller sowie dauerhaften Frieden, Freiheit und Stabilität gewährleistet,

IN DER TIEFEN ÜBERZEUGUNG, daß die Vereinigung Deutschlands als Staat mit endgültigen Grenzen ein bedeutsamer Beitrag zu der Friedensordnung in Europa ist,

UNTER BERÜCKSICHTIGUNG des am 12. September 1990 unterzeichneten Vertrags über die abschließende Regelung in bezug auf Deutschland,

---

[9] Quelle: Bulletin des Presse- und Informationsamts der Bundesregierung, Nr. 134, 16.11.1990

EINGEDENK dessen, daß seit Ende des Zweiten Weltkriegs 45 Jahre vergangen sind, und im Bewußtsein, daß das schwere Leid, das dieser Krieg mit sich gebracht hat, insbesondere auch der von zahlreichen Deutschen und Polen erlittene Verlust ihrer Heimat durch Vertreibung oder Aussiedlung, eine Mahnung und Herausforderung zur Gestaltung friedlicher Beziehungen zwischen den beiden Völkern und Staaten darstellt,

IN DEM WUNSCH, durch die Entwicklung ihrer Beziehungen feste Grundlagen für ein freundschaftliches Zusammenleben zu schaffen und die Politik der dauerhaften Verständigung und Versöhnung zwischen Deutschen und Polen fortzusetzen –

SIND wie folgt ÜBEREINGEKOMMEN:

Artikel 1

Die Vertragsparteien bestätigen die zwischen ihnen bestehende Grenze, deren Verlauf sich nach dem Abkommen vom 6. Juli 1950 zwischen der Deutschen Demokratischen Republik und der Republik Polen über die Markierung der festgelegten und bestehenden deutsch-polnischen Staatsgrenze und den zu seiner Durchführung und Ergänzung geschlossenen Vereinbarungen (Akt vom 27. Januar 1951 über die Ausführung der Markierung der Staatsgrenze zwischen der Deutschen Demokratischen Republik und der Volksrepublik Polen über die Abgrenzung der Seegebiete in der Oderbucht) sowie dem Vertrag vom 7. Dezember 1970 zwischen der Bundesrepublik Deutschland und der Volksrepublik Polen über die Grundlagen der Normalisierung ihrer gegenseitigen Beziehungen bestimmt.

Artikel 2

Die Vertragsparteien erklären, daß die zwischen ihnen bestehende Grenze jetzt und in Zukunft unverletzlich ist, und verpflichten sich gegenseitig zur uneingeschränkten Achtung ihrer Souveränität und territorialen Integrität.

Artikel 3

Die Vertragsparteien erklären, daß sie gegeneinander keinerlei Gebietsansprüche haben und solche auch in Zukunft nicht erheben werden.

Artikel 4

(1) Dieser Vertrag bedarf der Ratifikation; die Ratifikationsurkunden werden so bald wie möglich in Bonn ausgetauscht.

(2) Dieser Vertrag tritt am Tage des Austausches der Ratifikationsurkunden in Kraft.

Zu Urkund dessen haben die Vertreter der Vertragsparteien diesen Vertrag unterzeichnet und mit Siegeln versehen.

GESCHEHEN zu Warschau am 14. November 1990

in zwei Urschriften, jede in deutscher und polnischer Sprache, wobei jeder Wortlaut gleichermaßen verbindlich ist.

Für die Bundesrepublik Deutschland	Für die Republik Polen
Hans-Dietrich Genscher	*Krzysztof Skubiszewski*

Biographische Notizen

Bischof Jeremiasz, Prof. Dr. habil., Erzbischof der Diözese Wroclaw-Szczecin (Breslau-Stettin), Autokephale Orthodoxe Kirche Polens, Wroclaw (Breslau)

Günter Krusche, Generalsuperintendent i. R., Evangelische Kirche in Berlin-Brandenburg, Berlin

Gerta Scharffenorth, Dr. phil., em. Wissenschaftliche Referentin, Forschungsstätte der Evangelischen Studiengemeinschaft (FEST), Heidelberg

Kurt Senne, Prof., Fachhochschule Esslingen, Baltmannsweiler

Friedhelm Solms, Dr. phil., Wissenschaftlicher Referent, Forschungsstätte der Evangelischen Studiengemeinschaft (FEST); Vorsitzender der Gerta-Scharffenorth-Stiftung, Heidelberg

Karin Tomala, Prof. Dr. habil., Polnische Akademie der Wissenschaften, Warszawa (Warschau)

Miecyslaw Tomala, Prof. Dr. habil., Polnisches Institut für Internationale Angelegenheiten, Warszawa (Warschau)

Andrzej Wójtowicz, Direktor, Polnischer Ökumenischer Rat, Warszawa (Warschau)